교사의 철학을 담은
수업 이야기

# 나는 왜 가르치는가

새로운학교경남네트워크 지음

{ 머리말 }

# 선생님,
# 당신의 뜻은 무엇입니까?

홀로 있음

"간섭하지 마세요. 내 일은 내가 알아서 해요."
"제 일도 바빠요. 함께 뭐 하자고 하지 마세요."
"좋은 학교는 각자의 자리에서 각자 맡은 일을 잘 처리하는 학교입니다."

이렇게 교사는 홀로 있기도 하고 또 홀로 있음을 강요당하기도 한다. 또한, 이 홀로 있음을 교사의 이기심으로 바라보거나 새로운 세대의 이기적인 특성으로 바라보며 '개인주의'로 해석하는 푸념을 종종 접하게 된다. 교사들의 개인주의 때문에 수업이나 학교 변화를 이뤄내기 어렵다며 실망하고, 교육 문제를 교사 개인의 문제로 바라보는 것이다.

진단이나 현상의 해석에 따라 대응 방법이나 해결 방법은 달라진다. 교사의 '홀로 있음' 현상을 이기심에 기반한 '개인주의'라고 해석하면 교사가 문제의 중심이고 핵심적인 원인이 되어버린다. 그렇게 교사를 탓하게 되면 교육 문제는 선하지 못한 품성, 열정의 부족, 자발성을 거부하는 무책임, 개인의 이익만을 생각하는 공동체성 부족 등 교사 개인의 문제가 된다. 문제를 해결하는 방법에서도 구성원을 탓하거나, 실망하거나, 비난하게 된다. 그러한 자질의 문제를 해결하는 방법도 연수나 개인의 역량을 향상하는 교사 개인의 계발이나 각성으로 접근하게 된다.

이렇게 교육이나 학교 문제를 '개인주의'로 해석하고 교사를 탓하며 교사 계발로 해결하려고 할 때 교사는 무력감을 느끼게 된다. 지금까지 교사로 살아오며 많은 문제 앞에서 나 자신의 노력으로 해결하려 애서왔지만, 학교 상황은 오히려 더 나빠지고 있음을 체감하고 있기 때문이다. 내가 도전한 변화 노력이 효과적이지 않음을 경험으로 알게 된 것이다. 그래서 교육청이나 학교 단위 혁신 정책 앞에서도 주저하게 되고, '이 또한 지나가리라' 그렇게 되뇌며 희망을 놓아버리기도 한다. 가르치는 일이 내 삶의 가치를 담아내는 나의 실현이 아니라 단지 돈을 벌기 위해 어쩔 수 없이 해야 하는 고된 일이 되어버리는 것이다.

점점 힘들어지는 학교에서 '워라밸'은 교사에게도 삶의 중요한 가치와 방편이 되었다. '워라밸'을 추구하는 교사에겐 돈을 버는 '워크$^{work}$'와 나의 행복을 찾아가는 '라이프$^{life}$'가 분리되어 존재한다. 이 교사에게 '밸런스$^{balance}$'는 워크와 라이프의 균형이나 조화라는 의미보다는 워크(학교)에는 내 삶의 가치를 크게 두지 않는다는 의미일지 모른다. 노동에 나의 삶의 의미가 없으니 나의 가치와 행복, 나의 삶을 찾기 위해 최대한 빨리 떠나야 하는 일터로 학교가 정의되어 버린 것이다. 교사들은 일터를 벗어나 삶터로 떠난다. 교사의 조퇴는 늘어나고 금요일은 절정이다.

교사의 '홀로 있음'을 이기심에 기반한 '개인주의'로 해석하며 학교는 개인의 권리와 학교의 협력과 성장이라는 두 가치 사이에서 갈등을 겪는다. 교사의 개인주의가 심하여 협력을 통한 변화를 이룰 수 없다며, 교사의 생각과 태도를 문제 해결에 어려움을 겪는 주요한 원인으로 보고 교사를 탓하게 되는 것이다.

각자도생

'홀로 있음'을 '각자도생의 구조'에서 해석하면 교사 문제보다 학교와 사회 문제로 바라볼 수 있다. 교사 행위의 이기적인 현상은 살아남기 위한 자연스러운 선택이 되는 것이다. 믿을 사람이 없는 일터, 신뢰가 없는 불안이 기본값이 된 사회에서 사람은 스스로 살아남아야 한다. 누구를 위해서도, 공동체가 되지 못한 집단을 위해서도, 나를 존중하지 않고 지켜주지도 못하는 조직을 위해서도 아닌, 자기 자신이 살아남기 위한 이기적인 선택을 해야 한다. 내 옆에 동료가 나의 어려움을 함께 해주고, 내 옆에 동지가 있어 함께 뜻을 만들어가는 믿음이 기본값이 된 공동체에서는 공동체의 이익이 나의 이익으로 돌아온다. 그래서 공동체를 위해 내가 무엇을 할 것인지를 찾는다. 우리가 살아가는 학교는 이러한 신뢰가 기본값이 된 공동체가 아니다. 학교에는 공동체를 가로막는 단단한 구조들이 있고, 그 구조가 교사들을 낱낱이 흩어놓는다.

첫 번째 구조는 '단절성'을 만들어내는 '업무구조'다. 교사의 핵심적인 역할은 교육과정을 운영하는 것이다. 좀 더 구체적으로 말하면 바로 수업이다. 수업에서 교사는 교과서 내용을 전달하는 역할을 주로 해왔고 지금도 그 관성 속에 있다. 교과서는 과목으로 나뉘어 있고, 중학교와 고등학교는 교과목마다 담당 선생님이 또 나뉘어 있다. 초등학교에서는 담임 교사가 여러 과목을 담당하면서 한 차시를 한 번 수업 하는 데, 매일 5~6시간을 수업하면서 한 차시를 위해 동료 교사와 연구하는 것은 효율성이 낮다. 중·고등학교에서는 수학 선생님과 국어 선생님 등 다른 과목을 가르치니 함께 의논할 필요성을 느끼기 어렵다. 수업 방법에서도 교과 내용을 단순히 전달하는 역할이라면 함께 협력할 필요성을 느끼기도 어렵고 효율성도 낮다.

수업 밖에도 부수적으로 하는 행정업무가 있다. 학교의 일상 행정업무, 교육청에서 내려온 공문을 시행하는 일 등이다. 교사는 본질적인 일이라 여기지 않기에 '잡무'라고 표현하기도 한다. 그러니 정성을 들이기보다는 해치워야 하는 일이다. 비본질적이라 여기는 행정업무는 협력이라는 복잡한 절차가 아니라 가장 효율적으로 폐 끼치지 않고 처리하는 것이 서로에 대한 배려가 된다. 핵심적인 교과 학습 구조나 교사의 행정업무는 서로를 단절하는 속성을 가지고 있다.

두 번째 구조는 '불안감'을 만들어내는 '경쟁구조'다. 거의 모든 교사는 1년의 안녕을 위한 학년 선택과 업무 선택을 하는 경쟁을 마주한다.

일의 양이 많은 학교 특색 사업, 갈등을 가장 많이 접하는 학교폭력과 생활교육 등은 가장 멀리해야 할 업무이며, 힘든 학생이나 학부모가 있는 학년은 선택에서 외면받는다. 학년과 업무를 선택하는 일에서 1년의 안녕을 위한 편법이 등장할 때마다 신뢰는 무너지고 불안감은 커진다.

교원성과급제도는 교사의 성과를 평가하여 S, A, B 세 등급으로 나누고, 그 등급에 따라 성과상여금을 지급한다. S와 B의 등급 간 차액이 150여만 원에 이른다. 이 평가는 본질적인 학생 교육보다는 양적인 성과나 결과를 중요하게 취급하며 교육활동의 본질을 흐리고, 등급 간 갈등을 생산하며 학교 일에 대한 정성을 도리어 훼손한다. 경쟁심을 유발하고 협력의 관계를 훼손하며 교사를 분열시킨다. 경쟁심과 분열 속에서 불안감은 증폭된다.

꼭 얻어야 하는 점수도 있다. 4년이나 5년마다 학교를 옮겨야 하는데 원하는 학교로 가려면 점수가 필요하다. 거의 모든 교사는 일상적인 경쟁 속에서 살아간다. 승진을 위해서도 다양한 영역의 점수가 필요한데, 그중 교장에게 받는 평가 점수는 여러 번 최고 점수를 받아야 하기에 승진을 뜻하는 교사가 여럿 있다면 그 경쟁은 치열하다. 이런 경쟁구조는 신뢰를 훼손하며 불안감을 자극하고 사람의 이기심을 강화한다. 이기심의 강화는 윤리성의 약화를 가져온다. 윤리성의 약화는 관계의 질을 떨어뜨리고 홀로 있게 만들 뿐만 아니라 가치 추구의 동기를 좌절시키기도 한다.

세 번째 구조는 '비민주성'과 '협력의 좌절'을 만들어내는 '권위구조'다. 학교에 민주적인 절차가 없는 것은 아니다. 전체 교직원 회의도 있고, 학년 회의도 있고, 부장 회의도 있고, 과업의 성격에 따라 관계된 교직원이 모이는 기획 회의도 있다. 이런 다양한 회의를 통해 구성원의 의견이 수렴되었다 하더라도 최종 결정은 교장의 '결재'라는 절차를 통해 이루어진다. '결재'를 통과하지 못하면, 곧 교장의 승낙을 얻지 못하면 회의는 무용지물이 된다. 구성원의 결정이나 집단지성의 결과도 교장의 뜻과 다르면, 교장이 이해하지 못하면, 교장이 동의하지 않으면 실행되지 못하는 것이다. 종종-교장에 따라서는 자주- 일어나는 교장의 거부권은 구성원을 무기력하게 만든다. 함께 머리를 맞대고, 시간을 내고, 열정을 내는 것보다는 교장의 생각을 읽는 것이 더 효율적이라는 것을 알게 된다. 권위주의는 의견을 수렴하는 회의(會議)를 동원되어 결정을 당하는 회의(懷疑)로 만들어 버린다. '함께'라는 구성원의 협력과 '자발성'을 기반한 민주성이 권위구조 앞에서 무너진 것이다. 협력 결과가 존중받지 못하는 권위구조는 교사를 또 홀로 있게 한다.

네 번째 구조는 '무력감'을 만들어내는 '사회구조'다. 교사가 학생에게 맞아도 어디 기댈 곳이 없다. '교권보호위원회'는 '아동학대법' 앞에서 무용지물이 된다. 교권보호위원회의 처벌은 가볍고, 아동학대법은 서슬 퍼런 칼처럼 무겁고 무섭다. 학부모 민원은 날로 거세어지고 학생들의 태도는 날로 거칠어진다. 교사의 노동권은 제대로 보장받지 못하고, 노동조합은 탄압받았으며, 정치 기본권을 제대로 보장받지 못하여 교사들은 자신을 '정치 천민'이라 부르기도 한다. 어디 목소리를 내고 싶어도 목소리 낼 곳이 제대로 없다. 자본주의 사회에서 돈은 능력이며 정의(正義)가 되었고, 학교라는 공간에서도 예외 없이 적용된다. 윤리성이 무너지며 학교는 힘이 지배하는 바쁘고, 힘들고, 위험한 공간이 되었고, 옆을 돌아볼 겨를이 없어졌다. 자기 자신을 지키기도 힘겨워졌다. '도대체 교사가 뭘 할 수 있지?' 이런 자괴감이 몰려들며 무력감을 느낀다. 무력감은 꿈을 앗아가고 꿈이 없으니 열정은 식고, 혼자서 살아남아야 하는 구조 속에서 이기심에 기반한 개인주의는 살아남기 위한 중요한 가치가 되었다.

교사의 홀로 있음은 이기심이 아니라, 각자도생이다. 학교와 사회구조가 만들어낸 고립이자 단절이며 갈등이다. 낱낱이 흩어진 교사는 개인 속에 갇히게 되고 연결이 끊어진 삶은 성장을 지체시킨다. 교사는 지혜와 지성, 그리고 실천을 통한 경험지(經驗知)를 제대로 축적하지 못했고, 빠르게 성장하는 첨단 기술을 사용하는 데 서툴게 된 선배 교사가 오히려 후배 교사에게 묻고 배워야 하는 상황이 되어버렸다. 경험이 경륜이 되지 못했기에 선배 교사에게 기대어 배우기 힘들어졌고, 선배나 후배나 능력에 따라 자기 것을 챙겨가면서 그렇게 각자의 길을 가는 것이다.

함께 서기

공고한 학교와 사회 구조, 그 속에서 각자도생해야 하는 '홀로 있음'을 극복할 방법은 없을까? 가치를 상실하며 단지 돈을 버는 곳이 되어가는 학교에서 교사가 선한 영향력을 끼치는 주도자가 되고, 학교를 개인의 가치를 풀어내는 삶터로 바꾸는 방법은 없을까? 개인의 가치와 공동체의 가치가 함께 빛나는 방법은 무엇일까? 과거에 머물지 않고 역동적인 변화와 새로움으로 끊임없이 나가는 방법은 무엇일까? 교사가 함께 행복할 수는 없을까?

　이 책에서는 그 질문을 해결할 핵심적인 방법을 교사의 철학에서 찾는다. 여기서 말하는 철학은 '교사가 어떤 가치를 지향하는가?', '가르치는 방법은 어떠해야 하는가?', '가르치고 배우는 학습은 어떤 세상, 어떤 인간상을 지향하는가?' 하는 것이다. 이러한 질문에 답을 내며 우리는 자신이 어떤 존재인지를 깨달아 정체성을 밝게 드러낼 수 있다. 자기 자신을 메타적으로 인식하며 미처 깨닫지 못했던 내면을 들여다볼 수 있는 것이다. 그러한 인간 내면, 즉 좋은 사람이 되려는 그 선함을 지향하며 우리가 행하는 학습이 어떠해야 하는지, 그리하여 나와 너의 존엄을 보장하는 우리의 행동과 경험은 어떠해야 하는지 성찰하는 것이다. 그 성찰은 다시 새로운 실천을 상상하고 디자인하며 살아가는 바탕이며 동력이 된다. 철학이란 성찰을 통한 나의 깨달음이자 수업을 통해 이루려 하는 나의 의도이며, 교육으로 이 세상에 끼치려는 가치이자 의미다.

　교육은 세상의 평화를 꿈꾼다. 그 평화를 위하여 정의로운 나라를 꿈꾸고, 서로에게 다정한 공동체를 꿈꾼다. 그리고 그 속에 살아갈, 선한 뜻을 펼쳐 갈 주체적이고 주도적인 사람을 양성한다. 교육은 세상을 세상답게 만드는 길이며, 사람이 사람다워지는 길이다. 교사의 철학은 이렇게 교육의 큰길을 닦는 뜻이다. 그렇게 뜻을 가질 때 교사는 또 하나의 우주로 인식되고, 나의 변화로 세상을 바꾸는 의미 있는 존재가 된다. 그런 존재는 열정을 내고, 타인을 존중하며, 우리를 연결하며 세상을 바꾼다. 그렇게 나의 뜻이 반영되고 이루어지는 나의 교실, 우리 학교는 나의 가치가 살아나는 삶터가 된다. 행복한 공간, 행복한 일이 된다.

공동선의 가치를 추구해야 할 우리의 교육은 진학을 위한 수단이 되었고, 학력은 좋은 직업을 얻으려는 욕망이 되었다. 그런 사유화된 교육을 수행하는 존재, 그 사적인 이익과 욕망을 채워주는 행위는 교사를 왜소하게 만든다. 본질을 잃은 교육, 삶을 잃은 학교에서 그 본질과 삶을 회복하려면 교사가 먼저 자신을 세워야 한다. 교육이 교육다우려면 먼저 교사가 교사다워야 하고, 교사가 교사다우려면 교사가 사람다워야 한다. 사람이 사람다우려면 공동선을 지향하는 가치를 품고 살아가야 한다. 그래서 우리는 또 하나의 길 앞에 서서 갈 길을 물었다. 서로에게 물었다.

스승을 기르려면 내가 먼저 스승이 되어야 하고, 협력하는 학생을 기르려면 교사가 먼저 협력하며 살아야 하며, 관계를 소중히 여기는 학생을 기르려면 교사가 먼저 관계를 개선하며 살아야 한다. 아이들이 삶의 뜻을 가지고 살기를 바란다면 교사가 먼저 삶의 뜻을 가지고 살아야 한다. 여전히 교사의 영향력은 크다. 여전히 보호자, 학생, 이 사회는 교사에게 또 교육에게 희망을 걸고 있다. 사람들의 소망이 교육에 담겨있다. 선하게 살기를 바라고, 풍요롭게 살기를 바란다.

어둠 속에도 늘 희망은 있다. 이 책을 쓴 사람들은 대화를 통해 교사의 철학을 밝히고, 자신의 성찰을 담은 교육과정을 작성하고, 그 성찰을 세미나로 나누었다. 그 과정에서 교사로서 자신의 존재를 새롭게 인식했고, 자존감이 더 높아졌고, 소진을 극복하며 힘을 얻었고, 마음은 풍요로워졌다. 주눅 들었던 틀을 깨고 '나는 나다'라는 자신감을 얻었으며, '너 또한 소중하다'라는 포용성으로 내면의 연대를 끈끈하게 했다. 교사의 철학으로 현실의 구조를 극복할 지혜와 힘을 얻었고, 단절에서 연결로 나아갔다.

"선생님, 당신의 뜻은 무엇입니까?"
"선생님의 철학, 소중하게 여기는 가치는 무엇입니까?"

존재하지만 선생님에게 존재하지 않았던 이 말은 희망을 찾아가는 나를 확립하고, 나와 너를 연결하며 새로운 세상으로 나아가게 한다.

## 책과 눈 맞추기

'1장. 깨달음, 철학을 만나다'에서는 '철학'에 대한 교사들의 대화가 가능한 이유와 철학에 대한 대화가 필요한 까닭을 구체적인 사례를 들어서 말한다.

먼저, 교사들이 철학에 대한 이야기를 나누는 것은 난해한 일이 아니라는 것이다. 교사의 삶 속에는 이미 철학이 흐르고 있으며, 철학을 가지고 있다는 것은 인간의 보편성이다. 누구나 철학을 가지고 있기에 그것에 관한 이야기는 늘 가능하다. 교육이란 삶 속에는 철학이 있기에 무너져 내린 교사의 존재를 다시 일으켜 세우기도 하고, 아이를 성장하게 하고, 학부모를 감동하게도 했다. 그렇게 의미 있게 존재하는 철학이 있으니 교사는 수업으로 철학을 나눌 수 있고, 철학으로 수업을 이야기할 수 있는 것이다.

다음은, 철학으로 수업을 나누는 대화가 필요하다는 것이다. 인간은 그 본성에 철학을 가지고 있기에 교사의 실천 속에는 철학이 반영되어 있기 마련이다. 그러나 그 철학이 무엇인지, 교사가 추구하는 의미가 무엇인지 깨닫지 못하면, 그 철학은 실체로서 드러나지 않게 되고, 드러나지 않으면 맥락을 만들지 못하기 때문에 교사 자신에게나 학생들에게 미치는 영향이 미미해진다. 이 장에서 소개한 이야기 속에는 철학을 찾아가는 '인터뷰'를 통해 철학을 발견하고, 교사라는 존재를 새롭게 깨달은 사례도 있고, 이미 교사의 철학의 중요성을 알고 실천한 교사의 성공 사례도 있다. 그 이야기들을 통하여 '나'와 '너'의 철학적 대화인 '인터뷰'와 '세미나', '나'와 '나'의 철학적 대화인 성찰의 필요성을 말하고 있다. 더 나아가 그 과정에서 얻은 깨달음을 바탕으로 학교 구성원의 관계를 철학으로 돈독하게 한 젊은 교사의 경험을 통하여 '교사의 철학'이 가진 가치를 개인 차원뿐만 아니라 공동체의 건강하고 깊은 관계 차원에서 말하고 있다. 밝게 드러낸 교사들의 밝은 철학이 모여 공동체의 뜻이나 비전을 깊게 하는 것이다. 철학을 찾아가는 인터뷰와 교사의 철학이 담긴 수업을 나누는 세미나는 개인을 반듯하게 서게 하고, 공동체를 가지런히 하는 동력이 되었음을 구체적인 사례로 보여주고 있다.

'2장. 성찰, 철학을 파고들다'는 철학을 찾아가는 '인터뷰'와 수업 철학을 나누는 '세미나'를 모두 관찰하고 기록한 연구년제 윤희영 선생님의 성찰글이다. 인터뷰는 양재욱 선생님이 해당 교사의 학교를 방문하여 철학을 묻고 경청하며 그 결과를 보고서로 제출하는 것으로 마무리

되었다. 인터뷰 과정은 연구자로 참석한 윤희영 선생님 외 한두 분에게 공개되기도 했고, 때로는 학교 구성원과 참관을 원하는 다른 학교 교사들에게 공개되기도 했다. 세미나는 인터뷰이 교사가 인터뷰어로부터 받은 보고서를 다시 자신의 말로 가다듬은 '철학을 담은 교사교육과정'을 발표하는 것과, 참여자들의 대화로 이루어진다. 그 활동의 핵심은 철학을 중심으로 수업을 나누는 것이다. 수업을 철학을 중심으로 해석하고 나누는 과정과 의미들을 만날 수 있다.

'3장. 성장, 철학으로 수업하다'는 교사의 철학을 담은 수업 세미나에서 발제한 교사들의 교육과정에 대한 성찰글이다. 수업 콘텐츠보다는 철학이 수업에서 어떻게 반영되고 실천되는지를 중요하게 생각했다. 그리고 그러한 수업이 교사와 학생을 성장시키고 학부모에게 영향을 줄 수 있다고 생각하여 드러난 변화를 살펴보고 기록했다. 막연히 '교육의 효과는 천천히 나타난다'라고 여기면 그 성과나 효과를 살펴보거나 '철학-수업-성장'의 맥락을 성찰하는 일을 놓칠 수 있다. 교사의 철학과 의도가 분명하고 그 맥락이 또렷하면 교육의 효과는 짧은 시간 안에 나타나기도 한다. 이 장은 '철학 가다듬기-철학을 반영한 수업-학생, 교사, 학부모의 성장과 변화'를 하나의 맥락으로 잡고 성찰한 이야기들이다. 이러한 성찰은 새로운 실천에 철학을 더 잘 담아낼 수 있고, 그 수업 속에서 교육 효과는 강해지고, 교사는 지속적으로 성장한다. 교사의 철학이나 비전이 분명하다면, 그것을 수업에 반영하고, 성찰하길 지속한다면 교육력은 지속적으로 성장하게 되는 것이다. 그렇게 성장하는 수업 이야기, 7명의 교사가 각자의 기질과 철학을 드러내며 성찰하고 기록한 '철학을 담은 교사교육과정'을 이 장에서 만날 수 있다.

'4장. 삶, 다시 돌아보다'는 2024년 '㈔새로운학교경남네트워크'에서 핵심 사업으로 실천한 '교사의 철학을 담은 교육과정 세미나'를 기획하고 인터뷰어 역할을 한 양재욱 선생님의 성찰을 독자를 위해 다시 다듬은 글이다. 2024년 2월부터 진행한 인터뷰와 세미나를 돌아보고, 자신의 삶과 연결하여 다시 철학을 길어 올리고 있다. 성찰은 끊임없이 일어나는 성장의 과정이다. 성찰은 다시 성찰을 불러오고 그리하여 살아가는 수 많은 날들에 성찰을 더하며 사랑하고 자유롭게 됨을 이야기한다. 교육은 성찰의 반복이며 그 성찰로 사람이 사람다워지는 것이다. 새로운 '나'를 만나길 기대한다.

'5장. 부록: 철학을 담은 교사교육과정'에서는 인터뷰 후 작성한 인터뷰어의 '보고서'와 인터뷰이의 '교사교육과정' 한편을 참고 자료로 실었다. 교사교육과정은 보여주기 위한 것이 아니라 교사 자신의 성찰을 위한 방편으로서의 기록이다. 이것은 이미 지나간 시간에 대한 이야기이므로 개인의 역사이며, 그 역사 속에 담긴 의미를 발견하는 과정이었기에 성찰이며, 지나가고 사라져 버릴 일들을 존재하게 하는 기록이다. 일반적으로 학교에서 '교육과정'은 계획을 의미하는 데 여기서는 생각을 거꾸로 뒤집은 것이다. 계획이 아니라 참고할 결과를 제시하고 그를 바탕으로 교육과정을 주체적으로 만들어갈 수 있도록 그 여백을 최대한 남긴 것이다. 그 여백에서 인간의 본능적인 창의력이 발현될 것이라 보았다. 자유와 사랑을 펼칠 텅 빈 공간을 만나길 기대한다.

 이 책을 내면서 가장 두려워한 것은 우리의 이야기가 교사에게 수업 콘텐츠로 다가가는 것이다. 우리가 가장 바라는 것은 우리의 이야기가 교사 저마다의 철학을 불러오게 하는 것이다. 철학 있는 사람을 기르려면 먼저 교사가 철학하는 사람이 되어야 하기 때문이다. 철학으로 자신을 반듯하게 세우고, 동료 교사와 함께 벗이 된다면 교사와 아이들이 함께 이 세상의 주인으로, 민주주의의 주인인 시민으로 살아갈 것이라 상상하기 때문이다.

{ 차례 }

5 · 머리말. 선생님, 당신의 뜻은 무엇입니까?

## 1장. 깨달음, 철학을 만나다

27 · 철학이 필요하다
34 · 상처를 치유하다
42 · 아이의 삶이 감응하다
47 · 학부모와 학생의 삶을 위로하다
54 · 교사, 화이부동(和而不同)하다
63 · 정체성을 확립하다
73 · 우리를 연결하다

## 2장. 성찰, 철학을 파고들다

81 · 인터뷰, 철학을 만나는 질문과 대답
95 · 세미나, 교사의 철학으로 수업 나누기

## 3장. 성장, 철학으로 수업하다

- 127 · '공들임'으로 쌓아가는 수업
- 153 · 생생한 관계를 잇는 '놀이'
- 177 · 나의 세상을 짓는 '재미'
- 202 · '살아있는' 수업을 향한 여정
- 231 · '몰입'하는 즐거움
- 257 · 자연과 함께하는 '자연스러운 배움'
- 285 · 두려움을 넘어 '새로움'으로

## 4장. 삶, 다시 돌아보다

- 313 · 교사의 눈물
- 321 · 가르침으로부터의 자유
  - 성찰에 대하여
  - 사랑에 대하여
  - 자유에 대하여
- 343 · 미래, 사람을 향하는 교육

## 5장. 부록: 교사의 철학을 담은 교육과정

- 357 · 결과로서의 교육과정
- 361 · 교사의 철학으로 만드는 교사교육과정

- 364 · 에필로그

1장.

# 깨달음,
# 철학을 만나다

깨달음,

철학을
만나다

교육과정을 운영하다 문득 철학이 있어서 성장하고 성공할 수 있었다는
깨달음을 얻을 때가 있습니다. 우리들이 만난 그 깨달음의 순간을 기록합니다.

# 철학이 필요하다

"학교에서도 집에서도 저는 늘 수업을 고민합니다. 아무리 열심히 해도 늘 마음 한구석이 허전했습니다. 저의 프로젝트가 늘 부족하다고 느꼈습니다. 그 부족함을 채우려는 열정은 한계가 있고 소진되고 있다고 느꼈습니다. 이제야 알겠습니다. 그 부족한 2%, 그 허전함의 원인을 알았습니다. 저에게 철학과 가치에 대한 개념 정리가 되지 않았던 것이었습니다."

인터뷰 후 선생님은 깨달은 듯 말했다. 나는 수업에 대해서 묻는 것이 아니라 교사의 철학과 가치, 뜻, 욕구를 중심으로 대화한다. 수업이라는 콘텐츠의 질을 높이려는 노력은 물욕과 같다. 내 수업을 하고 나면 늘 부족함을 느끼고 다른 사람의 수업을 보면 또 모자람이 보인다. 수업이라는 콘텐츠가 목적이 되면 늘 목마르다. 하지만 수업을 목적이 아니라 도구라고 생각하면, 나의 사상을 전달하는 도구라고 생각하면 수업 크기가 중요하지 않다. 오히려 작은 것이 자신의 사상을 간명하게 전달할 수도 있다. 나의 철학과 가치와 뜻과 욕구를 명확히 하면 나아감이 더 잘 보인다. 그 나아감이 나의 철학에서 출발했다고 생각하면 뿌듯한 성취감을 느낄 수 있다. 그 뿌듯함은 또 새로운 도전의 동력이 된다.

"남이 시켜서 하는 일이라면 온갖 불평을 해댈 것인데, 이리 힘든 것을 우리가 이리 열심히 한다."

좋아하는 것을 선택해서 할 때, 그 힘든 일을 웃으며 몰입해서 하는 자기 자신을 발견했을 때, 감탄하며 자신에게 하는 말이다. 우리는 좋아하는 것, 내가 좋아서 선택한 것을 할 때는 힘든 것이 오히려 성취감을 준다. 피로감보다는 오히려 힘이 난다. 그러나 남들이 좋다고 강요하는 것을 할 때는 쉬운 일이라도 지친다. 사람은 좋아하는 것을 하고 싶어 하는 욕구를 가지고 있다. 심리학에서는 그러한 욕구를 '접근동기'라 한다. 반면 하기 싫은 것을 피하고 싶은 욕구도 있다. 그것을 '회피동기'라 한다. 접근동기를 활용하면 힐링되지만 회피동기가 작동되면 소진된다. 그러니 똑같은 노동이라도 접근동기가 작동하면 힘들어도 행복한 것이다. 그 접근동기는 나의 욕구, 뜻, 가치, 철학이 반영된 내가 선택한 노동일 때 작동된다.

행복학교(경남의 학교혁신 정책) 일반화를 말하며, 몇몇 탁월한 학교들의 사례는 다른 학교에서 따라 하기 힘들다고들 말한다. 학교 선생님들의 열정이 다르고, 학교 상황이 다르니 교육과정 모델링이 어렵다는 것이다. 매일 모이는 동학년, 매주 모이는 부장그룹, 매달 하는 다모임은 시간을 내는 일이다. 학급 일도 바쁜데 그런 모임을 하며 함께 학습하는 일은 대단한 열정을 내는 것처럼 보인다. 또 재구성한 수업, 계절학교, 학부모와 함께하는 수업, 통합학년 수업 등은 많은 노력이 들고 새로운 접근 방법이 필요하다. 열정을 내야 하는 것뿐만 아니라 구성원 등 학교 상황이 달라 쉽게 흉내 낼 수 있는 일이 아니다.

다른 사람이 보여준 탁월한 교육과정을 수행하려면 거부감이 든다. 그 힘든 일을 해낼 자신감도 없고, 자신의 능력이 부족할 것 같은 생각도 든다. 그러니 처음부터 부정적으로 대해버린다. 거부하는 것이다. 어쩔 수 없이 행하게 되더라도 즐거움보다는 노동의 고달픔을 만나게 된다. 어쩔 수 없이 해야만 하는 회의에서는 관계갈등과 업무갈등을 동시에 느낀다. 함께 하는 것이 큰 부담이 된다. 그래서 견디지 못하고 이탈하는 경우도 많다. 탁월한 교육과정을 수행하는 객체로 동원되었을 때 회피동기가 일어난다. 주어진 콘텐츠의 실천을 강요받게 되면 수동적인 교육인 '교민(敎民)'[1]'의 교육방법이 작동된다. 다양한 노력들은 빛이 되지 못하고 자신을 소진시킨다. 그러나 시스템과 콘텐츠의 모델링으로 소진되더라도 그 행위를 성찰하고 가치를 발견한다면, 자신의 철학을 발견한다면 그 행위의 주체가 될 수 있다. 소진을 힐링으로 전환할 수도 있다.

---

1) 학교 혁신의 패러독스. 서근원. 강현출판사. 2012.

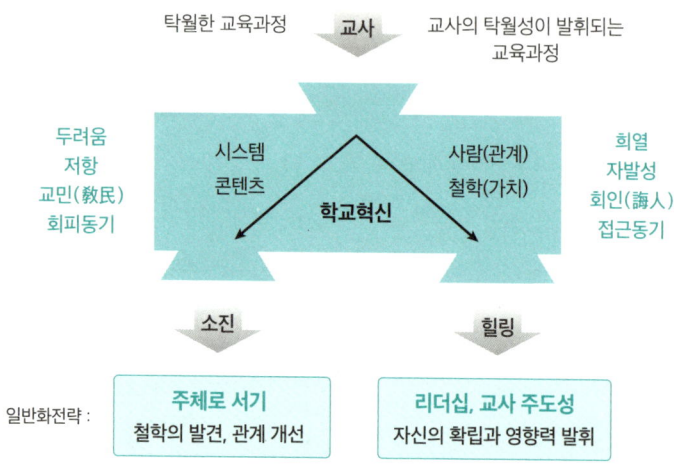

학교혁신(행복학교)의 일반화를 시스템이나 콘텐츠보다는 사람과 철학을 중심으로 바라볼 수 있다. 사람이 소중하다는 것, 사람이면 다 철학을 가지고 있다는 것은 보편적이다. 어느 학교나 다 그러한 보편성을 가지고 있다. 그러니 그 보편성에서 출발하는 것이다. 교사의 철학이 반영된 교육과정은 교사를 기쁘게 한다. 자기의 욕구와 희망이 반영된 자발성 있는 주도자로서의 선택이기 때문이다. 주어진 답이 아니라 타고난 상상력과 창의성을 발휘하여 스스로 창조하는 수업이 된다. 그런 수업에서 교사는 자신의 탁월성을 발휘한다. 자발성과 창조력을 기르는 능동적인 '회인(誨人)[2]'의 교육으로 교사 자신이 수업의 주인이 된다. 접근동기가 작동한 교육과정이다. 이러한 교육과정에서 교사는 성취감을 느끼고 자긍심을 가지게 된다. 더 많은 일을 하여도 오히려 즐겁고, 힘이 나는 것이다. 힐링되는 것이다.

철학은 나를 주인으로 살아가게 하는 힘이 되고, 그 선한 영향력은 공동체를 가지런히 하는 윤리가 되기도 하고, 세상을 바꾸는 변혁의 동력이 되기도 한다. 1장에서는 그에 대한 여섯 가지의 구체적인 사례를 들고 있다.

'상처를 치유하다'에서는 교사라는 나에게 철학은 무엇인가에 대한 답을 하고 있다. 무너진 학급 속에서, 그 절망 속에서, 그 원망 속에서 끝내 무너지지 않고 자신을 일으켜 세워 지금의 교사로 살아가게 했던 것은 철학이었다. 그때는 미처 깨닫지 못했지만 다시 돌아서 그 마음 깊은 곳을 들여다보니 사람을 사랑하는 철학이 있었다. 그 철학이 피 흘리는 상처를 쓰다듬고 굳건히 일으켜 세운 동력이었다. 철학은 보이지 않는 기운처럼 내 속에 숨어서 나를 지켜내고 있었다. 단지 그것을 그때는 깨닫지 못했을 뿐이었다. 철학은 늘 드러나길 소망하며 내 속에 가려져 있었다.

'아이의 삶이 감응하다'에서는 교사의 확고한 철학이 수업의 목적을 분명히 하고, 수업의 과정을 철학과 목적의 맥락에 맞게 흐트러짐 없게 함을 말한다. 단순한 수업내용의 흥미를 지나 나와 세상과의 관계

---

[2] 학교 혁신의 패러독스. 서근원. 강현출판사. 2012.

속에서 더 깊은 깨달음을 얻어가는 것이다. 그 깨달음의 끝은 감동이고 애틋한 걱정이었다. 교사의 철학은 아이들 속에 깃든 그 아름다움을 불러내는 등불이었다.

'학부모와 학생의 삶을 위로하다'에서는 수업은 사람을 바라보는 따뜻한 시선이며, 측은지심의 마음이 철학임을 말하고 있다. 철학은 지식을 전하는 도구가 아니라 사람을 사람답게 아끼는 사람다움이다. 그 사람다움, 곧 연민과 따뜻한 시선은 아이의 삶을 치유하고, 나아가 그 아이를 통하여 학부모의 삶을 위로했다. 철학은 교사와 학생의 관계를 혁신했다. 지식이 아니라 철학으로 만나는 곳이 교실이었다.

'교사, 화이부동(和而不同)하다'에서는 철학 있는 교사는 나와 다른 교사를 자유롭게 하고, 나 또한 자유로워짐을 말한다. 철학은 경직된 확신이 아니라 다름을 인정하는 유연함이다. 같은 가치를 가지고 함께 가더라도 획일적일 수는 없다. 사람의 마음의 결이 획일적이지 않고, 사람의 역사가 획일적이지 않고, 사람의 몸이 획일적이지 않으니 그 속에 담긴 생각 역시 획일적일 수 없다. 크게는 같으나 작게는 다른 그 다양함을 품어내어 조화를 이루는 것이 철학이다. 철학은 갈등을 창조의 동력으로 전환한다.

'정체성을 확립하다'에서는 철학적 대화가 자신의 가치를 밝게 드러낼 수 있음을 말하고 있다. 철학적 대화는 말을 통해 생각의 근원을 찾아가는 교사와 교사 사이의 전문적인 생각의 나눔이며 성찰의 과정이다. 타인 속에 가려져 보이지 않았던 자신을 발견하는 과정이며 진심으로 정성을 다해 자신을 바라보는 타인으로 인해 관계 속에 넘어졌던 자신을 다시 관계 속에서 일으키는 작업이다. 좋은 대화는 좋은 관점에서 나오고 바른말은 존재를 새롭게 한다. 그래서 철학적 대화가 필요한 것이다.

'우리를 연결하다'에서는 철학적 대화가 자신과 공동체를 바꿀 수 있음을 말한다. 철학은 개인 속에 갇힌 생각이 아니다. 철학은 나와 너의 관계 속에 존재하며 나를 세상 밖으로 드러낸다. 철학은 나와 세상의 관계 속에 존재하며 그 철학적 대화를 통하여 세상의 변화를 추동한다. 철학은 나와 공동체 그리고 세상을 바꾸는 동력이다. 그 철학은 없는 것을 만드는 것이 아니라, 이미 모든 사람이 다 가지고 있는 것이니, 대화하면 밝게 드러나는 것이다. 밝게 드러나면 자신이 바뀌고, 자신이 바뀜을 알면 감동이 일고 용기가 일어나며, 그렇게 마음이 움직이면 세상에 선한 영향력을 미쳐 모두를 성장하게 한다. 교사의 철학적 대화는 세상을 바꿀 수 있음을 말한다.

# 상처를 치유하다

## 흔들리는 꽃

2012년 가을 학급 붕괴를 경험했다. 교직 경력 17년 차였다.

학구 내 아파트 입주와 함께 기존 아이들보다 더 많은 전학생이 몰려왔다. 서로에 대한 신뢰가 쌓이기 전에 한 학부모와 갈등을 겪게 되었다. 2학기에 전입한 아이의 엄마는 전담 교사에 대한 민원으로 시작하더니 차츰 담임인 내게 화살을 돌리기 시작했다. 수시로 학교와 교육청으로 민원을 넣고 장문의 항의성 글과 요구사항이 아침마다 휴대전화로 전해졌다. 부모의 태도는 그대로 아이에게 전달되어 점점 교사의 통제선을 넘어서서 걷잡을 수 없는 상황이 되었다. 교육청에서도 다녀가고 교장, 교감, 수석 선생님이 학급에 들어와 보았지만 뾰족한 수가 없었다. 병가를 내고 그 상황에서 벗어나고 싶었으나 타 시도 교환 근무 상황에서 그마저도 쉽지 않았다. 출근을 준비하다 문자가 온 휴대전화를 방바닥에 내동댕이치며 "내 옆에도 미친 놈 하나 있어서 이 여자한테 똑같이 좀 해 주었으면 좋겠다."라며 울부짖었던 기억이 난다.

나름 괜찮은 교사로서 열심히 살아왔다고 자부했는데, 교사로서의 자존감은 바닥으로 떨어졌고, 인간적 모멸감이 밀려왔다.

목련 나무,
이파리 떨군 자리

솜털 보송보송한
꽃눈으로 봄을 품는데

내 속엔 무엇을 품어
이 겨울, 견뎌낼 수 있을까….

- 2012년 겨울. 일기장에서 -

찬바람 유난스럽던 그해 겨울, 벌거벗은 채 휘청거리며 서 있는 겨울나무들이 나처럼 느껴져 몸서리쳤다. 무너져 내리는 마음을 부여잡고 주저앉을 듯 힘겹게 집으로 돌아가는데 목련 나무가 눈에 들어왔다. 그날 신음 뱉어내듯 일기장에 남긴 구절이다.

## 내 안에서 길어 올리는 치유의 힘

///////////////

'내 속엔 무엇을 품어 이 겨울을 견뎌낼 수 있을까?'
'묻는다'라는 행위는 그 자리에 주저앉지 않고 다시 앞으로 나아갈 힘을 준다.

학급 붕괴를 겪으며 교사로서 내 존재 자체가 완전히 부정당하는 그 상황 속에서, 상처 입은 동물이 끝없이 자기 상처를 핥아 스스로 상처를 치유하듯이 나는 끝없이 묻고 또 물었다. 처음엔 '이런 일이 왜 하필 나에게 생긴 걸까?'라는 원망 섞인 질문밖에 할 수 없었다. 그 답 없는 질문은 차차 시간이 지나면서 '이 일은 내게 무엇을 말하고자 하는가? 나는 지금 여기에서 무엇을 할 수 있는가? 교사는 어떤 존재이어야 하는가?'라는 질문으로 이어졌다. 그 끝없는 질문을 놓치지 않을 수 있었던 건, 깊은 겨울을 견뎌내고 있는 목련 나무처럼 나를 지탱할 수 있는 삶의 의미를 찾아 살아남고 싶었던 절실한 몸부림이었던 것 같다. 도망칠 수 없었기에 견뎌내어야 했고, 견뎌내기 위해 끝없이 묻지 않을 수 없었다.

나치 수용소에서 살아남았던 유대인 정신과 의사 빅터 프랭클$^{Viktor\ Emil\ Frankl}$은 그의 책 『죽음의 수용소에서』[3] "인간은 '삶의 의미'를 찾았을 때 '삶의 의지'를 갖게 된다."고 하였다.

그렇게 이어진 질문과 기도 속에서 발견할 수 있었던 한 가지는 '내 존재의 가치와 존엄'은 내 밖의 사람들에 의해 주어지는 게 아니라 내 안에서부터 길어 올려진다는 것이다. 아이들이, 학부모가, 동료 교사가 나를 어떻게 바라보는가와 상관없이 내가 '내 안에 품고 살아가는 그것'이 나의 존재를 받쳐주고 있음을 발견할 수 있었고 그 발견은 큰 위안이 되었다.

그제야 비로소 아이들이 제대로 눈에 들어오기 시작했다. 나에 대한 도발로 여겨졌던 아이들의 거칠고 반항적인 말과 행동들, 심지어 학부모의 비상식적인 언행까지 실은 '자기 아픔을 보아달라는 처절한 절규'였음을 깨달을 수 있었다.

학급 붕괴 후로 여러 해 동안 유독 큰 어려움을 가진 아이들을 많이 만난 시간을 지나왔다.

---

[3] 빅터 프랭클의 죽음의 수용소에서. 빅터 프랭클. 청아출판사. 2020.

너를 통해 내 인내심의 바닥을 확인하고
너를 통해 내 위선의 민낯을 마주한다.
너를 통해 내 안에 똬리를 틀고 있는
지배 심리와 숨겨진 폭력성을 만난다.

하루에도 몇 번씩
너를 몰아쳤다가 가슴에 품었다가
부드럽게 쓰다듬다가
매몰차게 잡아챘다가
그렇게 혼돈 속에 너를 마구 흔들어 대다가

결국 내 안의 절망으로 주저앉아 버리는 내게
너는 깊이를 알 수 없는 눈길을 보낸다.

- 2015년 7월. 일기장에서 -

다른 삶의 장면 속에서는 적당히 가리고 덮어둘 수 있는 나의 민낯을 아이들과 있을 때는 적나라하게 마주하곤 하였다. 나의 통제선과 인내심을 넘어선 아이와 대치하며 다른 사람들 앞에서는 감히 표출할 수 없는 매몰찬 눈빛과 말투, 매섭게 잡아채는 내 손끝에 담긴 보이지 않는 분노를 나 자신은 느낄 수 있었다. 새삼 아이들을 '만나는' 교사의 길이 얼마나 어려운 길인지, 얼마나 철저하게 자기 바닥을 마주하는 길인지 절감하는 시간이었다. 그것은 또 다른 상처로 나를 주저앉게 하였다.

그렇게 여러 해 동안 '나는 교사의 삶이 진정 행복한가? 교사의 길을 계속 걸어야 할 것인가? 행복하다는 건 무엇인가?'라는 근본적인 질문과 씨름해야 했다.

내가 놓아버리지 않은 질문들은 나를 나아가게 했다. 아이들 속에서 마주하는 나의 한계를, 아이들과 함께하는 시간을 통해 하나하나 넘어서서 조금씩 성장하게 했다. 아이들이 자라는 만큼 내가 성장하고, 내가 깊어지는 만큼 아이들의 내면에 빛나는 힘을 더 깊이 느낄 수 있게 되었다. 때로 힘겹고 외면하고 싶은 시간이 찾아오기도 하지만 아이들 덕분에 성장해 가는 나를 경험하는 것은 다른 삶의 장면에서는 만날 수 없는 큰 기쁨이며 행복이다. 인간은 '성장'할 때 진정으로 행복하기 때문이다. 그 '성장'이 혼자의 힘으로 이루어 내는 것이 아니라 아이들과 내가 배움의 길을 걸으며 함께 엮어가는 '사랑'의 과정에서 일구어낸 결실이기에 더욱 그러하다.

발도르프 교육에서 인간은 자기 삶의 과제를 안고 이 땅으로 내려오는 정신적인 존재라고 한다. 학급 붕괴 이후 5년이 넘는 시간 동안 품어온 나의 질문을 통해 결국 '교사의 길이 내게 주어진 길'임을 받아들이게 되었다. 그것은 '내 삶의 과제'를 확인하는 과정이었다. 오롯이 견뎌내고 감당해야 했던 학급 붕괴와 어려움을 겪는 아이들 속에서 느꼈던 절망의 경험이 지금은 단순히 잊고 싶은 '끔찍한 기억'이 아니라

'교육의 본질'을 만나게 해주었던 소중한 배움의 기억으로 남아있다.

지금도 여전히 나는 아이들 앞에 서는 것이 두렵다. 교사도 부모도 아이도 서로를 온전히 신뢰하기 어려워진 요즘은 더욱 그러하다. 그런 두려움을 딛고 다시 아이들을 만날 용기를 갖게 되는 건, '아이들을 가르치는 이'로서 교사의 삶을 살아가는 것이 아니라 '아이들에게서 배우는 이'로서 '배움지기'의 삶을 살아가라는 가르침 덕분이다. 아이들은 나를 비춰주는 맑은 거울이다. 그 맑은 거울 앞에서 언제나 '나는 아이들과 어떤 삶을 살아가고자 하는가?'라는 질문을 품고 배움의 길을 걷게 된다.

## 뿌리내리는 풀꽃

풀꽃은 바람에 흔들릴수록 더 깊은 땅속으로 뿌리를 뻗는다. 질문을 품고 산다는 건 내 삶을 더 깊은 땅속으로 뿌리내리는 일이다. 풀꽃이 휘몰아치는 바람 속에서 더 깊이 뿌리를 뻗어 가듯이 나는 온몸이 휘청휘청 흔들릴 때마다 자신에게 끝없이 질문했고, 내 안에서 길어 올린 답들이 나를 교사라는 삶 속에 더 단단히 뿌리내리게 해주었다. 풀꽃은 홀로 피지 않는다. 서로 기대어 꽃밭을 이루듯 아이들과 삶을 엮어가며 함께 배움의 길을 걸어왔다.

어떤 질문을 품고 사는가에 따라 그 사람이 나아가는 방향이 달라진다.

철학을 한다는 것은 질문을 품는다는 것이다. '어떻게' 이전에 '왜', '무엇을'이라고 묻고 자기 자신의 답을 길어 올리는 성찰의 과정이다. 내가 누구인지, 무엇을 하고자 하는지 정체성을 알아가는 것이다. 철학을 통해 내 삶과 행위에 의미를 부여함으로써 내 삶을 사랑하게 된다. 흔들릴 때마다 철학의 힘에 의지해 주저앉지 않고 함께 나아갈 방향을 찾게 된다.

"선생님, 당신의 뜻은 무엇입니까?"

내 안에서만 머물던 질문과 답을 다른 선생님들과 함께 나누면서 그것은 좀 더 분명하게 '교사로서 나의 철학'으로 정리되었다. 그 잣대로 내 삶을 되짚어 보며 '내 삶에서 가장 소중히 여기는 가치가 무엇이었는지' 하나의 맥락을 가질 수 있었다.

나의 철학은 나의 상처를 치유하고, 나를 존재하게 하고, 동료 교사들과 연결하게 해주었다. 저마다의 질문과 답들이 연결되어 함께 나아갈 수 있게 되었다. 내 곁에 피어있는 또 한 무리의 풀꽃들을 만나 더 풍성한 꽃밭이 되었다.

나는 풀꽃이다. '철학'이라는 깊은 뿌리를 내린 풀꽃이다. 척박한 땅 위에 뜨거운 햇볕이 내리쬐고 때로 매서운 비바람이 휘몰아쳐도 자유롭게 뿌리내리고 유연하게 뻗어 가며 교사의 삶을 꽃피운다.

# 아이의 삶이 감응하다

    4학년이 공존의 철학을 실천한다며 닭과 오리를 부화시켜 키우는 바람에 나는 교감 선생님과 지킴이 선생님과 함께 교무실과 교장실 앞의 정원에 닭장을 설치했다. 봄에 알에서 깬 오리와 병아리는 날이 더워지자 중닭이 되고, 여름방학이 되자 큰 닭이 되었다. 창문을 열면 닭 똥 냄새가 날아왔다. 아이들에게 핀잔을 듣기도 했다. 병아리 잘 자라느냐고 관심을 보였는데, 아이는 정색하며 병아리가 아니라고 했다. 닭이냐고 묻자, 닭도 아니라고 했다. 아이들은 갈색 털을 가진 얘는 '초코'라 불렀고, 또 다리가 부러진 채 태어난 아이는 '꼬미'라 불렀다. 열여덟 마리의 닭이나 오리는 이름이 있었고, 아이들은 그 이름을 다 알고 있었다. 닭이라고 부를 수 없는 닭들은 내가 만지면 화들짝 놀라 달아났지만, 아이들에겐 편안하게 안겨 있었다.

    날이 더워질수록 닭의 몸집은 커지고 냄새는 더 역겨워졌다. 심지어는 울어내기까지 했다. 여름방학이 끝날 즈음 마을에서 민원이 들어왔다. 닭들이 울어대는 바람에 새벽잠을 설치고 있다고 하소연했다.

날이 갈수록 닭 우는 소리는 잦아지고 더 커졌다. 하는 수 없이 닭을 내보내기로 했다. 마침 고성 바닷가에 농장을 하는 분이 있어서 대부분을 무료로 분양했다. 분양한 날 오후에 전화가 왔다.

"선생님, 닭은 무사히 농장으로 잘 옮겼습니다. 그런데 오늘 아침에는 좀 당황스러웠습니다. 학교에 가면서 탑차에 닭을 어찌 실을지 걱정하며 갔는데, 학교에 도착하니 아이들이 선생님과 함께 닭을 안고 닭똥 같은 눈물을 흘리고 있었습니다. 아이들이 닭을 차에 실어주고 나서 제게 이렇게 말했습니다. '아저씨, 우리 초코 치킨도 만들지 마시고요, 백숙도 만들지 마시고요. 열 다섯 살 정도까지 산대요. 그때까지 죽이지 말고 잘 길러주세요.' 그러더라고요. 정말 상상도 못한 장면이었습니다."

9월 초, 고성 바닷가가 아닌, 한 학생의 할머니 집으로 옮겨간 닭 두 마리가 낳은 첫 알 두 개가 정성스럽게 짠 털실 바구니에 담겨 학교로 왔다. 마음이 따뜻했다. 선생님도, 아이들도, 교직원도, 학부모도 모두가 참여하여 만든 마지막까지 따뜻한 수업이었다. 이 수업을 진행하는 선생님들의 표정은 소풍 가는 아이들 같았다. 병아리가 탄생하는 순간 아이들과 함께 경이로움에 빠졌고, 정미소에서 쌀겨를 얻어 승용차에 싣고 오는 모습은 탐험을 즐기는 아이들 같았다.

아이들에게 닭은 닭이 아니라 한 마리 한 마리가 이름이 있는 존재였다. 사랑하는 대상이었다. 이해하기 위해서 닭에 관해 공부해야 했고, 함께 하기 위해 철길 인근 숲에 사는 족제비 등 위험으로부터 지켜야 했다. 공존의 철학과 생명존중의 가치는 물이 스미듯 아이들의 삶으로 다가갔고 아이들은 닭똥 같은 눈물로, 삶으로 감응했다. 다음은 이 수업을 성찰한 '2021년 교방초등학교 4학년 교육과정 성찰글'의 일부이다.

> 공존의 첫 번째 시작은 기다림과 생명 존중의 의미 알기였습니다. 『경태의 병아리』[4]를 읽고 생명을 대하는 주인공 경태의 마음이 어떻게 변화될 수 있었는지 함께 이야기해 보았습니다. 그것에 그치지 않고 주인공처럼 직접 병아리를 부화시켜 보기로 했습니다. 지금 생각해도 용감한 선택이었습니다.
>
> 부화기와 유정란을 준비하여 병아리 탄생까지 23일 동안 우리는 값진 '기다림'을 경험하였습니다. 다른 생명을 위해 아끼는 마음을 가지고 교실을 조용한 공간으로 만들고 뛰지 않으며, 매일 달걀을 바라보며 인사해 주고 애정을 주는 가치있는 기다림이었습니다. 생명에 대한 기대와 사랑으로 기다림이 즐거웠으며, 이 생명이 우리에게 얼마나 귀한지, 모든 생명에는 다 가치가 있다는 것을 몸과 마음으로 배우는 시간이었습니다.
>
> 병아리가 부화한 후, 교실에서 키우는 한 달 동안은 인내와 배려, 협력이 필요했습니다. 예쁜 병아리를 보기만 해도 크게 행복했지만 우리는 곧 냄새, 먹이, 청소 등의 현실적인 문제에 직면했고 해결을 위해 머리를 맞대야 했습니다. 토의를 통해 각 역할에 대한 당번을 정하고 한 달 뒤에는 야외에서 키우기로 하였습니다.
>
> 교실에서 병아리를 보살피는 동안 인상적이었던 것은 냄새에 민감한 친구들이 코를 막고 인상을 쓰면서도 병아리를 보살피는 당번에 동참하고 싶

---

4) 경태의 병아리. 김용세. 잇츠북어린이. 2020.

어 했다는 것입니다. 그리고 만지지 못하는 친구들을 위해 대신 당번을 바꿔주고 서로를 배려하는 모습을 보여주었으며, 할 수 있는 일을 찾아 도우려 하고 협력의 관계를 만들어가고 있었습니다. 한 달 뒤, 교실 밖 농장에서 닭과 오리를 키우기 시작하였고, 우리는 협력과 공존의 의미를 배워갔습니다. 4학년 각 반에서 돌아가며 농장 청소를 하고 먹이를 주면서 협력하는 배움을 실천했습니다.

그리고 농장의 이름을 짓기 위해 4학년 각 반에서 1차 이름을 공모했고, 다시 전교생의 의견을 모을 수 있게 공개 설문을 하면서 우리는 존중과 민주적 절차를 배웠습니다.

순조롭게 진행되던 우리의 프로젝트 과정에서 문제가 발생하였습니다. 4학년 외에 다른 학년에서 우리 닭과 오리를 괴롭히는 아이들이 있다는 것입니다. 학생 모두가 닭들과 평화롭게 공존할 수 있는 최선의 방법을 모색하기 시작했습니다. 토의 결과 우리가 닭들과 맺은 관계를 다른 친구들도 경험해 볼 수 있도록 공존의 장을 마련하자는 것이었습니다. 그래서 다른 학년을 상대로 체험학습을 통해 닭들을 알아보고, 만져보고, 관계를 맺는 '병아리 체험학습'을 계획했습니다. 물론 계획부터 진행까지 모두 4학년 학생들 스스로 일궈냈습니다. 그 준비 과정에서 이미 우리는 생명 존중의 마음을 내면화했고, 공존이란 생명에 대한 배려와 존중이 바탕이 되어야 한다는 것을 배웠습니다.

병아리 체험학습에 참여한 1학년 학생

의도하지 않으면 잘 드러나지 않는다. 가치를 부여하지 않으면 빛 나지 않는다. 드러난 가치에 이름을 불러주지 않으면 가치는 존재하지 않는다. 내 내면의 아름다움을 발견하여 꽃이라 불러주면 비로소 꽃이 된다. 철학이란 나의 의도를 드러내어 이름 불러주는 일이다. 그러면 삶이 감응한다. 공존을 의도하고 교육과정에서 구체적인 아이들의 삶 으로 풀어내기 위해 선생님들은 아이들과 함께 병아리를 키웠다. 병아 리를 키우면서 생명에 대한 소중함을 느끼게 되었고, 모든 존재가 이 지구상에서 함께 살아가는 '공존'이란 그 가치가 머리와 가슴에 실체로 와 닿았고 더 깊게 감응할 수 있었다. 단지 걷는다고 가는 것은 아니 다. 철학이라는 방향이 있을 때 삶이 깊어지는 것이다. 아이들은 선생 님의 철학에 감응하고, 선생님의 철학은 아이들의 삶에 감응하며 깊어 지는 것이다. 그래서 철학이 있는 교육과정이다.

# 학부모와 학생의 삶을 위로하다

## 환대의 철학 1

"시하가 학교 오면 다 온 것입니다."

지킴이 선생님은 매일 늦게 등교하는 아이의 이름을 나에게 알려주었다. 2학년인 시하는 정돈이 덜 된 몸가짐으로 약간은 어두운 표정으로 걸어왔다. 인사를 건네는 나와 눈도 맞추는 둥 마는 둥 하고 휘적휘적 지나갔다. 학급에서도 어려움을 겪고 있었다.

시하의 담임이 갑자기 결근을 하게 되어 나는 하루 종일 그 반을 대신 맡아 수업을 하게 되었다. 1, 2 교시를 운동장에서 체육활동을 하기로 하고 운동장으로 나갔다. 한 아이가 없었다. 시하가 운동장에 나오지 않은 것이다.

"선생님, 좀 전에 나오다가 화장실 갔어요."

아이들을 줄 세워보니 모두 24명이다. 이어달리기를 하려는 데 시하가 오면 짝이 없는 상황이었다.

"선생님, 코피가 나서 화장실에서 씻느라 좀 늦었습니다."

시하는 코에 화장지를 꽂고 나타나 그 이유를 또박또박 말했다. 옷에도 피가 묻어있었다.

"아, 그랬구나. 코피가 나서 힘들겠구나. 그럼 달리는 것이 좋지 않을 것 같구나. 하지만 여기서 선생님 역할을 좀 해줄 수는 있을 것 같은데. 선생님이 운동장 저쪽에서 안내할 테니, 시하는 여기서 친구들을 출발시켜 주면 어떻겠니?"

시하는 내가 보는 앞에서 '준비-출발'을 손짓과 함께 몇 번을 나에게 보여주면서 잘할 수 있다는 신호를 보냈다. 우리 둘은 호흡을 잘 맞춰 아이들이 그만하자고 할 때까지 이어달리기를 했다. 수업이 끝나고 나는 시하에게 감사의 말을 했다.

"시하야, 네가 잘 출발 시켜준 덕분에 이번 수업에서 내가 너무 편했고 또 수업이 잘 되었단다. 고마워."

수학 시간이 되었다. 시하의 짝지가 자기 자리에서 만화책을 보며 수업에 참여하지 않았다. 내가 권해보았지만 대꾸가 없었다. 상황 파악이 안되었기에 나는 당황스러웠다. 그때였다.

"가람아, 내가 도와 줄 테니까 같이하자."

시하의 말에 정말 신기하게도 가람이가 책을 꺼냈고, 두 아이가 머리를 맞대고 공부를 하기 시작했다. 수학 시간도 잘 지나갔다.
국어 시간에는 한 시간은 그림책을 읽어주었고 또 한 시간은 '끝말이어쓰기'를 모둠별로 팀이 되어 칠판에 쓰기로 했다. 아이들은 칠판에 쓴다는 말에 오후의 나른함을 기대와 도전의 설렘으로 전환해버렸다. 그런데 이번에는 시하가 한글을 터득하지 못하고 주춤거렸다.

"선생님, 제가 도와주면 안 되나요?"

이번에는 가람이가 나섰다. 가람이와 시하는 서로 도우며 국어 시간마저 훌륭하게 성공했다. 하교를 시키면서 시하를 불렀다.

"시하야, 오늘 네 덕분에 모든 수업이 성공할 수 있었단다. 고마워."
"선생님, 정말이에요? 그럼 지금 저에게 하셨던 말씀 저희 엄마에게도 해주세요."
"지금 당장?"

"네."

나는 약속을 하고 시하를 보낸 후 학부모에게 전화를 걸어 시하가 얼마나 교사를 잘 돕고, 친구를 잘 돕고, 자기의 일을 끝까지 완수했는지를 알렸다.

"아이구, 교장 선생님 얼마나 놀랐는지 모릅니다. 늘 마음 아픈 이야기만 들어서, 학교라 그러면 가슴이 철렁철렁 내려앉았는데, 더구나 교장 선생님이라 하셔서 정말 깜짝 놀랐습니다. 오늘 같은 전화라면 매일매일 받았으면 좋겠습니다. 행복하고 고맙습니다."

그날 이후 시하는 좀 더 밝은 표정으로 나와 눈을 맞추며 경쾌하게 등교했다. 얼굴도 좀 더 빛이 났다. 세수를 좀 더 열심히 한 모양이다.

"교장 선생님, 시하 어머니 요즘 학부모회 활동도 하십니다."

환대란, 존재가 물리적인 자리와 사회적인 자리를 가지도록 해주는 일이다. 나는 시하가 학급에서 의미 있는 존재라는 것을 보여주었고, 시하는 그 의미 있음을 나의 기대 이상으로 **보여주었다**. 그리고 그의 어머니와 함께 달라진 모습으로 학교에 온다.

# 환대의 철학 2

솔이의 어머니는 학년말 헤어지는 만남에서 한 해를 돌아보며 가장 인상적인 장면을 다음과 같이 말했다.

저는 상담 갔다가 충격을 받았습니다. 저는 저의 딸이 음식도 조절하지 못하고, 공부도 못하고, 친구도 못 사귀고, 운동도 못하고… 온갖 못하는 것을 다 들먹이며 잘 도와달라고 부탁했습니다. 그런데 선생님께서 저를 깊게 바라보시더니 물었습니다.

"잘하는 것은 뭐죠?"

저는 갑자기 머리가 하얘졌습니다. 질문이 너무나 갑작스러워서 뭘 잘하는지 하나도 떠오르지 않았습니다. 사실은 우리 아이가 뭘 잘한다고 생각해 본 적이 없었습니다. 순간 얼굴이 확 달아오르며 무슨 말을 어떻게 해야 할지 몰랐습니다. 그 상황에서 선생님이 이렇게 말씀해 주셨어요.

"솔이는 봉사활동도 잘하고, 힘든 것도 포기하지 않고 열정적으로 하며, 눈이 반짝반짝 예쁘며, 선생님에게 친절하죠. 친구들에게 물건도 잘 빌려주고 친구가 자기 물건을 사용해도 쉽게 화내지 않죠. 미술 시간에 작은 것을 만들기 좋아하고 색찰흙으로 세밀하게 잘 만들죠. 아침에 또 얼마나 저에게 인사를 잘 한다고요."

선생님은 한 달도 안 되었는데 저보다 더 우리 아이를 잘 알고 있었습니다. 저는 그 순간 깨달았습니다. 저는 제 딸을 완전히 잘못 보고 있었습니다. 그래서 아직도 그 순간이 충격으로 남아있습니다.

그때 그렇게 말씀해 주셔서 정말 고맙습니다. 그리고 선생님께서도 아시겠지만 저희 솔이 너무 잘 자라고 있고요. 너무 잘하고요. 저희 아이 한 번 더 맡아주시면 소원이 없겠는데 제 욕심이겠지요? 다른 아이들의 행운을 제가 가로채는 것이 될까봐 그 부탁을 못 드리겠습니다.

솔이는 다른 아이들보다 키도 작고, 몸도 토실토실했다. 다른 아이들보다 6개월에서 1년은 어려 보이는 외모와 행동을 보였고, 다른 아이들과 함께 어울려 노는 데 약간의 어려움이 있었다. 학부모는 그런 측면들을 보고 그동안 많이 속앓이를 해왔던 것이다. 그 속상함을 담임과의 첫 만남에서 드러내고 도움을 요청한 것이다.

우리의 마음속에는 이상형이 있다. '아이가 이랬으면 좋겠다. 저랬으면 좋겠다.' 하는 온갖 좋은 것들을 조합한 그런 인간상이 있다. 그런 것은 머릿속에서나 상상하는 것이다. 현실은 그런 인간이 살아가는 것이 아니라 천의 얼굴, 만의 모습으로 살아가는 것이다. 그 숱한 다름에서 우리가 성장해 갈 수 있는 것이다. 그 숱한 다름 속에 우리가 가치있게 살아갈 숱한 다른 가치들이 존재하는 것이다. 아이들도 그런 것이다.

못하는 것에 집중하면 못난 아이가 된다. 잘하는 것에 집중하면 잘난 아이가 된다. 바깥의 기준에 사람을 꿰맞추면 사는 것이 고통이다.

나 자신이 기준이 되면 사는 것이 즐거움이다. 사람을 바라보는 생각을 바꾸면 완전히 다른 사람이 거기에 존재한다. 그렇게 긍정적으로 바라보면 아이는 또 그렇게 긍정적으로 자란다. 그래서 나는 내 기준이 아니라 그 아이를 바라본다. 그 아이를 명상한다.

솔이는 한 해 동안 깜짝 놀랄 정도로 성장해 갔다. 포기할 줄 몰랐고, 스스로 못난 아이라고도 생각하지 않았다. 친구들의 생각도 바뀌었고, 부모의 생각도 완전히 바뀌었다. 생각뿐만 아니라 행동도 바뀌었다. 솔이를 무척 자랑스럽게 생각했고 아주 자랑스럽게 학교를 드나들었다. 협력 수업이 있으면 만사를 제쳐두고 참여한다. 솔이를 위해서가 아니라 다른 아이들을 위한 봉사인데도 말이다.

학부모는 두려움이 있다. 우리 아이를 밉게 보면 어쩌나 하는 두려움이 있다. 그래서 다른 아이와 비교해서 부족한 것이 있으면 두렵다. 그 두려움을 제거하는 것이 학부모와 신뢰를 구축하고 연대하는 데 큰 도움이 된다. 그 두려움을 없애는 방법은 아이를 바라보는 아름다운 눈이다. 긍정적인 마음이며, 칭찬하는 말이다. 강점을 찾아 아이 자체의 소중함을 공유하는 학부모와 연대의 장이다.

환대란, 나의 기준을 넘는 일이며, 나의 판단을 넘어서는 일이다. 그냥 거기에 그가 있는 것이다. 그를 아름답게 보아주는 것이다. 그리고 그 아름다움에 감사하는 일이다. 나는 되뇐다. '어찌 철학 없이 가르칠 수 있으랴.'

# 교사, 화이부동(和而不同)하다

## 민주시민, 우리 정치를 해보다

"선생님! 심장이 너무 떨려요."

생애 첫 투표의 순간을 경험하는 아이의 입에서 나온 말이다. 어느 선생님의 말버릇처럼 "이게 므시라꼬?" 과도하게 몰입한 아이들의 모습에 빙그레 웃음이 새어 나왔다. 만 19세가 되어야 비로소 생기는 선거권을 7년이나 먼저 경험해 본다는 설렘인지, '민주주의의 꽃'인 선거의 가치를 느꼈기 때문인지, 투표소와 거의 비슷하게 꾸며진 모습 때문인지 알 수는 없었다. 사실 아이들의 지금까지 12년 인생 중 알게 모르게 수많은 투표를 했을 텐데, 이번을 특별하게 생각한 이유는 수업으로 인한 결과였으리라고 기분 좋게 짐작해 본다. 삶의 공간 '마산'에 살아 숨 쉬는 독재 정권을 향한 저항의 역사를 알지 못했다면, 의견을 모아 정책을 제안하는 과정에서 모둠 친구들은 물론 학급 친구들과 힘을 합치는 경험이 없었다면, 결코 누리지 못했을 설렘이란 생각이 들었다. 이내 '이 맛에 선생한다!'라는 희열이 따라왔다.

바야흐로 수업을 디자인하던 그 무렵으로 거슬러 가면, 5, 6학년의 교육과정 철학은 '민주시민'이었다. 어떻게 풀어갈지 정해진 것은 없었다. 그러나 교사가 함께 만들어간 철학을 바탕으로 다시 새로운 교육과정을 어떻게 실천해 갈 것인지 하는 문제는 혼자 알아서 할 수 있는 일이 아니었다. 함께 질문하고 고민을 나누고 실천해 가며 답을 찾아가는 '공동체'가 필요했다. 그렇게 같은 학년 선생님들과 매일 만났다.

'민주시민'이라고 하면 가장 먼저 떠오르는 말은 '정치'였다. 교육과정 성취기준과 관련되기도 했기 때문이다. 하지만 교과서는 박제되어 버린 낡은 지식에 불과했다. 우리나라의 민주화 과정을 아이들이 몸소 느끼고 실제 생활에서 민주시민으로 살아낼 수 있는 수업을 만들어가는 것이 중요했고, 선생님들과 계속 고민했다. 어떻게 하면 아이들이 정치란 정치인들의 전유물이 아니라, 스스로 정치 주체임을 깨닫게 할 수 있을까? BTS의 RM이 "우리 삶에서 정치가 아닌 것이 있을까요? 오늘 점심으로 무엇을 먹을지 정하는 것부터 정치입니다."라고 이야기했던 것처럼 민주주의와 정치는 멀리 떨어져 있는 이상이 아니라 내 삶 가까이 녹아 있음을 알게 할까?

"3월의 의기, 4월의 선혈, 5월의 희생이 6월에 이르러 자유와 정의로 푸르게 빛났던 우리의 대한민국! 이런 우리나라의 민주화 과정을 아이들이 몸소 느끼고 실제 생활에서 살아낼 수 있는 수업이 될 수 있을 것 같아요."

우리 학년의 막내 선생님이 말했다. 지루하고도 치열한 대화와 토론 끝에, 앎이 삶으로 적용되는 것이 아니라 경험하는 과정에서 아이들이 스스로 의미를 구성하는 과정으로 가야 한다고 의견을 모았다. 그러면서 '공간 혁신'이라는 주제를 선택했고 모두 탄성을 내었다. 광장에서만 '민주주의'가 존재하는 것이 아니라, '민주시민'으로서 우리 삶을 변화시키는 경험을 비교적 빠르고 가시적으로 할 수 있길 바라는 마음에 학교 공간을 바꾸는 것이 적합하다고 생각했기 때문이다. 수업은 금방 디자인되었다. 학급이 하나의 정당이 되어 학교 공간 혁신 디자인을 만들어낸 다음, 각 학급의 안을 발표하고 공청회와 선거의 과정을 거쳐 선정한다는 큰 틀을 잡았다. 그런 과정에서 '야! 나도 정치할 수 있어!'를, 그것도 즐겁게 할 수 있기를 기대했다. 동시에 단순히 투표라는 '선택하기'를 넘어, 발표 및 공청회와 선거라는 '선택받기'의 경험까지 할 수 있게 의도했다.

어떻게 수업할지 함께 디자인한 것을 바탕으로, 선생님들은 각자가 좋아하고 잘하는 것과 우리 반 아이들이 할 수 있는 것을 생각하며 교실 속에서 실천했다. 나는 수업을 진행하면서 아이들이 '정치'하는 과정에서 자유롭게 생각을 나누고, 상대를 설득하고, 자신의 장점을 중심으로 역할을 직접 정하고, 친구와 협력하여 발표를 준비하고, '원팀'으로 우리 반이 빛날 수 있게 전략을 짜는 것까지 수업 활동마다 민주주의 가치와 철학이 녹아들 수 있게 했다.

이 프로젝트 수업의 가장 반짝이는 순간은 역시 공청회 날이었다. 어른의 눈으로 보면 어설퍼 보이는 아이들의 프레젠테이션 속에서 성장을 보았다. 평소 냉정하고 무뚝뚝한 아이가 저렇게 유머러스하고 깔끔하게 발표할 수 있다는 걸 알았고, 수업 시간에 엉뚱한 질문으로 친구들을 웃겼던 아이는 공공성의 관점에서 촌철살인과 같은 질문을 던졌다. 공청회에서 발표와 경청이 빛났다. 질문이 빛났다. 덕분에 선거가 빛났다.

그리고 개표 시간, 실제 개표 방송처럼 텔레비전을 통해 아이들은 실시간으로 개표를 확인할 수 있었다. 자기 반 정당의 이름이 불릴 때마다 떠나가라 들리던 함성과 이름이 불리지 않은 반에서의 탄식이 끊이질 않았다. 결과적으로 선정된 것은 한 반의 의견이었고, 나머지 반 아이들이 아쉬워하기는 했지만 후회하지는 않았다. 모든 과정에서 의미를 발견하고 그 속에서 행복했기 때문이었을 것이다.

더욱이 그 과정이 아이들에게만 의미 있는 것은 아니었다. 선생님들에게도 마찬가지였다. 6학년 1학기 교육과정을 성찰하며 남긴 우리 학년 막내 선생님의 글로 그 의미를 대신한다.

"'푸르른 민주주의로 가는 길' 위에서 우리는 과거의 시민들을 만났고 현재의 공간 혁신이라는 문제를 정치적으로 풀기 위해 함께 걸었다. 그러면서 조금씩 성장하는 아이들에게 우리는 초록빛의 이파리들을 보았다. 길의 끝은 문이라고 했다. 1학기 프로젝트가 끝났지만 2학기에 실제로 공간을 혁신해야 한다는 큰 문이 모두의 앞에 닫혀있음을 알았다. 하지만 걱정하지 않았다. 프로젝트를 하면서 아이들의 무한한 가능성과 서로 다른, 그래서 서로를 채우는 선생님들의 시너지를 보았기 때문이다. 함께 이 문을 연다면 우리는 해낼 수 있을 것이다."

## 민주시민이 쏘아 올린 아주 큰 공?

2학기 첫 프로젝트 수업은 1학기 프로젝트 수업 중 '학교에 필요한 공간은 무엇이며 어떻게 바꾸면 좋을까?'라는 정치 문제를 민주적 의사 결정 과정을 통해 정한 것을 바탕으로, 직접 학교 공간을 변화시켜 나가며 실천해 보는 과정이 되었다. 더욱이 가장 선배로서 6학년이 공동체의 쉼과 추억이 머무는 장소를 만들어 선물한다는 기여의 의미가 있기도 했다. 그렇게 처음부터 끝까지 온전히 실천으로 이루어진 프로젝트 수업을 통해 아이들이 '선택'을 넘어 '실현'하고 공동체를 위해 '기여'하는 민주시민으로서 가치 있는 경험을 하길 기대했다.

수업을 앞두고 같은 학년 선생님들이 고민하는 부분은 분명했다. 선거가 승자독식이 되지 않기 위해 투표로 선정된 6학년 2반의 장소와 콘셉트는 유지하되, 5개 학급이 공통으로 원하는 것을 우선 실현하기로 했다. 바로 아지트, 즉 안락한 작은 집이었다. 그렇게 수업이 시작되고 6학년 전체 아이들의 투표로 집 이름이 결정되었다. 선정된 이름을 보고 아이들 모두 만족했다. '꿈트리'라니! 우리의 꿈이 꿈틀꿈틀 싹트는 나무집(꿈+트리)이라는 의미에 다들 고개를 끄덕였다.

각 반의 아이들은 지붕과 벽 하나씩을 맡아 본격적인 건축에 들어갔다. 안전 조끼, 헬멧을 착용하고 준비운동을 하는 아이들의 모습이 제법 그럴싸했다. 다섯 반이 한 채를 만들다 보니 개인이 할 수 있는 작업량이 그렇게 많지는 않았다. 하지만 아이들은 새로 접하는 목공 도구를 배워 사용하며 작업에 집중했다. 그렇게 드릴 소리와 손바닥 망치인 팜해머 Palm Hammer 소리가 울리는 뜨거운 작업 현장! 그 과정에서 자기 자신은 물론 친구들의 강점을 찾으며 공동체의 소중함을 느꼈고, 협력하는 즐거움과 가치를 스스로 깨달았으며, 무엇보다 주체로서의 경험을 가졌던 수업이었다.

올해 초에 우리가 이렇게 집을 지을 거라고 누가 상상이나 했을까? 선생님들과 아이들이 함께 한 작은 수업이 모이고 모여 큰 공을 굴려낸 것 같다. "망치는 누구에게 가느냐에 따라 다른 일을 하게 된다. 목수에게 가면 누군가의 집을 짓는 망치로, 판사에게 가면 정의로운 세상을 만드는 판사봉으로, 토르에게 가면 세계를 구하는 망치로!" 목공 선생님께서 해주신 말씀이다. 이번에는 아이들이 망치로 집을 지어 공동체에 기여하는 경험을 했다. 아이들이 '내가 가진 망치'로는 무엇을 할 수 있을지 조금씩 조금씩 발견해 나가길 바란다. 서로 다른 우리가 자신만의 망치로 함께 세상을 빛낼 수 있길 말이다.

## 우리 또한 민주시민이었다!

'꿈트리 준공식' 수업이 끝나기가 무섭게 다음 수업을 함께 고민했다. 지금껏 전통 아닌 전통으로 6학년에서는 '깜프'라는 '세계 문화 축제'를 여는 프로젝트 수업을 해왔다. '깜프'는 'Gyobang's Global Multicultural Festival'로, 창원에서 매년 열리는 이주민과 내국인이 함께하는 문화다양성 축제인 '맘프 MAMF'에서 따왔다. 그런데 선생님들은 단순히 세계의 다양한 문화를 소개하는 것을 넘어 더 큰 맥락의 '평화'라는 가치를 다뤄보면 어떨까에 관심을 가졌다.

또다시 긴 대화와 토론이 시작되었다. 처음에는 우리 선생님들조차도 '평화'하면 막연히 세계의 어린이들이 손을 잡고 지구 위에 둥글게 서 있는 모습이라던가 올리브 이파리를 물고 있는 비둘기를 떠올렸다. 선생님들은 학급에서 아이들과 함께 책을 읽고 서로 생각을 나누면서 희미했던 평화의 의미를 좀 더 선명하게 만들어갔다. 우리가 알아간 평화는 단지 전쟁이 없는 소극적 평화뿐만 아니라 여승무원도 바지를 입을 수 있고 장애인도 영화를 즐길 수 있으며, 동물들은 자신이 태어난 곳에서 자유롭게 살아갈 수 있어야 하는 것이었다.

"각자 스타일대로 풀어보고 학급의 메시지를 담아 평화 페스티벌에서 만나요!"

마지막 프로젝트 수업은 선생님마다 자기 철학을 바탕으로 아이들이 평화를 어떻게 생각하고 해석할지, 그 해석을 담아 어떻게 공부하고 실천할지 각 반에서 만들어가기로 했다. 사실 일 년 동안 거대한 프로젝트 수업의 여파인지, '평화'에 대한 생각과 해석이 달라서 그런지 몰라도 프로젝트 수업의 활동 아이디어만 공중에 둥둥 떠다닐 뿐 구체화 되지 않았다. 그래서 이번에는 '평화 페스티벌'에서 '연결'하되 아주 많은 '여백'을 가지고 선생님 나름대로 풀어가 보기로 한 것이다.

　1반은 인권 문제로, 2반은 아이들이 직접 정한 갈등과 분쟁 문제로, 3반은 한반도의 특수성과 통일 문제로, 4반은 NGO로, 5반은 기후위기 문제로 평화를 풀었다. 그 과정에서 '민주시민' 철학이 '평화'를 매개로 교실 속에서 온전히 실현되는 것을 보았다. 다만 공동체가 추구하는 철학을 그대로 녹여내는 것이 아니라, 학년에서 한 번, 그리고 각자 교실에서 또 한 번 나름의 맥락으로 변주되었다. 비로소 철학이 만들어낸 '여백'은 교사가 교실에서 꿈꾸는 대로 실천하는 것이었음을 깨달았다.

　바야흐로 각각의 교실에서 교사가 아이들과 함께 다양하게 풀어낸 평화는 '평화 페스티벌'이라는 이름으로 연결되었다. 마치 지난 겨울 저마다 좋아하는 것을 적은 깃발과 다양한 빛깔의 응원봉을 든 시민들이 광장에서 만나 빛의 혁명을 만들어 낸 것처럼 말이다. 평화를 어떻게 해석했는지가 학급별로 달랐고 아이들 모둠마다 또 달랐다. 아이들은 다른 부스를 방문하며 친구들이 이야기하는 평화에 공감하기도 하고 톡톡 튀는 아이디어에 박수를 보내기도 했으며 때로는 몰랐던 사실을 배워오기도 했다. '광장'은 각자가 좋아하는 것과 중요하게 여기는 것을 들고 모여서 '화이부동'하는 곳이었다.

그때의 일 년을 돌이켜보면, 수업을 함께 고민하고 실천하면서 우리 교사 또한 민주시민으로 존재했고 그 과정 자체가 '철학하는 일'이었다. '다른' 우리가 모여 프로젝트 수업을 만들면서 자연스럽게 민주시민에 대한 자기 생각을 말하며 철학이 공유되었다. 많은 여백은 정해진 것이 없어 불안하게 하기도 했고 차이를 넘어 갈등을 만들기도 했기에, 수업에서 '같은' 지향점과 맥락을 만들기 위해 소통과 배려는 필수적이었다. 그렇게 같은 종착점을 향해 걸어가지만 서로 다른 길로, 서로 다른 방법으로 걸어갔다. 함께 만들었지만, 각자의 눈높이에서 나름의 방법으로 자기가 하고 싶은 대로 풀어갔다. 함께 그린 민주시민의 모습처럼 선생님들은 수업에서 각자의 철학과 삶을 녹여 주체로 존재했고, 수업을 매개로 우리는 연결되었다. 학교 철학이 담긴 '다른 우리가 모여 함께 빛나는 학교'라는 학교 비전은 우리가 해석한 '민주시민'의 철학과 자연스럽게 만났다. 그렇게 수업은 '나'였고 '우리'였다. 그 과정에서 우리 교사 또한 '민주시민'이었던 것이다.

# 정체성을 확립하다

## 교실이라는 섬

'빠삐용 Papillon 5)'은 프랑스어로 '나비'라는 뜻이다. 영화 속 주인공인 빠삐용의 몸에는 나비 문신이 있다. 그는 살인 혐의로 악마의 섬에 갇힌다. 그는 동료 죄수들로부터 샤리에르 Charrière라는 부모가 정해준 이름이 아닌 그가 선택하고 지향하는 존재인 나비, '빠삐용'이라고 불렸다. 빠삐용은 나비가 꽃을 찾아 평생을 살 듯, 자유를 찾기 위해 온 생을 바쳤고 결국 악마의 섬이라 불리는 곳을 나비처럼 탈출하여 '해방'되고 '자유'의 몸이 된다.

악마의 섬에는 교도관이 없다. 그러하기에 섬 안에서의 삶은 자유롭다. 대신 섬 밖의 망망대해와 상어가 주는 두려움은 사람을 평생 섬

---

5) 〈빠삐용〉 2017년 토론토 국제 영화제에서 상영한 범죄, 드라마 영화. 1973년에 개봉된 미국의 영화《빠삐용》의 리메이크 작품이다.

안에 가둔다. 나도 그러했다. 하지만 내 교육철학의 이름을 찾는 순간 난 악마의 섬 안에 갇힌 사람이 아니라 자유를 찾아 야자수 나무배를 만들어 탈출할 수 있는 힘을 가진 빠삐용이 될 수 있었다.

20년 동안 교사로서의 삶은 악마의 섬에 갇혀 있는 사람과 같았다. 교실이라는 섬 안에서 나만이 가진 세상을 향한 질문을 중심으로 실험적인 교실을 운영했고, 아이들도 그 안에서 조금은 특별하고 자유롭게 살았다. 하지만 동료들이 수업과 학급 운영에 대해 물으면 난 아무 말도 할 수 없었다. 동료들이 나의 학급 운영과 수업 방식을 난해하고 이상적이며 특이하게 여기는 것을 이미 알고 있었기 때문이다.

"안 선생님, 아이들은 세상에 당위적인 것이 있다는 것도 알아야 해요. 신생님이 아이들에게 학교를 왜 다녀야 하는지 묻는 것이 가치관이 정립되어 가는 단계의 초등학생들에게 적당한 질문인지 모르겠어요. 선생님은 지나치게 아이들에게 자유를 주는 것 같아요."

나는 종종 이런 동료의 조언을 들어왔고 이 말들이 칼날처럼 아팠다. 나만의 온 세상, 내 교실이 부정당하는 느낌이었다. 그래서 나는 내가 틀리지 않음을 증명하기 위한 변명거리를 만드는 데 많은 에너지를 쏟았다. 학교 밖 연구회 활동을 하며 수업나눔교사, 강의, 자료 편찬 등을 했다. 그럴수록 학교에서 나에게 동료라는 존재는 없고 '나와는 다른' 선생님만 있었다. '나'와 '나와는 다른' 선생님 사이에는 망망대해가 존재했다. 몸을 던져 그들을 이해시키기에 난 너무 두렵고 숨이

막혔다. 결국 스스로에게 부담 주지 않기 위해 교육과정을 함께 의논하지 않아도 되는 작은 학교로 갔다. 작은 학교에서는 각자 맡은 업무가 많아 나의 수업에 관심을 갖는 이도, 수업에 대해 이야기할 시간도 없었다. 난 조금씩 더 깊이 더 좁은 곳으로 숨어 들어갔다. 그렇게 나의 수업은 늘 풀어낼 수 없는 비밀이 되었다.

## 바깥에서 불러준 내 이름

2022년, 구봉초등학교에 온 첫해에는 전담을 하다, 2023년이 되어 담임을 맡게 되었다. 다행히 교장 선생님은 아이도 교사도 제 빛깔을 발휘할 수 있어야 한다고 여기는 분이었다. 그런데 학년 초 우리 반 아이들을 만나고 난 뒤 "아이들을 너무 자유롭게 해주는 것 같다."며 '나와는 다른' 선생님과 비슷한 염려를 했다. 난 다시 학교 선생님들의 시선이 두려웠고 교실 안으로 숨었다. 그러나 한 학년이 마무리될 즈음 주도성을 갖고 학교생활을 하는 우리 반 아이들의 성장한 모습을 보며 교장 선생님은 "이제야 왜 그랬는지 알겠다."라며 내 수업을 이해해 주었다.

2024년 봄, 수상한 학급 운영과 수업을 하는 내게 교장 선생님은 수업 인터뷰를 제안했다. 수업 인터뷰는 생소했기에 부담스러워 꾸물거리자 "다른 선생님 인터뷰를 보았는데 별것 아니더라, 양재욱 선생님이 수업에 대해 질문을 하면 해왔던 것, 생각했던 것을 마음 편하게 얘기하면 된다."라고 했다. 나를 아는 교장 선생님의 제안이라 차마 거절하지 못하고, 다소 무거운 마음으로 일주일 후 인터뷰를 위한 만남을 약속했다.

난 내가 했던 수업과 내 행위의 정당성을 증명하기 위해 사진 자료를 출력하고 활동 결과물을 챙겼다. 무거운 마음으로 자료를 한가득 들고 인터뷰어 선생님을 처음 만났다. 그 자리에는 교장 선생님과 동료 봄비 선생님도 함께 했다. 그렇게 학교 교장실 테이블에 4명이 앉았다.

"제 이름은 안현정입니다. 그런데 아이들은 저를 '숭이님'이라고 부릅니다."

나를 찾아가는 이야기는 그렇게 시작되었다. 별칭에 대한 이야기를 좀 더 했고, 인터뷰어는 호기심 어린 눈빛과 부드러운 표정으로 들은 내용을 기록하기 시작했다. 누군가에겐 다소 유난스러운 내 모습을 소중히 기록하는 모습에 나의 불안은 다소 누그러졌다. 곧이어 질문이 이어졌다. 마음에 남는 수업이 무엇인지, 어떤 수업을 하고 싶은지, 그 이유는 무엇인지, 교사는 왜 되었는지와 같은 물음이었다. 항상 내가 던지는 질문들로 가득했던 나에게 누군가가 이렇게 많은 질문을 하는 건 처음이었다. 난 누군가 내 수업에 대해 의견을 말하는 것이 아니라 물어봐 주길 원했음을 깨달았다. 마치 번데기가 오랜 침묵 끝에 빛을 향해 날개를 펴는 것처럼, 나를 온전히 드러내고 더 나은 '나'로 나아갈 용기를 얻는 소중한 순간이었다.

"전 아이들이 살아있으면 좋겠습니다."

질문에 대한 대답이 맞을지 마음으로 되물어 가며 조심스럽게 말했다. 무슨 말인지 모를 나의 애매모호한 답변에도 인터뷰어는 호기심 어린 눈빛으로 '살아있음의 의미'를 되물었다.

"아이들이 교실이라는 시공간에서 늘 존재 자체로 의미 있게 살아가게 하고 싶어요. 나름의 의미를 찾고, 발현하는 것이 수업이라고 생각해요. 그래서 학생이 수업에 동원되는 것이 아니라 주인이었으면 좋겠어요. 주인으로 살지 못하니 학교에 가기 싫고, 사는 것도 힘든 게 아닐까?"

나는 살아있음을 실현하는 가치와 그와 관련된 수업의 행위를 다시 답으로 불러와야 했다. 낱낱이 흩어졌던 생각과 행위가 성찰을 거치며 '살아있음'의 맥락이 되어갔다. 내가 했던 교육활동이라는 번데기 속 세포에 생명의 숨결을 불어 넣어 갔다. 나는 '나의 살아있음'을 느끼고 있었다. 인터뷰어는 내 이야기를 오롯이 수용했고 소중하게 담아갔다. 그리고 힘든 자리에 지지자로 내 곁을 지키던 봄비 선생님은 "수업이 숭이님에게 너무 소중해서 꽁꽁 묶어 둔 보따리 같다."라는 말을 건

냈다. 순간 나를 증명하기 위해 가득 들고 온 손도 대지 않은 자료 바구니가 눈에 들어왔다. 내가 나를 직면하는 순간이었다. 사람들 앞에서 펼치지 못하고 나만 간직하는 '매듭을 풀지 못한 보따리', 그게 내 수업이었다.

다음 날, 인터뷰어로부터 '철학이 담긴 교사교육과정'이라는 제목의 메일을 보냈다는 메시지를 받았다. 하지만 나는 이틀 동안 메일을 열 수 없었다. '나와 다른 선생님'들이 내 수업을 긍정적으로 본 적이 없었기 때문이다. 당시에는 무언가에 홀린 듯 내 수업을 마주하며 더 나은 내가 될 수 있을 것 같은 꿈같은 경험을 했다. 하지만 혹시라도 메일에 내가 오해할 만한 한 문장이라도 담겨있다면, 그 경험은 순식간에 사라지고 상처만 남을 것 같았다. 결국 시간이 흐르자 나는 또다시 습관처럼 내 수업에 대해 말했던 것을 후회하고 있었다.

나 자신에게 괜찮다는 말을 수백 번 되뇌며 메일을 열었다. 메일에는 내 수업에 대한 이야기가 3쪽 가득 정성스레 정리되어 있었다. 평가가 아니었다. 컨설턴트의 시선으로 나를 분석한 것도 아니었다. 인터뷰어는 내가 소중히 여기는 가치, 내가 교사로서 꾸는 꿈, 내가 했던 수업 활동을 '살아있음', '자유', '해방'이라는 나의 철학으로 연결해 주었다. 더욱이 내가 미처 나의 이야기로 이어가지 못했던 내가 왜 교사가 되었고 그 철학에 따라 교사로서 어떻게 살아가고 행동하는지를 따뜻한 시선으로 담아 주었다. 인터뷰와 인터뷰어의 정리 글을 통해 난 무엇을 향해 그토록 꿈틀댔는지, 나의 정체성은 무엇인지 그 이름을 찾을 수 있었다.

이름을 찾으니 내가 했던 행위의 이유도 찾게 되었다. 난 새 학년을 준비할 때 교육학자 '프레이리의 교사론'을 습관처럼 읽어왔다. 그 까닭은 내 교육철학이 그 책에 담겨있고 그것을 읽음으로써 교육적 실천의 힘을 얻고자 함이었다. '꽁꽁 싸매 둔 보따리 같은 수업'을 20년 동안 지속할 수 있던 이유도 알았다. 이름 붙이지 못한 내 '교사의 철학'이 있었기 때문이었다. 내가 추구하는 자유는 어떤 억압에서 벗어나겠다는 의지이자 내가 다른 사람에게도 어떤 억압을 주지 않겠다는 철학을 반영한 실천임을 확인하고 나니 더 이상 왜곡된 시선이 두렵지 않았다. 그리고 교사의 철학은 교실이라는 섬에서 나를 탈출하는 힘을 갖게 하는 야자수 나무배가 되었다. 더 나아가 섬에 갇힌 또 다른 동료를 오롯이 받아들이고 공동체를 일구는 시작이 될 수 있음을 깨달았다. 그래서 나는 내 수업 보따리를 나의 철학을 담아 다시 정리했고, 처음으로 도내 여러 학교에서 온 60여 명의 선생님과 함께 세미나를 통해 매듭을 풀었다.

　"나의 교육철학은 '살아있음'입니다. 살아있음은 역동이며 부당한 결계로부터 벗어나는 힘입니다. 제가 만난 아이들이 살아있었으면 합니다. 그래서 교사로서 제가 일궈내야 할 가치는 저항과 해방입니다. 이제 제 이름은 저항과 해방입니다. 이 이름으로 수업을 나누고자 합니다. 선생님의 철학은 무엇입니까? 스스로 물으며 세미나를 통해 답을 찾기를 바랍니다."

## '번데기 속 꿈틀거림'에서 두려움 없이 세상으로

교사의 역할에는 아이들을 가르치는 것, 자신을 연찬하는 것, 그리고 내 곁의 교사를 성장하게 하는 것, 세 가지가 있다고 한다. 나는 20여 년의 교직 생활 동안 아이들을 가르치는 것과 연찬하는 것에 집중해 왔다. 교실이라는 섬에 갇혀 나만의 유토피아를 향해 끊임없는 질문을 던졌고, 그 질문에 답을 찾기 위한 번데기 속 '꿈틀거림'으로 존재했다.

철학을 묻는 인터뷰에서 나에게 온 질문은 나를 옥죄던 껍질에서 벗어나 세상으로 나아갈 힘을 주는 따뜻한 봄이 되었다. 그 경험은 내가 선배로서 동료로서 후배로서 어떻게 존재해야 할지를 자각하게 했다. 교사의 역할 중 교사를 성장하게 한다는 것은 어려운 게 아닐지 모른다. 저마다 가지고 있는 교사의 빛깔인 철학을 깊은 호기심으로 발견해 주고 그것 자체를 인정해 주는 것, 그 역할을 하는 선배가 진정한 선배임을 깨닫게 됐다. 참으로 귀한 배움이다.

이 배움을 통해 나는 섬에서 벗어날 수 있었고, 동료들과 함께 연결하고 함께 성장하고 싶어졌다. 어떤 억압과 편견으로 사람을 보지 않는다는 해방이라는 내 이름을 갖게 되니 내 동료 교사의 세계를 탐험하고 싶은 깊은 호기심도 생겼다. 나는 야자수 나무배를 저어 나의 섬을 빠져나와 다른 교실 문을 두드렸다.

'선생님은 어떤 삶을 사셨나요? 수업에서 중요하게 여기는 것은 무엇이에요? 선생님이 경험한 귀한 수업은 무엇이었나요?' 나를 깨웠던 그 봄볕은 내 깊은 곳의 울림으로 남았고, 호기심으로 남았고, 다시 물음으로 되살아났다. 다른 선생님께 질문을 던지며 철학을 중심으로 각자의 수업과 교실 이야기를 하나씩 풀어냈다. 자연스럽게 서로 '다름'이 이해되었고 '다름'을 공동체 안에서 어떻게 펼치게 할지가 전문적학습공동체의 주제가 되었다. '학생 성장'이라는 똑같은 목표를 가지더라도 '연대적 성장을 중시하느냐, 개인 성공 경험의 누적을 통한 자신감을 중시하느냐' 등 교사의 철학에 따라 다른 계획이 나왔다. 다양하니 더 재미있다. 이런 이야기들을 통해 우리는 다름으로 재미있는 일년 살이를 계획하고 수업을 디자인했다. 그러니 전문적학습공동체는 단순히 학습하고 수업 연구를 하는 것이 아니라 사람을 성장하게 하는 곳이 되었다.

내 교육철학에 이름을 붙임으로써 세상을 보는 시선, 그리고 내 삶의 추구 방식을 찾았다. 세상을 바꾸는 실천에 실수가 있을 수는 있지만 따뜻한 세상을 향한 내 철학은 늘 밝게 빛나는 배움의 길이 될 것이다. 삶의 바른길이 될 것이다. 선(善)을 향한 인간 본연의 꿈틀거림은 역사적 보편성을 가지며 누구에게나 통하는 일반성을 가지기 때문이다.

이제 따뜻한 세상을 만들기 위한 어른의 책무를 다하고 싶다. 언 땅 속 아이들의 꿈틀거림을 지지하고 그들의 뜻을 깨우는 봄볕이 되도록 세상의 일원으로서 역할 하고자 한다. 지배받고 고립되는 삶이 아니라 자유로운 해방의 삶을 살아가는 '살아있음'을 증명하고자 한다. 꿈틀거리는 아이들의 '저항'을 지지하고 그들을 키우는 볕인 '해방'의 기쁨을 직접 만끽하게 함으로써 아이들이 살맛을 느끼게 하고 싶다. 이런 나의 자신감은 철학적 대화에서 움텄다. 내 안의 철학을 존중해주고 온전히 견인해 주었던 철학적 만남은 나를 이해하는 과정이자, 교사로서 성장할 수 있는 계기가 되었다. 나아가 다른 우리가 공동체를 일군다는 것은 철학적 대화가 살아있다는 것이며, 이는 우리 교육이 나아가야 할 희망의 길을 제시하는 원동력이 될 것이라 믿는다.

# 우리를 연결하다

　5월 어느 날 '교사의 철학을 담은 교육과정 세미나'에 참석했다. 수업의 내용과 방법이 아니라 교사의 철학과 존재를 중심으로 수업을 해석했다. 수업을 통해 교사의 철학과 존재를 해석했다는 표현이 적절할 수도 있겠다. 나는 그런 관점에 마음이 확 이끌렸다.

　최근 들어 학교생활이 신나지 않고 에너지가 없다는 느낌이 들었던 나였다. 교사의 철학이 그 소진을 극복하게 할 수 있겠다는 생각이 들었다. 철학을 중심으로 내 수업을 다시 해석해 보고 싶었다. 꺼져가던 불씨에 작은 바람이 불어왔다. 다시 힘이 나고 도전하고 싶은 마음이 생겼다. 다음 세미나의 주인공이 되어야겠다고 생각했다.

　수업 세미나는 수업에 담긴 가치를 파고드는 인터뷰 과정을 거쳐서, 이를 통해 발견한 나의 철학을 정리하여 선생님들 앞에서 발표하고 질의응답을 하는 형식이었다. 그래서 인터뷰를 요청했다. 우리 학교의 선생님들이 모두 그 과정을 지켜볼 수 있도록 철학을 찾아가는 인터뷰 과정을 공개했다.

인터뷰는 질문에 질문의 연속이었다. 기억나는 수업, 그 수업에 담긴 가치, 그 가치가 중요한 까닭, 그 수업을 통해 일어난 변화 등 꼬리에 꼬리를 무는 질문으로 나의 수업을 파고들었다. 인터뷰 과정을 동료 선생님들이 지켜보고 있으니까 민망하기도 했다. 진땀을 흘리는 나를 안타깝게 생각하여 대신 답을 해주는 선생님도 있었다. 도와주려는 마음이 전해져서 참 고마웠다. 하지만 인터뷰어는 단호하게 개입을 저지했다.

"이 과정은 서 선생님과 저 둘만의 대화입니다. 개입하지 마시고 끝까지 지켜만 보아 주십시오."

이것은 나의 철학을 찾는 인터뷰였다. 스스로 찾아야 했다. 그 이후부터였던 것 같다. 나를 지지해 주는 동료를 믿고 온전히 나에게 집중하여 질문의 답을, 나의 철학을 찾아 나갔다. '선생님의 여러 가치를 관통하는 하나의 가치를 정한다면 무엇입니까?'라는 마지막 질문을 받았을 때 나는 순간 멈추고 말았다. 그 침묵의 순간 동안 나는 속을 파고들었다. 그리고 발견했다. 나는 언제나 아이들이 거침없이 빠져들기를 원했다. 그들이 거침없이 빠져들도록 수업을 디자인한 것이었다. 나도 거침없이 수업에 빠져들기를 원했다. 긴 침묵을 모두가 기다려 주었고 나는 나의 철학으로 그 침묵을 깼다.

"몰입입니다."

내가 질문을 통해 수많은 성찰을 반복할 때, 옆에서 바라보던 선생님들도 내가 받은 그 질문에 각자의 답을 했다고 한다. 물론 내가 답을 찾는 게 쉽지 않았듯이 선생님들도 잘 떠오르지 않았을 것이다. 누가 답을 얼마만큼 찾았는지는 모른다. 중요한 건 이번 기회로 각 선생님이 자신에게 질문을 던지게 되었다는 사실이다.

김해에서 진주까지 바람을 타고 온 나의 작은 불씨는 우리 학교 선생님의 마음속에도 또 다른 불씨를 일으켰다. 우리는 교사의 철학이 세상의 길이 되고 교사의 실천이 삶의 길을 닦는다는 데에 크게 동감했다. 교사의 철학을 찾는 과정을 전문적학습공동체 시간에 자체적으로 운영해 보기로 했다. 상당히 부담스러운 일이므로 의무가 아니라 희망에 따라 인터뷰를 진행하였다. 진행 방식을 조금 변경하여, 희망하는 선생님이 미리 자기 수업을 되돌아보고 자기 철학을 생각해 오게 했다. 인터뷰에서는 먼저 자기가 발견한 가치를 이야기한 후, 질문하고 답하며 깊이 있게 그 선생님의 삶으로 들어갔다.

세 명의 선생님이 인터뷰를 희망했고, 우리는 매주 한 분씩 그 삶으로 파고들었다. 추구하는 가치를 알고 나니 선생님이 펼치고 있는 교육활동의 의도를 이해할 수 있었다. 평소 학급에서 아침마다 아이들과 줄넘기를 하는 Y 선생님은 기초 체력과 노력, 도전을 중요하게 여기고 있었다. 학급 아이들이 다소 자유분방해 보였던 L 선생님은 진리를 추구해 나가는 과정에서 시행착오를 겪으며 바른 선택을 하는 자유인, 시민을 기르는 것이 교육 목표였다.

이미지와 달리 의외의 모습도 볼 수도 있었다. 마냥 엄격한 줄만 알았던 Y 선생님은 기본예절을 중요시하면서도 아이들과 함께 노는 시간을 자주 가지며 즐거운 관계를 맺고 있었다. 농담을 잘하고 재미있게 분위기를 주도하는 L 선생님은 책을 많이 읽고 생각이 깊고 해박했다. 인터뷰를 통해 그 선생님의 새로운 가치를 발견하는 기쁨을 함께 나눴다.

때론 어떤 질문을 할지 몰라 당황하거나 서로 웃기도 했다. 인터뷰를 오래 준비하지도 않았고, 자기가 발견한 가치를 다 이야기하고 문답하는 형식이라 그런지 질문을 이어 나가는 게 쉽지 않았다. 우리는 그저 서로를 믿고 무작정 시작한 것이었다.

본인의 삶과 성장을 이야기하면서 눈물을 보인 선생님도 있었다. 늘 강인하고 매사에 무덤덤한 모습을 보였던 K 선생님이었기에 더욱 놀라웠다. K 선생님은 성장할 때 행복감을 느낀다고 했다. 그리고 혼자만의 행복이 아니라 함께 성장하며 함께 행복한 삶을 누리는 사람을 추구한다고 했다. 더 나아가 선한 영향력을 미치는 사람이 되어 아이들이 살아갈 세상을 교육으로 아름답게 바꾸고 싶다고 했다. K 선생님이 교사로 살아가는 이유라고 했다. 성장의 행복에서 시작하여 꼬리에 꼬리를 무는 질문과 대답의 과정을 거치면서 K 선생님의 아름다운 꿈을 함께 찾아 나갔다.

"여러 선생님의 도움으로 나의 철학이 선명해지고 새로운 가치를 발견하기도 했습니다. 감사합니다."

참으로 신기한 경험이었다. 교육과정에 대해서, 교과 수업에 대해서, 수업 기술에 대해서는 함께 이야기를 나눠봤지만, 수업 이전에 또 수업 너머에 있는 교사의 존재에 대해서 이야기를 나누는 건 생소했다. 이 낯선 경험이 나의 가슴 깊은 곳에서 또 불씨가 되어 나를 따뜻하게 했다. 직장인으로서의 교사가 아니라, 존재와 존재가 만나는 귀한 시간이었다.

"서 선생님 덕분에 우리도 나의 철학에 대해 생각해 보는 기회를 가질 수 있었어요. 용기 내서 인터뷰를 보여주셔서 감사합니다."

나의 가슴에 품어 온 작은 불씨가 다른 선생님에게 퍼지고 퍼져 우리 학교에 하나의 큰 불빛이 되었다. 뜨거운 여름에 시작된 불씨는 차가운 겨울을 지나고도 여전히 빛나고 있었다. 새 학년 맞이 워크숍 첫날, 교사뿐만 아니라 교직원 모두가 철학을 나누는 시간을 가졌다. 각자 업무가 다르고 특징이 다른 우리는 같은 공간에 둘러앉았다. 돌아가면서 자기 이야기를 펼쳤다. 모두가 경청했다. 벌써 봄이 온 듯 따뜻한 기운이 맴돌았다. 그렇게 '철학'은 서로 다른 우리를 연결했다. 각자 철학을 나누며 다른 우리는 같은 우리가 되었다.

우리 모두에겐 철학이 있다. 그래서 철학적 대화는 누구나 가능하다. 그 대화를 통하여 나라는 존재로 바로 설 수 있다. 정체성이 확립된 나는 주변에 휘둘리지 않고 나의 방향대로 올곧게 나아간다. 교사의 철학에 마음이 닿은 아이와 학부모 또한 그 뜻 안에서 함께 자란다. 철학은 곧 교육이 바로 서는 출발점이다. 그러니 나의 철학을 찾는 성찰, 철학을 묻고 답하는 대화, 철학을 함께 나누는 세미나가 우리에게 필요한 것이다.

2장.

성찰,

철학을 파고들다

성찰,

철학을
파고들다

2024년 2월부터 12월까지 교사의 철학을 밝히는 인터뷰와 철학으로 수업을 해석하는 세미나가 매월 진행되었습니다. 윤희영 선생님은 연구년을 수행 중이었고 거의 모든 인터뷰와 세미나에 참석하여 기록하였습니다. 선생님은 탁월한 기록자입니다. 이 장은 그 세미나와 인터뷰를 성찰한 글입니다.

# 인터뷰,
# 철학을 만나는 질문과 대답

## 새로운 물음,
## 교육활동이 아닌 교사에 관하여 묻다

"선생님, 그 수업 왜 했어요?"

이 질문은 교사에게 새롭지 않은 질문이지만 교사인 나를 바꾼 질문이었다. 그리고 불편한 질문이었다. 단순히 수업 목표가 아니라 교사가 가진 지향점을 묻는 것이었고 나는 선뜻 대답할 수 없었기 때문이었다. 대답하지 않고 가만히 있는 것이 싫어서 다른 사람의 말을 빌려서 '아이들이 주체가 되는 수업'이라는 말을 하기도 했다. 답을 했다고 끝이 아니었다. 한 번 던져진 질문은 일 년 내내 재밌을 것 같아서, 잘할 수 있을 것 같아서, 좋아해서 '그냥' 했던 여러 수업 끝에 다시 나타나 물었다. 그리고 일 년 후, 나는 '그 수업'뿐 아니라 나와 우리가 하는 모든 수업을 관통한 철학을 '민주시민'이라고 답할 수 있게 되었다.

사실 그 과정에는 어느 평범했던 학교가 여러 해를 거치며 만든 귀한 문화가 있었다. 당시 수많은 혁신학교가 시도했던 혁신을 통해 탁월한 교육과정을 만드는 것보다 교방초등학교는 교사가 성장할 수 있는 학교를 만드는 데 집중했다. 도전을 응원하고, 망설임을 기다리고, 어려움을 함께 극복해 가는 과정을 거치면서 만들어진 교사 성장의 공동체는 교사에게 던져진 질문의 답을 홀로 찾게 두지는 않았다. 답을 찾는 것 역시 공동체와 함께였다. 그렇기 때문에 질문은 그냥 듣고 흘릴 수 없었고, 내가 한 수업과 우리가 한 수업의 의미를 찾고 해석해 나가며 철학을 가질 수 있게 되었던 것이다.

그러한 삶은 리더 교사가 되는 길이었다. 교사 스스로 실천 과정에서 주체임을 인식하고, 공동체 안에서의 질문과 고민 나눔, 그리고 해석을 통한 철학 생성, 다시 철학을 수업으로 실천하는 순환의 시간을 반복하며 단단한 철학을 가진 교사가 된다. 철학을 가진다는 것은 교육을 총체적이고 구조적으로 바라봄을 의미한다. 더욱이 철학을 공유하는 리더 교사가 여럿이 되면 학교는 성장의 공동체가 되고 자연스럽게 교육과정은 탁월해진다는 것을 교방초등학교에서 경험으로 알았다.

그러나 교방초등학교[1]와 같은 문화를 가진 학교 안에서 교사의 성장이 가능하다면, 그러한 학교문화를 먼저 만들어야 한다는 모순이 생긴

---

[1] 『훌륭한 학교는 어떻게 팀이 되는가?』에서는 팀 리더십 실행의 실제 사례로 교방초등학교를 제시하고 있다. 교방초등학교 교사들은 저마다 리더십을 발휘할 수 있는 구조를 만들어 가면서 철학이 있는 실천을 하고 그것을 공유하면서 성장해 나가는 문화를 만들었다.

다. 비록 그 과정이 교사와 공동체의 성장을 만들어낼지라도, 교사의 성장 이전에 학교를 바꾸는 일이 필요하다는 결론이 되어버리는 것이다. 또 연수나 공문 등을 통해 교육철학이나 중요한 가치를 하향식으로 전달하는 것 역시 그 방법에서 자발성과 점진적 변화에 기초한 혁신교육과 모순이다. 이러한 생각의 흐름 끝에 교육철학을 가지는 것 역시 자발성을 담보해야 하며, 교사 본연의 일인 교사교육과정의 구성과 운영 과정에서 교사의 철학이 무엇이며 어떻게 작동하는지에 대해 성찰이 필요하다고 생각했다. 다시금 첫 질문이 떠올랐다. 다만 그 질문의 답을 혼자 찾지 않고 함께 찾을 어떤 과정이 있다면 좋겠다고 생각했다.

"인터뷰 한 번만 하면 돼요."

별일 아니라는 듯 양재욱 선생님이 말했다. 2022년 9월에 선생님은 동면초등학교로 자리를 옮겼고, 교사교육과정이라고 보여준 책 한 권에는 교사의 철학과 실천이 담겨 있었다. 한눈에 보기 좋은 표와 사진, 개조식 문장으로 채운 보고서가 아니었다. 교사들의 삶과 철학을 담은 '서사'로서의 교육과정이었다. 한 시간만 인터뷰하면 선생님의 교육철학이 술술 나온다는 이야기 속에는 '선생님 그 수업 왜 했어요?'라는 질문에 대해 혼자 답을 찾도록 내버려두지 않고 함께 고민하는 동료 교사가 있음을 의미했다. 그렇게 교사교육과정에서 철학을 길어 올리는 인터뷰, 공동체 안에서 성장의 경험을 나누는 세미나를 향한 여정은 시작되었다.

## 교사에게 철학을 물어야 하는 이유

공식적인 첫 인터뷰는 김해에서 시작되었다. 인터뷰 이후에는 교사가 자신의 철학을 담은 교육과정을 여러 사람과 나누는 세미나가 이어진다. 이 세미나를 어떻게 구성하고 운영할지 같이 디자인하는 자리에서 인터뷰에 참여했던 안현정 선생님이 말했다.

"나는 수업 공개가 가장 두려운 교사였어요. 어쩔 수 없는 공개 이후에 걱정 어린 눈빛으로 선생님들이 건네는 말 때문이었어요. '넌 수업이 왜 이런 식이지?', '너희 교실은 왜 엉망이야? 왜 정리가 안 되어 있어?', '너희 애들 다루기가 힘들어. 자기주장이 강해.' 같은 말이었어요. 그래서 수업은 아무한테도 보여주고 싶지 않았던, 꽁꽁 싸매 두고 싶었던 것이었어요. 지금 생각해 보면 나는 그렇게 평가받고 싶지 않았던 것 같아요. 내가 왜 그렇게 했는지 내 철학은 묻지 않고 내용과 방법만을 물었기 때문이에요. 인터뷰를 하고 생각이 바뀌었어요. 이제야 꽁꽁 싸맸던 내 수업을 풀어 놓을 수 있겠다는 생각이 들어요."

교사들이 수업을 개인적인 영역으로 몰아넣을 수밖에 없는 이유는 소위 '개인주의'라고 불리는 고립 문화와 더불어 '수업 개선'이라는 명목으로 이루어지는 평가 때문이라는 생각이 들었다. 수업 개선을 위해서 수업은 분석과 평가의 대상이 되었고, 과학주의와 계량주의에 입각한 '객관적' 잣대에 따라 좋은 수업과 나쁜 수업이 나누어졌다. 교사는 전문성을 가진 존재가 아닌, 전문성을 길러야 할 계몽의 대상으로 전락했다. 의도와 맥락을 상실한 '객관적' 잣대로 평가받고 싶지 않다는 의지는 현실에 안주하고 성장을 포기한 교사라는 죄의식으로 교사들에게 돌아왔다.

교사가 수업 이야기를 하는 것이 두렵지 않으려면 무엇이 필요할까? 안현정 선생님이 보여주고 싶었던 것은 수업 자체라기보다, 이상하게 보이는 수업을 지속하게 하는 철학이었다고 생각되었다. 인터뷰의 핵심은 성찰을 통해 철학을 찾는 것이었다. 성찰은 객관적 도구로 교사의 수업을 분석하는 것이 아니다. 겉보기에 질문과 대화로 보이는 인터뷰 과정은, 교사가 교육 행위를 돌아보면서 소중하게 생각하는 가치와 철학이 무엇이었는지 찾는 성찰이었다. 수업 활동이나 아이들의 드러난 반응 자체만을 보는 것이 아니라, 주고받는 대화 속에서 행위와 가치가 맥락을 형성하고, 가치와 또 다른 가치가 서로 연결되기도 했다. 그 과정에서 정리가 안 된 교실은 아이들의 생각이 덕지덕지 붙어있는 상상의 공간이 되었고, 자기주장이 강한 아이들은 온몸으로 살아있음을 말하는 존재가 되었다. 그리고 교사는 철학을 가진 주체였음을 스스로 발견했고, 자기 교육 행위에 대해 철학적 정당성을 가지게 되는 것이다. 내가 교사로서 삶을 바꾼 질문이 '선생님, 이 수업 왜 했어요?'였던 것처럼 말이다.

교육 현장에서 인터뷰와 유사한 장면으로 '컨설팅'이 떠올랐다. 하지만 학교에서 받는 컨설팅의 경험을 생각하면 인터뷰와 차이가 있었다. 우선 컨설팅에 참여하는 사람들의 관심은 컨설팅 대상이 되는 개선해야 할 '무엇'이었다. 예컨대 수업 컨설팅은 수업 자체에, 학교폭력 업무 컨설팅은 업무 처리 과정이 이야기의 대상이었다. 또 컨설팅 과정은 컨설팅을 요청한 교사가 컨설턴트에게 질문하고, 컨설턴트는 최적의 해결 방안을 말해주거나 전문적 경험에 의한 팁을 주는 형태가 대부분이었다. 그래서인지 대화의 대부분은 컨설턴트 이야기에 집중하는 시간이었던 것 같다. 반면 여러 번에 걸쳐 관찰한 인터뷰는 교사의 철학을 묻고 존재 가치를 함께 찾아가는 과정이었고, 그 때문인지 '교사'라는 사람에게 온전히 집중했다. 인터뷰는 교사 스스로 자기 안에 있는 철학을 끄집어낼 수 있도록 짧은 질문을 했고, 대화의 대부분은 인터뷰이 교사의 이야기로 채워졌다. 철학을 묻는 과정이기에 최적의 답변을 요구하지 않으며 철학을 가진 존재인 교사 그 자체를 온전히 담아준다는 느낌이었다. 교사는 그 과정에서 자기 내면에 있는 가치를 스스로 발견해 냈고, 인터뷰어는 다시금 그러한 가치를 연결하여 철학을 길어 올릴 수 있도록 도왔다.

교사에게 철학을 묻는 이유는 교육에 철학이 필요한 이유와 같다. 철학은 사람이라는 존재를 어떻게 볼 것인지, 세상을 어떻게 바라볼 것인지에 대한 틀이다. 철학 없이 인간 또는 교육에 다가갈 수 없고, 이것은 교사라면 저마다 철학을 이미 가지고 있다는 것을 의미한다. 그래서 물어야 한다. "선생님의 철학은 무엇이냐?"라고 말이다.

그러나 교사들에게 철학이라는 말 자체가 주는 거부감이 큰 것은 사실이다. 정바울 교수는 「Lortie의 '교직사회: 교직과 교사의 삶' 재조

명: 학교 변화 사례를 중심으로」[2]라는 연구 논문에서 "교직 사회에는 '당장 오늘 할 일'과 '내일 수업'이라는 말로 대표되는 '현재주의' 문화가 강하게 작동한다."고 말했다. 철학은 현재와 너무나 동떨어진 어떤 개념 정도로 인식되고 있기에 '행복학교'에서조차 철학을 이야기하는 일은 '뜬구름 잡는' 이야기라며 강한 반대에 부딪히기 일쑤였다. 설상가상으로 지금까지 학교 사회에서 철학은 교사의 삶과 상관없는 맥락에서 다뤄졌다. 교육청으로부터 내려온 4대 철학, 어느 학교에 가져다 두어도 어울리는 학교 비전, 유명 학자들의 철학적 개념을 나열하는 연수 등의 방식이었다.

그래서였을까? 교사 개인은 소외된 채 맥락과 상관없이 거대한 철학을 나누어야 한다는 기존의 방식이 거부감을 불러일으켰던 것과 달리, 교사가 가진 자기 철학을 드러내어 말할 수 있고 들어주는 자리가 된 인터뷰와 세미나는 횟수를 거듭하면서 '입소문'을 타게 되었다. 그러면서 선생님들은 그 어려운 것을 어떻게 해냈는지 인터뷰 과정을 궁금해했다. 과연 인터뷰가 어떻게 이루어지길래 세미나에서 발표하는 선생님이 철학적 성찰을 통해 자기 철학으로 교육활동을 해석하여 말할 수 있는지, 더욱이 '존재 그 자체로 빛나는 교사'의 모습일 수 있는지를 궁금해했다.

---

[2] 정바울. Lortie의 '교직사회: 교직과 교사의 삶' 재조명: 학교 변화 사례를 중심으로. 한국교원교육연구. 28(4). 한국교원교육학회. 2011.

## 인터뷰, 교사의 철학을 파고드는 대화

신록이 짙어가던 6월 초, 진주의 작은 학교인 수곡초등학교에서 인터뷰가 진행되었다. 김해에서 열렸던 첫 공개 세미나에 참여했다가 돌아가는 길에 다음 세미나의 '주인공'을 해보고 싶다고 요청한 서민철 선생님이 인터뷰의 주인공이 되었다. 특별히 수곡초등학교의 모든 선생님이 인터뷰 과정을 참관하길 희망해서 교내 공개 인터뷰가 되었다. 그러나 일대일 인터뷰와 공개 인터뷰의 차이점은 없다. 인터뷰어와 인터뷰이의 자연스러운 대화 과정에서 수업의 철학적 성찰이 이루어지는데, 두 사람이 대화에 몰입할 수 있도록 참관자는 아무 말을 할 수 없고 '지켜보기'만 할 수 있다.

"선생님이 한 수업 중에 가장 인상적인 수업을 소개해 주세요."

철학적 성찰을 위한 첫 질문으로 더할 나위 없었다. 철학이 무엇이냐고 묻지 않았다. 인상적인 수업이 무엇이냐고 물었다. 교육하는 교사의 철학은 교사의 삶에서부터 출발해야 한다. 여러 해 축적된 교육적 실천과 경험으로부터 중요하게 여기는 가치를 찾아낼 수 있을 때, 가치를 엮어서 의미를 만들어낼 때 그것이 진짜 교사의 철학이 된다고 생각했다. 교사의 철학은 하늘에 떠 있는 구름을 따오는 것이 아니라 발끝에서 길어 올리는 것이었다.

인터뷰에서는 교사가 철학을 찾아내고 철학으로 교육 행위를 해석할 수 있게 하는 여러 질문이 있었다. 크게 '교사의 의도(철학), 가치가 반영된 교육과정 운영, 철학에 부합하는 학생 또는 교사의 성장과 변화에 대한 인지'라는 세 갈래로 나눌 수 있었다.

### 철학적 성찰을 위한 질문

| 영역 | 질문 | 질문 내용 |
| --- | --- | --- |
| 교사의 의도 (철학) | 질문 1 | 작년이나 올해 의미 있다고 생각한 수업이 있는가? 어떤 것들인지 소개한다면? |
| | 질문 2 | 프로젝트 수업의 경우 교사의 의도에 따라 수업을 재구성한다. 선생님은 자신의 수업에 어떤 가치를 디자인하는가? |
| | 질문 3 | 선생님이 말한 가치 중 가장 핵심적인 가치를 하나 정한다면 무엇인가? 그 핵심적인 가치를 소중히 여기는 이유는? |
| | 질문 4 | 그 외에 앞서 언급한 가치를 설정한 이유는 무엇인가? |
| 가치가 반영된 교육과정 운영 | 질문 5 | 핵심적인 가치는 수업에 어떻게 디자인되는가? |
| | 질문 6 | 선생님의 가치 실현을 위한 학기 초 활동이 있다면 무엇인가? 그 활동은 어떻게 영향을 미친 것일까? |
| | 질문 7 | 선생님의 의도를 위해 학급운영, 수업, 평가 등에서 전략적 작업을 한 것이 있다면 무엇인가? |
| 학생과 교사의 성장과 변화 | 질문 8 | 핵심 가치와 가치들이 반영된 수업은 아이들의 어떤 변화를 가져왔는가? |
| | 질문 9 | 때로는 교사가 기대하지 않은 뜻밖의 변화가 생기기도 한다. 선생님이 의도하지 않은 변화를 발견한 것이 있는가? 돌이켜 본다면 그 변화는 어떻게 일어난 것일까? |
| | 질문 10 | 선생님의 수업을 통해 깨달은 점이 있는가? 스스로 성장이 있었다고 생각하는가? 있다면 무엇인가? |
| | 질문 11 | 학부모나 주변의 선생님 등 선생님과 관련된 변화가 있다면 무엇인가? |

실제 인터뷰는 정해진 질문을 순서대로 묻고 답하는 과정이 아니다. 인터뷰 자체가 철학적 성찰의 과정이 되기 위해서, 교육과정과 수업에 대한 회상을 바탕으로 교육활동의 의미를 찾아보는 질문과 대답이 이어졌다. 때때로 학생과 교사 자신의 성장과 변화를 어떻게 인식하는지, 대화 과정에서 앞선 대답과 생각이 달라졌다면 어떻게 달라졌으며 그 이유는 무엇인지 좀 더 자세히 질문하였다. 그러는 과정에서 교사가 중요하게 여기는 가치를 이끌어냈다. 그리고 가치의 의미를 교육활동과 연결 지어 질문하여 사전적 정의가 아니라 교사 자신의 언어로 말할 수 있게 했다. 다음은 의미 있는 교사의 교육활동에서 철학을 발견해가는 서민철 선생님의 인터뷰 과정의 일부이다.

Q. 다른 수업도 얘기해 주세요.

A. '주식회사 캥거루'라는 학습이 생각납니다. 사회 교과의 경제를 중심으로 아이들이 텃밭에 수박을 심고 그것으로 수익을 내는 주식회사를 만들어보고, 대표를 정하고, 직원을 채용하고, 증권도 만들어 투자도 받고 그렇게 했었어요. 사실 저는 경제를 잘 몰라서 이 부분을 어떻게 가르칠까 고민하다가 다른 선생님들의 사례를 찾아보기도 했는데 딱 맞는 것이 없었어요. 『주식회사 6학년 2반』[3]이라는 책이 있었는데 그 책을 중심으로 여기저기에서 나에게 맞는 것을 찾아 재구성한 수업이었습니다. 회사 운영하는 것이 힘들었는데 끝나고 사진 찍은 것을 보니 준비 과정에서 경제에 관해 공부하는 과정이 뿌듯했고, 아이들과 실현해 가는 과정이 저에게 특별했어요.

---

3) 주식회사 6학년 2반. 석혜원. 다섯수레. 2020.

Q. 그 과정을 내가 소중하게 여기는 가치로 전환한다면 무슨 말이 있을까요?

A. 경제를 지식적으로 이해한다는 것은 전혀 상관없고요. 뭔가 선생님이 준비한 것을 척척 해내는 느낌이 아니라, 물론 제가 기획을 열심히 했지만, 저도 잘 모르니까 같이 해나가는 느낌이라고 해야 할까요.

Q. 그 과정에서 선생님의 가슴에 들어온 것도, 아이들의 가슴에 들어간 것도 있을 거예요. 조금 전 선생님이 같이 성장하는 것이라고 했잖아요. 그 과정에서 선생님은 무엇을 가치 있게 여겼을까요?

A. 갑자기 떠오르는 단어가 도전이에요. 잘못하면 사행성으로 흐를 수도 있고……. 자신 없는 영역을 수업으로 한다는 것이, 그것도 스케일을 좀 더 키워서 한다는 게 사실 저와는 많이 안 맞았거든요. 그런데 이 아이들과 하고 싶었어요. 도전이었던 것 같아요.

Q. 이게 교사의 측면에서 사행성을 조장하는 것이 맞아? 윤리적인가? 하는 딜레마가 있었고, 내가 지식적으로 충분하지 않은데 수업으로 할 수 있을까? 그런데도 도전해야겠다고 생각했고 혼자 하기 어려우니까 아이들과 함께 도전했다는 말씀이죠? 약간의 믿음도 있었던 것 같아요. 그러니까 도전이라는 가치는 같이하는 관계 속에 믿음이 돋아나게 하는 것이고, 그것이 나의 열정을 돋아나게 하는 것 같기도 해서 그냥 확 한 번 해본 것이라고 말씀하시는 것 같아요. 그렇게 한 이유가 또 있다면 뭐가 있을까요?

A. 저는 잘 모르지만, 실제 경제활동을 해보게끔 해서 경험을 하게 해주고 싶었어요. 책이 아니라 땀도 흘리고 고민도 하면서 몸을 움직이면서 체득하는 것을 생각했어요.

Q. 도전은 머리에서 출발하는 것이 아니라 몸에서 출발하는 배움의 방법이다. 이것은 아까 선생님이 말한 상상이 구체화 되는 선생님의 수업 방법이라고 제가 생각되네요.

인터뷰는 교사의 수업 이야기를 나누는 과정에서 두 사람이 쌓아가는 몰입의 과정이었다. 막힐 때까지 묻고 답하는 대화 끝에 철학이 나왔다. 분명 인터뷰하는 서민철 선생님의 수업 경험과 생각을 이야기 나누는 것이었는데, 인터뷰어는 본인도 몰랐던 내면의 철학을 만날 수 있도록 도왔다. 교육활동의 의미를 함께 고민했고, 서민철 선생님이 말한 가치와 의도를 실을 꿰듯 맥락을 만들어 해석을 덧붙이기도 했다. 그러는 동안 교사의 의도가 더 분명하게 드러나도록 했다. 그리고 또 질문을 이어갔다. 어쩌면 인터뷰어는 교사가 질문에 홀로 고민하게 내버려두지 않고 함께 고민해 준 동료이자, 때로는 상대방 교사의 생각을 당사자보다 더 깊이 이해하려는 노력을 기꺼이 하는 사람이었다는 생각이 들었다.

"큰 질문입니다. 지금까지 말한 가치를 통틀어 가장 소중하게 여기는 가치가 있다면 무엇일까요?"

질문이 던져지고 선뜻 대답이 나오지 않았다. 참관하는 선생님들의 표정이 당혹감으로 바뀔 정도로 침묵은 길었다. 도와주고 싶은 마음은 굴뚝같았지만 아무도 나설 수 없었다. 교사의 핵심 철학은 지금껏 나왔던 여러 가지 가치를 연결하는 과정에서 자기가 끌어올려야 의미 있기 때문이었다.

"몰입이라고 해야 하나, 몰입인 것 같아요."

길었던 침묵을 깨고 '몰입'이라는 말이 나왔다. 오랜 침묵 덕분이었을까, 서민철 선생님은 그렇게 찾은 철학이 왜 중요한지를 막힘없이 설명했다. 어디서 들은 이야기가 아니라 선생님의 수업 장면으로, 앞서 말한 중요한 가치와 연결 지어서, 그리고 선생님 삶의 언어로 풀어내었다. 상기된 서민철 선생님의 얼굴에는 희열이 느껴졌다. 그렇게 삶에서 깨달은 지식을 엮어서 철학 체계를 만들어내는 과정이 바로 인터뷰였다.

인터뷰가 끝나고 소감을 나누었다. 한 시간 반이 넘는 시간 동안 두 사람의 대화를 지켜본 선생님들이 다시 교사로서 나의 수업, 나의 삶을 연결해서 찾은 저마다의 의미를 나누는 시간이었다.

"질문에 나를 대입해서 대답해 보았어요. 내 교육과정을 정리해 보고 싶다는 욕구가 생겼습니다. 오늘 인터뷰 이후 서민철 선생님의 교육과정 문서가 어떻게 나올지 궁금하고, 저도 제 철학이 수업에 어떻게 녹아들고 있는지 살펴보고 교육과정을 만들 수 있는 힌트가 될 수 있을 것 같다는 생각이 들었어요."

일 년 동안 진행되었던 세미나에 참여하는 선생님들은 인터뷰가 핵심이라고 생각하는 사람이 많았다. 그렇다면 교사가 철학을 만나는 일은 탁월한 인터뷰어가 없다면 어려운 일이 된다. 서민철 선생님의 인터뷰 과정에 함께 참관한 선생님의 소감에서 알 수 있듯이, 인터뷰 역시 교사가 철학을 만날 수 있도록 돕는 하나의 방법이었다고 생각한다. 다만 수업과 교사의 삶 안에서 자기 스스로 혹은 서로가 서로에게 철학을 묻는 것. 그 질문의 답을 홀로 찾게 내버려두지 않고 함께 고민하고 충분히 기다려주는 동료 선생님이 있었다는 것. 이것들이 갖추어진다면 어떤 형태든 좋을 것 같다. 우리에게 필요한 것은 철학을 찾는 인터뷰가 아니라, 교사의 철학을 묻고 답하는 문화가 아닐까.

# 세미나,
# 교사의 철학으로 수업 나누기

## 철학적 성찰이 이루어지는 세미나의 시작

철학을 만나는 대화인 인터뷰는 자연스럽게 세미나로 이어졌다. 인터뷰가 한 명의 교사가 자기 철학을 만나는 시간이라면, 세미나는 철학을 나누는 지성의 공간으로 참여자 모두에게 '선생님의 뜻은 무엇입니까?'라는 질문을 던지는 자리였다. 참여자의 이야기가 담기면 세미나가 교사에게 철학이 필요하다는 바람을 만드는 장치가 될 수 있겠다고 생각했다. 바람을 만들고 변화를 도모하기 위해서는 '동지'가 필요했다. 교사에게 철학을 묻자는 이야기에 다섯 명의 선생님이 모여 '세미나 운영팀'을 만들고 내용을 채워나갔다. 그리고 (사)새로운학교경남네트워크가 재정과 행정을 지원하면서 '장(場)'이 마련되었다.

"일단 한번 해보죠."

머리로 지나치게 고민하면 '못할 이유'가 많아지는 법이다. 일단 세미나를 열어 운영 방식과 범위 등을 만들어가기로 했다. 2024년 새 학년이 시작된 이른 봄, 양산의 동면초등학교에서 세미나 운영진과 희망 교원, 교육정책연구소 소속 연구원을 대상으로 세미나가 열렸다. 일종의 '프로토타입'이었다. 그리고 그 자리에는 교육청의 '행복학교' 담당 장학관과 장학사도 초대되었다. 바람을 일으키기 위해 정책적인 뒷받침이 이루어지면 어떨까 하는 생각 때문이었다.

행복학교 일반화의 측면에서 세미나의 필요성에 대한 발제, 교사의 철학이 반영된 수업이 학생은 물론 교사의 성장까지 가져온다는 두 선생님의 사례발표가 있었다. 이후 활발한 토론이 이어졌고, 교사의 철학이 보편성을 가지는가에 대한 이견이 있었지만, 참여한 사람들은 교사의 철학을 다루는 세미나의 필요성에 대해 대체로 공감했다. 행복학교 일반화가 '혁신학교' 정책으로 대표되는 거시적 차원의 학교혁신과 동시에, 교사 본연의 일인 교사교육과정 수행 과정에 대한 철학적 접근이라는 문화를 확산할 필요가 있다는 것이다. 더 나아가 리더 교사를 키워 학교 구조의 변화를 만들어 낼 운동성을 확보할 필요 측면에서도 유의미하다고 생각했다. 흐렸던 세미나의 방향성이 분명해지는 느낌이었다.

첫 세미나의 성찰은 품을 넓힌 공개 세미나가 시작되는 공문에 고스란히 담겼다. 평소 같으면 그냥 스쳐 지나갈 '목적'과 '방침'의 자리에 잠시 눈길과 마음이 머물길 바라면서 공문에 형식적으로 적히는 단어를 바꾸어 적었다. 세미나가 단순 콘텐츠가 되지 않기 위해 어디를 향해야 할지 지향점에 점을 꾹 찍어 '목적'이란 말 대신 '마음의 눈길'이라고 적었고, 그 지향점으로 가는 네 개의 징검다리를 놓는 마음으로 '방침'이란 말 대신 '풀어 놓는 마음'이라고 적어 공문을 보냈다.

### 세미나 안내 공문 첨부 문서

**교사의 철학을 담은 교육과정 세미나 계획**

(사)새로운학교경남네트워크

**1. 마음의 눈길**
   가. 교육은 교사의 발끝에서 시작하여 교사의 발끝에서 끝난다.
   나. 교사의 철학이 세상의 길이 되고 교사의 실천이 삶의 길을 닦는다.
   다. 교육과정에서 수업 이전에, 또 수업 너머에 있는 나의 존재를 만난다.

**2. 풀어 놓는 마음**
   가. 교사가 행복해지는 길을 함께 만들어간다.
   나. 살아간다는 것은 사랑하는 것이며 그 사랑을 찾아가는 것이 가르치고 배우는 일이다.
   다. 행복학교, 미래학교 그 새로운 길을 학문으로 간명하게 바라본다.
   라. 사람다움, 앎의 깊음 속에서 나이 들수록 더 행복한 교사가 된다.

(이하 생략)

## 철학적 성찰을 위한 세미나를 만들기까지

첫 번째 세미나에서 공감대를 형성하고 난 후, 앞으로의 세미나를 어떻게 운영할지에 대한 고민을 이어갔다. 그러던 중에 교방초등학교에서 있었던 새 학년 맞이 세미나 이야기를 듣게 되었다. 교방초등학교 선생님이 세미나에서 제일 뜻깊은 순간이었다면서 해준 이야기에는 우리와 같은 고민이 담겨있었다.

"이번에는 선생님마다 프로젝트를 짜보고 발표하기를 해봤어요. 그런 후에 학년 프로젝트를 디자인할 수 있도록 했어요. 사실 우리 학교에서 여러 해에 걸쳐 프로젝트 수업이 잘 되다 보니 이전의 것을 그대로 '복사'하는 것에 대한 고민이 있었거든요. 짧은 시간에 짜기에는 그것이 가장 편했지만, 그러면 수업 기술만을 사용하게 되는 것 같았어요. 수업에 '나'가 들어가야 선생님들이 주도적으로 실천할 수 있다는 생각이 들었고, 그래서 2월 세미나에서 '왜 수업해요?'라는 질문을 해볼 수 있는 시간을 마련했는데 진짜 너무 좋았어요!"

'교방초등학교'라는 학교문화 안에서 함께 지낸 경험이 무섭다는 생각이 들었다. 내가 교방초등학교를 떠나 마주하게 된 고민, 그 끝에 만난 양재욱 선생님의 자기 철학을 찾는 인터뷰라는 방법, 그 연장선에서 교사에게 철학을 물어야 한다는 생각으로 기획하고 있던 세미나는 교방초 선생님들이 고민을 풀어낸 이야기와 유사했다. 자연스럽게 세미나 운영 방법을 탐색하는 두 번째 '프로토타입'은 이 학교 교사들과 협업하여 진행하였다.

다음은 세미나를 구체적으로 디자인하기 위한 교방초등학교 교사들과 우리 팀의 회의 내용 일부이다. 이 대화 속에서 수업과 교사의 성장에 철학이 중요함을 알 수 있다.

M 교사   이 시점에 교방초등학교에서 세미나를 하는 목적이 무엇일까요?

S 교사   행복학교를 이야기하면서 공동체성, 집단지성에 의존했던 것 같아요. 이게 10년 이상 흐르면서 매너리즘? 막상 해보니 내 것이 아니라는 생각이 드는 거죠. 수업은 나로부터 출발하지만, 그것이 프로젝트화 되는 과정에서 함께하는 것이 필요했어요. 그러나 또 여기까지에 그쳤던 것 같아요. 여기서 하나 더 나아가서 나를 중심으로 성찰하고 정리해 본다는 것이 더해졌다는 것, 깊이 있는 질문을 던지는 자리, 저는 그것을 세미나로 이해했어요. 다만 그렇다면 얼마나 확장성을 가질 것인가? 이런 질문에 확신이 서지 않긴 해요. 수준을 어느 정도 잡을 것인가에 대한 고민이 필요한데……. 첫 세미나가 기준이 될 수 있을 것 같아요.

H 교사   교방초는 이미 선생님에게 철학을 묻는 세미나가 진행되고 있다고 들었어요. 그걸 말씀해 주시면 좋을 것 같아요.

K 교사   교방초의 도약은 '그 수업 왜 하나요?'라는 질문이었다고 생각해요. 어느 순간 왜 하는지 고민하기 시작했고, 부장 선생님들부터 습관이 되니 학년에서 자연스럽게 파급이 되었어요. 왜 하는지에 대

한 고민은 교사 스스로 주체가 되게 하는 질문이었던 것 같아요. 그 과정에서 교사 스스로 질문하는 과정으로 교육과정을 짜보는 워크숍으로 이어졌고, 생각보다 많은 선생님들이 만들어진 것을 따라 하는 것이 아니라 저마다 자기 수업의 의도를 생각하고 있다는 것을 확인했습니다. 그래서 판을 깔아주는 것은 조직이 해줘야 하는 것이고, 고민과 질문을 던지는 것은 각자의 역할이라는 생각이 들었어요.

**Y 교장** 교방초는 이미 다 왔달까요. 우리가 고민하는 지점은 거기에 '운동성을 어떻게 붙일까?' 하는 거예요. 그런 의미에서 이 세미나는 경남에 있는 리더 교사들이 와서 내 행위가 무엇인지에 대한 개념 형성과 내가 리더 교사라는 것을 정체성으로 가져가는 자리가 되면 좋겠어요.

**H 교사** 그러면 이 세미나를 구체적으로 디자인해 볼까요?

**Y 교장** 일단 크게는 이 수업 세미나의 방향성을 담은 발제, 교사의 사례발표, 토론의 순서로 가면 좋겠어요.

**M 교사** 이 세미나의 목적은 '교사가 나만의 철학을 가지는 것이 중요하다.' 맞죠? 같은 수업을 해도 자기 철학에 따라 풀어가는 방식이 달라지니까 철학을 가지고 발표하는 선생님의 사례를 보면서 자기를 돌아보며 고민을 하게 될 것 같아요. '그때 나라면 어떻게 했을까?'라는 주제로 토론을 하면 어떨까 싶네요. 내가 철학을 명확하게 개념화하지 않았기 때문에 앞뒤가 맞지 않다는 것을 인식하는 거죠.

**B 교사** 질문이나 토론이 활발하게 될지 걱정스러운 부분은 있지만, 저는 사례발표보다 질문이 더 중요하다고 생각해요. 발표한 사람이 자기 관점에서의 성찰이나 해석을 다른 사람이 깨달을 수 있게 하려면요. 사례를 듣는 것만으로는 그 핵심을 꿰뚫기 쉽지 않을 것 같

아요. 그래서 질문할 수 있는 사람이 참석했으면 좋겠어요.

**K 교사**  수업을 주체적으로 해나갈 수 있는 이유는 문화 때문인 것 같아요. 세미나를 교방에서 한다면 교방의 방식으로 되면 좋겠어요. 그냥 이 문화 안에서는 누구나 말을 할 수 있기 때문이에요.

**H 교사**  이야기를 듣다 보니 발표자와 사회자가 나란히 앉아 편안한 분위기에서 이야기하는 '유희열의 스케치북' 형태가 그려지네요.

**K 교사**  그게 교방초 스타일이긴 하네요. 이번 2월 세미나 때 작년 프로젝트를 공유하는 자리를 가졌는데, 질문의 수준이나 종류에 대해 고민하지 않아도 생각보다 좋은 질문이 자연스럽게 나오는 것을 경험했어요. 질문이 중요하지만 운영자가 모든 것을 짜기보다 맡기는 것이 더 나을 수 있을 것 같아요. 사례발표-질문이나 소감 모둠별로 나누기-질의응답······. 질문이 포인트를 벗어나면 사회자가 중재하는 형태면 어떨까요?

**M 교사**  그래도 혹시 모르니까? 사회자가 중요한 맥락을 짚어내는 질문은 예비용으로 가지고 있으면 좋을 것 같긴 해요.


교방초등학교에서 여는 두 번째 세미나는 '환대와 마음열기-발제-사례발표와 토론(워크숍)-정리와 마주 헤어짐'으로 구성하였다. 먼저 세미나가 시작되는 시점에서는 세미나의 목적과 나아갈 방향에 대해 참여하는 사람 모두가 인식하고, '왜 철학인가?'에 대한 답을 찾아가는 과정이 중요했다. 그래서 짧은 시간 모두에게 강력한 메시지를 주는 발제를 가장 먼저 하도록 배치했다.

한편 사례발표 뒤에는 모두가 중요하다고 생각한 질의응답 시간을 확보했다. 발표하는 선생님과 세미나 참여자의 철학적 성찰이 깊어지기 위해서 질문은 중요하다고 판단했다. 인위적으로 준비하기보다는 참여하는 선생님에게 온전히 맡기되, 철학적 깊이를 더하는 질문을 할 수 있도록 사례발표 전 질문 시간이 있음을 미리 안내하고 패들렛이나 포스트잇 등의 도구를 활용하여 질문을 모으기로 했다.

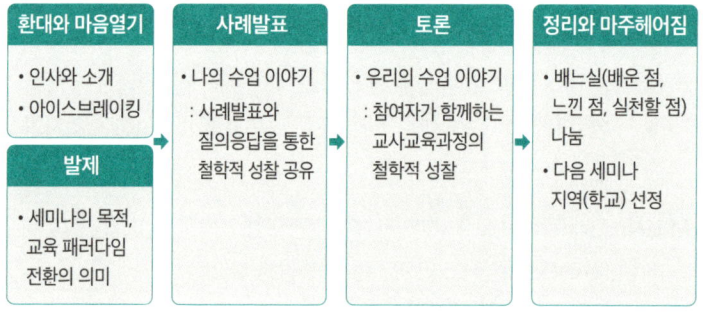

세미나 구성과 내용

4월 17일, 마침내 형식을 갖춘 두 번째 세미나가 열렸다. 첫 번째 세미나와 마찬가지로 교사의 철학을 이야기할 필요성에 대한 발제로 시작했고, 두 선생님의 사례발표가 이어졌다. 일반 학교인 동면초등학교 L 선생님이 인터뷰를 통해 찾은 철학으로 바라본 자신의 교육과정을 발표했고, 행복학교인 교방초등학교 K 선생님이 10년의 실천을 돌아보며 깨달은 철학을 이야기했다. 교사의 교육 행위에는 의도가 있기 마련이고 그것을 인터뷰하는 과정에서 발견할 수도 있고 스스로 질문하고 성찰하는 과정에서 찾아낼 수도 있는 것이었다. 두 선생님을 통해 프로젝트 수업, 즉 의도와 맥락을 가진 교육과정을 운영한다면 누구든지 철학적 성찰이 가능하다는 메시지가 세미나에 참석한 선생님들에게도 닿길 바랐다.

발표 후에는 질의응답이 이어졌다. 세미나에 참석한 선생님들은 발표한 선생님의 의도를 더 밝게 밝힐 수 있도록 돕는 질문을 하기도 했고, 학급운영 방식이나 학생 평가 등이 교사의 철학으로 어떻게 해석되는지 궁금해했다. 철학적 대화가 주는 힘을 느꼈기 때문일까? 철학으로 바라보는 수업에 가슴 떨렸기 때문일까? 세미나의 지향점에 잘 다가갈 수 있는 예상 질문을 미리 준비하지 않았음에도, 참여자의 질문은 교육활동이 아니라 교사의 철학에 방점이 찍혔다. 기획 회의 때 모두가 중요하다고 생각한 '질문'이 빛나는 순간이었다.

세미나가 끝날 무렵 우리는 발표한 두 선생님에게 꽃다발과 함께 찬사를 안겼다. 두 선생님뿐 아니라 교사의 철학을 매개로 이야기를 나눈 모두가 푼푼한 표정이었다. 지향점에 맞는 형식을 탐색하기 위한 '프로토타입'의 두 번째 세미나는 더 큰 가능성을 보여주었다. 발표한 선생님도, 세미나에 참석한 선생님도 '교사의 철학'을 말하고 싶고 듣고 싶어 하는 욕구가 있음을 깨달았다고 생각했다. 더 큰 공감대가 만들어지는 것 같았다. 물결이 될 수 있겠다는 희망이 보였다.

두 번의 내부 세미나를 거쳐 '교사의 철학을 담은 교육과정 세미나'라는 이름을 달고 공개되었다. 이후에도 세미나 운영 방식은 해당 지역과 학교의 특성을 반영하고 선생님들이 주체적으로 참여할 수 있는 형태로 조금씩 변형되었다. 특히 참여자가 함께 철학적 질문을 주고받는 '토론(워크숍)' 과정은 세미나가 열리는 학교에서 주도적으로 기획하여 운영하였다.

> "세미나를 운영해 보니 발제나 사례발표의 내용도 중요하지만, 세미나를 가능하게 하는 형태도 중요하다는 생각이 들었어요."

김해에서의 세미나가 끝나고 세미나의 전체 진행을 맡은 김명숙 선생님은 유의미한 세미나는 참여하는 선생님 모두가 질문과 토론 과정에서 깊이 있는 성찰이 가능한 과정이 되어야 한다고 했다. 사실 김해 세미나는 아쉬움이 많이 남았다. 예상과 달리 평일 오후 시간임에도 불구하고 60여 명의 교사가 참여했고, 세미나 공간이 좁아 모두가 앞을 보고 앉아 있어야만 했다. 질문이 아니라 자기 생각을 길게 말하는 참석자까지 있어 참여자 간 상호 작용은 쪼그라들었다.

세미나 운영팀은 과정마다 걸리는 시간은 물론 적정한 참석 인원과 자리 배치까지도 다시 생각해 보기로 했다. 진행이 매끄럽고 내용이 좋아도 구조가 뒷받침되지 않으면 지금껏 진행되었던 수많은 수업사례 나눔과 비슷하게 여겨질지도 모르는 일이었다.

▨ 세미나에 적합한 구조: 초승달과 반달 사이의 모양

"철학적 대화가 오고 가려면 접점이 많은 구조가 좋을 것 같아요."

목적을 이루기에 적합한 구조가 있기 마련이다. 강연이나 연수, 심지어 '세미나'라는 이름을 달고 진행되는 학회를 가보면 주로 무대를 향해 첩첩이 앉아 있는데 이러한 구조는 일방향이 되기 쉽다. 무대에서 말하는 사람만을 집중하는 형태인 것이다. 철학적 대화가 오고 가는 쌍방향의 문화를 만들어내기 위해서는 접점이 많아지는 구조가 필요했고, 교방초등학교 세미나에서의 초승달과 반달 사이의 모양은 좋은 대안이 되었다. 대신 '우리의 수업 이야기'를 나눌 토론(워크숍)이 진행되는 경우 반원이나 'ㄷ'자로 배치하되 모둠 테이블을 놓기로 했다.

이 세미나가 철학을 묻는 문화를 일으키는 바람이 되기 위해 가장 중요한 것은 '교사의 철학을 나누는 세미나'라는 메시지와 '자발적으로 참여하는 선생님'이었다. 매월 진행되는 세미나는 기록의 과정에서 한 번, 운영팀 선생님들과 다음 세미나를 기획하면서 또 한 번 성찰했다. 세미나의 철학적 접근이란, 수업 너머의 자기 존재를 만나는 질문을 주고받는 과정에서 철학을 발견하며, 실천으로부터 끌어올린 철학을 나누는 과정이 되어야 했다. 그러면서 진행이나 내용이 똑같지 않도록 성장 지점을 만들어 변주하면서 지속적으로 장(場)을 만들었다. 이른 봄에 시작했던 세미나는 김해 구봉초등학교에서의 첫 번째 공개 세미나로 이어졌고, 그 이후로도 진주, 진해, 양산, 밀양, 남해까지 경남의 여러 지역을 돌며 매월 빠짐없이 진행되었다.

그리고 기적처럼 선생님들이 성장하는 순간을 만났다. 성장이라기보다 깨어나는 순간이라는 말이 더 적합할지 모르겠다. 세미나에서의 물음에 귀를 기울이는 선생님들이 눈에 띄게 많아졌고 '보물찾기' 같았던 리더 교사는 철학을 가지면 누구나 될 수 있는 것임을 알았다.

# 세미나, 모두가 해석과 성찰로 수업을 바라보는 시간

///////////////

## 환대와 마음열기

장마가 끝나고 본격적인 더위가 시작되었다. 1학기를 마무리하는 이 시기에 학교는 '바쁘다'는 표현으로 부족할 정도로 바쁘다. 그럼에도 '교사의 철학을 담은 교육과정 세미나'는 매월 빠짐없이 진행되었고, 7월은 매우 뜻깊은 학교, 제황초등학교에서 열렸다.

제황초등학교는 진해 제황산 자락에 위치한 작은 학교이다. 2011년에 경남에서 혁신교육의 깃발을 든 선생님들을 중심으로 교육과정을 혁신하고 구조의 변화를 만들어갔던 학교로 상징성이 있는 곳이다. 지금은 '행복나눔학교'로 탄탄한 교육과정과 공동체 문화를 다른 학교와 지역에 다정하게 나누고 있다.

바야흐로 7월 17일, 서이초 1주기를 하루 앞둔 날 세미나가 열렸다. 현장은 여전히 바뀐 게 없다는 자조적인 목소리로 가득했기에 마음이 무거운 날이었다. 그럼에도 교사의 삶과 철학을 이야기하는 이 세미나가 길이 될 수 있지는 않을까 하는 바람으로 제황초등학교로 향했다.

세미나에 참석하는 선생님들의 마음도 무거울 것 같았다. 정말 환대가 필요하겠다고 생각했다. 환대를 위해 정해진 시간보다 훨씬 일찍 도착했다. 교육 현장에서 '환대'라는 말을 많이 쓰게 되었는데, 나는 환대는 그 사람을 위해 '자리'를 마련하는 일이라고 배웠다. 그것은 물리적 공간을 준비함과 더불어 시간 전에 미리 가서 상대를 맞이한다는 단순한 방법으로 가능하다. 방문객으로 낯선 공간에 들어섰을 때 따뜻한 미소로 맞아주는 누군가가 있다면, 참석자들은 맛있는 간식과 음료를 들고 자연스럽게 서로 만난다.

"이 세미나를 통해 두세 번, 여러 번 보니까 힘이 납니다. 혁신교육을 시작한 지 꽤 오래되었고 때로는 이게 맞나 싶다가도 이렇게 만나면 힘이 납니다."

(사)새로운학교경남네트워크과 함께하는 '교사의 철학을 담은 교육과정 세미나'는 대표인 구종현 선생님의 인사로 문을 열었다. '관계, 그리고 연대로 나아감'이라는 묵직한 메시지가 있었다. MBC 로고송 '만나면 좋은 친구'처럼 되는 것이, 만나서 교사의 삶과 철학을 이야기하는 이 세미나가 '길'이 될 수 있지는 않을까 하는 희망을 품어 본다.

### 발제: 주도적인 삶, 교사교육과정

길을 여는 발제는 정해진 순서이지만 놀랍게도 매번 다른 내용이다. 단 5분의 발제지만 세미나마다의 '변주'는 듣는 재미가 있었다. 초기에는 과거의 교육 패러다임과 새로운 패러다임의 차이가 무엇이며, 철학을 갖는 것이 그 전환이라는 이야기였다. 세 번째 세미나부터는 수업을 철학으로 바라보는 것 자체에 방점이 찍혔다. '교사의 삶과 수업에 담긴, 우리가 성찰로 바라보아야 할 철학은 인본주의이며, 이것은 인간의 본성이기에 보편성을 가진다. 이를 전제로 철학으로 수업을 바라볼 때 비로소 활동 같은 낱낱의 콘텐츠가 아니라 '성장하고 있는 사람'에게 눈길이 닿는다. 그러한 성찰 과정에서 교사라는 존재를 '세상을 바꾸는 사람'으로 바라볼 수 있다.'는 내용이었다. 발제의 주제와 내용을 정리하면 다음과 같다.

첫째, 철학으로 바라보면 존재 그 자체가 아름답다.
'천명지위성, 솔성지위도, 수도지위교(天命之謂性, 率性之謂道, 修道之謂敎)'라는 이 말은 중용의 첫 구절로, '인간의 마음속에 아름다운 성품이 들어있고, 그에 따라 살아가는 것이 인간다운 삶의 길이다. 그 삶의 길을 갈고 닦는 것이 교육이다.'라는 뜻이다. 교육은 인간의 선한 본성을 향한다.
인간의 본성이란, 동서고금을 막론하고 보편적인 것이 있다. 특히 맹자는 측은지심(惻隱之心), 수오지심(羞惡之心), 사양지심(辭讓之心), 시비지심(是非之心)을 사람이라면 누구나 가지고 있는 인간다운 선한 본성의 단초라고 생각했다. 본성에 해당하는 것이 사람이라는 존재이며, 그것을 나의 말로 표현하고 그 틀로 세상을 바라보는 것이 철학(세계관, 인간관)이다. 철학 없이 어떻게 사람과 교육에 다가갈 수 있을까?

둘째, 억압에서 자유로, 교육의 패러다임[4]이 전환되었다.
20세기 교육의 패러다임은 '사회효율적 교육과정', '행동주의적 학습', '과학주의적 측정'으로 대표된다. 피지배자를 양성하는 교육으로, 보상과

---
4) 교육과정-수업-평가를 어떻게 혁신할 것인가. 이형빈. 맘에드림. 2015.

처벌을 통한 강화와 시험을 통한 경쟁, 그 결과로 단절과 분열을 가져온다. 또한 과학주의 측정 방식으로 평가를 통해 서열화하고 분류하는 것을 특징으로 한다. 이러한 교육에서는 인간에게 욕망의 획득(본능)을 부추기지만 인간은 욕망을 채운다고 행복해지지 않는다.

반면 새로운 패러다임은 '혁신적 교육과정', '구성주의적 학습', '참평가'로 철학이 전환된다. 리더와 주도자를 양성하는 교육으로, 저마다의 빛깔이 있기에 모두가 주인공이 되어야 한다는 관점을 가진다. 이에 '도와줌'을 바탕으로 협력과 연대를 만들며, 인간 존재의 가치를 바라보고 개인의 발현을 중시하는 평가를 한다. 이러한 교육은 인간에게 내면의 성장(본성)으로 행복을 가져온다는 특징이 있다.

셋째, 철학이 있는 교사교육과정은 한 시간 수업에서 학급의 삶으로 나아가는 것이다.

수업을 '단순한 부분의 합이 아니라, 전체의 유기적 조합으로 어떻게 바라보지?', '존재와 존재를 둘러싼 전체를 어떻게 바라보지?'라고 질문하는 것이 철학으로 바라보는 것이다. 이것은 먼저 교사의 의도, 학생의 상황과 바라는 모습이 반영된 수업을 어떻게 디자인할 수 있는가에서 출발한다. 그리고 이러한 철학이 반영된 수업(학습)이 실현되면 교사와 학생의 성장이 함께 일어난다.

철학과 수업과 결과를 한꺼번에 바라보아야 하는 것이다. 그렇게 될 때 '내 수업이 인간의 본성을 따르는 삶으로 작동하고 있는가?', '내 수업은 존재의 발현과 변혁적 사회 참여를 지향하는가?'까지 나아갈 수 있다. 인간은 의미를 추구할 때, 그리고 내 행위가 사회 변화를 만들어낼 때 행복해질 수 있기에, 이 과정을 통해 교사는 행복해질 수 있다.

넷째, '또 하나의 우주, 교사'로부터 행복학교 일반화를 생각할 시점이다.

행복학교 정책은 학교 구조를 변화시키는 것, 즉 학교의 문화를 민주적으로 만드는 것이 시작이며 변화의 핵심 동력이라고 볼 수 있다. 그 구조의 변화와 동력으로 교육과정 혁신에 방점을 찍었다. 그러면서 핵심을 비껴갔다. 1986년 한 여중생의 비극적 죽음이 던진 '우리는 교사인가?'라는 질문으로 시작된 교사 존재에 대한 고민은, 경남 행복학교의 학교혁신이 일어나는 10년 동안 소홀히 여겨졌다. 진짜 '세워야 할 것'에 점이 약하게 찍혔던 것 같다. 이제는 교사의 존재에 큰 방점을 찍을 때가 왔다.

현재 우리가 교사라는 존재를 인식할 때, 인간으로서 의미를 찾고 행복을 추구하며 이 세상의 변화를 추구한다는 교사의 존재론적 욕구가 반영되어 있을까? 그러한 욕구를 우리는 인식하고 있을까? 그렇지 못하기에 교사의 존재를 새롭게 정의하는 것에서 출발해야 한다.

지금까지의 행복학교는 학교 구조를 민주적으로 바꾸고 교육과정을 혁신하는데 기여했다. 이제는 교사라는 존재를 변혁의 중심으로 인식하고 교사의 수업을 통해 세상을 바꿀 수 있다고 생각하면, 교사라는 존재와 그 리더십으로 구조를 바꾸고 수업을 바꾸며 행복학교 일반화로 자연스럽게 나아갈 것이다. 그 동력은 교사 깊은 존재의 내면에서 나오는 가치, 곧 철학이다. 그래서 철학으로 수업하고, 철학으로 수업을 이야기해야 한다.

### 사례발표: 이정우 선생님의 수업 이야기

"육아휴직을 끝내고 난 교사로 살 수 있을까 고민하기 시작했습니다. 전국으로 연수를 쫓아다녔어요. 그리고 막무가내로 선생님, 선후배와 친구들, 누구라도 만나서 이야기를 들어보자는 심정으로 많은 사람을 만나기도 했습니다. 그러나 답을 찾을 수 없었습니다."

이정우 선생님의 이야기는 '교사'라는 존재의 고민으로 시작했다. 덤덤하게 말하는 '교사로 살 수 있을까?'라는 질문은 모두에게 묵직한 공감을 가져왔다. 그리고 그렇게 찾아다녔던 파랑새가 집에 있었듯 답은 자신에게 있었음을 말하는 순간 탄성이 흘러나왔다.

"이번 세미나에 참여하면서 교사의 철학을 나도 이미 가지고 있었다는 생각에 너무 뿌듯했어요. 보여지거나 형식적인 것보다, 교사교육과정을 정리하는 동안 내가 하는 교육의 방향이 어디로 가는지 생각했어요. 거슬러 생각하니 전체적인 방향이 세 가지로 나누어져 있음을 알게 되었어요. 그 모든 것은 존재 그 자체의 가치를 발견하고 아름다움을 찾아야 한다는 것이었어요. 내 안에 있는 나를 찾아내니 '나 정말 성장했구나.'를 깨달았어요."

세미나에서의 수업 이야기는 지금까지 주로 만나온 연수나 수업 나눔 자리의 사례발표와 달랐다. 화려하고 멋진 콘텐츠나 교육 행위를 열거하고 잘 설명하기보다는 철학적으로 접근한다는 차이점이 있었다. 이정우 선생님은 자신에게서 발견한 철학을 고정된 의미로 정의하지 않고 일 년 동안 실천한 여러 구체적인 수업이나 학급운영 장면과 연결하여 말했다. 그리고 가치가 빛나는 순간을 찾아 '성장'을 발견했다고 이야기했다. 즉 누군가는 '뜬구름'으로 이야기할 수도 있을 '자기 수용', '관계 이해', '창의성'이라는 가치를 자기 맥락에 맞는 철학으로 만들고 교육 행위와 결과까지 관련지어 이야기한 것이었다. 그래서였을까, 발표를 듣고 나는 그의 수업을 하나의 그림으로 머릿속에 정리할 수 있었다.

수업은 교사와 학생의 삶이 반영되어 있기 때문에 한 시간 수업을 분석하는 것은 무의미하다. 철학으로 바라본다는 것은 '선생님, 그 수업 왜 했어요?'에 대한 답이기에, 부분을 분석하는 것이 아니라 전체를 총체적으로 바라보는 것이라고 할 수 있다. 그래서 수업은 학급의 삶과 동떨어져서 존재할 수 없고, 철학적 접근은 교사의 철학과 그것이 반영된 교육 행위와 수업 결과를 한꺼번에 바라보아야 가능한 것이었다.

수업 이야기를 듣는 동안, 두 선생님의 세미나 장면이 떠올랐다. 교사로서 20~30년을 살아온 선배 선생님이 발표자로 나섰던 세미나였다.

"10년이 넘은 것 같아요. 아침에 모두 함께 둥글게 서서 시를 낭송하고 노래를 부르고 활동을 해요. 교육과정과 관련된 한글, 숫자, 계절의 리듬이 녹아든 '아침열기'를 합니다. 아이들의 배움은 단순히 단위 수업 시간, 단원 중심의 수업, 수업 목표 중심의 수업에 맞게 일어나지 않아요. 아이들은 이렇게 분절된 채 배우지 않는 거죠."

"2022년에서야 수업을 왜 하는지 고민하기 시작했어요. 인권 프로젝트에서는 인권이 너무나도 광범위하지만 다양한 사람들과 어울려 살아갈 수 있는 사람으로 성장하면 좋겠다고 생각하고 접근하니 훨씬 수월했던 것 같고요. 뒤에 역사 프로젝트에서는 그 사람들이 그렇게 살 수밖에 없는 이유를 알았으면……. 그러니까 그 시대에 대해 이해를 좀 했으면 하는 생각이었어요. 그렇게 10년의 교사로서의 삶을 지금에 와서 돌아보니 저는 우리가 함께 살아가고 있음을 알려주고 싶어 했다는 생각이 들었어요."

    두 선배 교사의 이야기에서, 철학을 찾고 성찰하는 과정이 일 년의 교육과정을 넘어 더 긴 호흡으로 교사의 삶 자체를 바라보는 일도 가능하게 한다는 생각이 들었다. 철학은 상황과 맥락을 벗어나면 무의미한 단어에 지나지 않기에, 교사의 철학은 당연히 교사의 삶과 동떨어져 존재할 수 없고, 차곡차곡 쌓아온 삶의 궤적 위에서 의미를 가질 수밖에 없는 것은 아닐까.
    세미나가 또 한 번 빛나는 시간은 '질의응답'이었다. 세미나는 수업을 평가하는 시간이 아니었다. 또 '우수 사례'로 일컬어지는 잘 평가받은 수업을 나누고 내일 당장 써먹을 아이디어나 자료를 얻기 위한 시간이 아니었다. 철학을 가지게 된 발표자 선생님처럼, 선생님들은 수업을 평가하지 않았으며 해석과 성찰로 수업을 바라보게 되었다. 그렇게 질의응답은 짧은 사례발표에 담을 수 없었던 철학적 해석을 더 깊이 있게 들을 수 있음과 동시에 이정우 선생님이 자기 철학에 더 다가갈 수 있도록 도움을 주는 시간이 되었다. 다음은 그런 멋진 질의응답의 일부 장면이다.

Q. 선생님은 어떤 습관을 가지고 있나요? 교사로 가지면 좋을 습관을 추천한다면?

A. 특별하지는 않지만, 아이들보다 먼저 교실에 가자는 것이에요. 불을 켜두고 교실에서 기다리자는 것입니다.

Q. 좋은 글귀는 어떻게 공유하나요?

A. 주로 아이들에게 해주는 말이기도 하고……. "선생님을 따라 말하렴!" 이라고 하면서 이야기하게 하기도 해요. 처음에는 오글거려도 하다 보면 자연스럽게 하더라고요. 또 글쓰기의 댓글에 그런 말을 달아주기도 하고 수업을 준비하면서 본 영상을 함께 올려주기도 해요.

Q. 철학을 만나는 인터뷰 후 다시 자신의 글로 정리했던 과정이 있었을 텐데, 인터뷰 직후와 자신의 글로 정리했을 때 선생님의 마음은 어떤 차이가 있었나요?

A. 사실 인터뷰를 미리 준비하지 않았어요. 그냥 대화한다는 마음으로 참여했어요. 그런데 빛나는 발견을 해주시고 멋지게 이름을 붙여주셨어요. 그리고 그것을 다시 정리하는 동안 내가 하는 교육의 방향이 어디로 가는지 생각했던 것 같아요. 거슬러 생각하니 전체적인 방향이 몇 가지로 나누어져 있음을 알게 되었어요. 또 글을 수정해 가면서 놀라운 경험을 했어요. 나의 이야기를 쓰기 때문에 글을 쓰는 과정이 전혀 힘들지 않았고 술술 써지는 거예요. 더욱 놀라운 것은 이 정도로 멋진 글이 나올 수 있다는 사실이었어요.

Q. 에너지는 어떻게 얻나요?

A. 체력적인 에너지는 자는 것으로 충전하는 것 같아요. 아! 운동도 꾸준히 하고 있어요. 그리고 심적인 충전은 작은 발견이에요. 아이들이 주는 작은 소소한 감동이 저에게는 엄청난 위로가 되는 것 같아요. 또 선

생님들도 모두 반짝거리는 부분이 있는데 그것을 보면서 엄청 위로를 받기도 해요. 제황초 선생님들과 대화 과정에서 칭찬과 위로를 많이 해 주시는데 엄청 에너지를 얻어요.

### 토론: 우리의 수업 이야기

이 부분은 세미나를 주최하는 학교의 선생님들과 세미나 운영진이 협의하여 디자인하는데, 제황초등학교에서는 선생님들이 수업에만 국한하지 않고 '교사의 삶'을 철학으로 바라볼 수 있는 시간으로 구성했다. 질문은 모두 세 가지였는데 온전함, 의미의 틀, 학교문화라는 주제에 대해 이야기 나눌 수 있는 질문이었다. 사회를 맡은 선생님이 질문에 대한 해석을 달아 그룹으로 앉은 선생님들이 질문에 대해 자연스럽게 이야기를 나눌 수 있게 도왔다.

"'지금 하지 않아도 괜찮아요, 다음에 해보겠다는 마음을 먹은 것만으로도 훌륭하다고 생각해요.' 이 말은 이정우 선생님이 평소에 선생님들에게 많이 하는 말이에요. 그런데 인터뷰를 참관했더니 아이들에게도 많이 한다는 것을 알게 되었습니다. 이정우 선생님으로부터 이 말을 들으며 편안하고 단단하다는 느낌, 나까지 위로가 되는 느낌이었습니다. 그리고 알게 되었습니다. 교사의 철학은 수업뿐 아니라 삶에도 영향을 준다는 것을요. 첫 번째 질문입니다. 이렇게 어디서나 온전하게 발현하고 있는 내 철학은 무엇일까요? 두 번째 질문은 '의미의 틀'에 관한 것인데요, 교사로서 내가 받았던 '의미의 틀'이 있나요? 교사인 내가 왜곡될까 걱정하는 것이 있나요? 세 번째는 학교문화에 관한 것입니다. 뜨거운 찻잔이 있습니다. 그런데 그 뜨거움이 식지 않으려면 주변 공기도 따뜻해야 한다는 말입니다. 한 교사가 교사의 철학을 가지고 그것을 수업으로 실천하고 또 성찰하고. 그런 일이 계속 지속되기 위해서는 주변의 동료 교사들의 몫이 크다는 생각입니다. 학교문화일 수도 있고요. 그래서 세 번째 질문은 '지금 우리 학교는 내가 성장하는 곳인가? 나의 교육 활동을 응원하고 의미를 찾아주는, 지치고 힘들 때 위로해주는, 혼자가 아닌 동지가 있나? 그런 학교문화인가?'라는 것입니다."

어려운 질문일 수 있었다. 중요한 것은 모두가 자기 철학을 생각해 보는 것, 그리고 철학으로 교사로서의 삶을 돌아보고 해석해 보는 것이었다. 더욱이 그것을 동료와 함께하는 경험을 갖는 것이었다. 그 경험은 '배느실(배운 점, 느낀 점, 실천할 점)'이라는 소감 나누기로 자연스럽게 이어졌다.

### 정리와 마주헤어짐

"저는 바빠도 이 세미나에 꼭 참여해 왔어요. 완전 힐링이거든요. 발표하는 선생님이나 모둠 선생님들 이야기를 듣다 보면 같은 생각을 하는 사람이 많구나 싶어요. 나도 잘하고 있다는 위안을 얻는······. 내가 하는 것이 틀리지 않다고 말해주는 것 같아요."

진해 세미나까지 한 번도 빠지지 않은 어떤 선생님의 이야기는 무척 의미가 있었다. 소감을 전체적으로 나누면 타인의 말을 통해 내 생각과 개념을 더욱 분명하게 하는 효과가 있는 것 같다. 선생님 말에는 교사의 철학은 보편적이라는 것이 담겨있었다. 정말 다양한 수업 속에는 교사마다 가진 다양한 철학이 있지만, 결국 철학을 이야기하는 것은 '사람'을 향하기에 보편적인 것은 아닐까. 그렇게 철학의 보편성에 공감하면 자연스럽게 '연대 의식'이 생겨나는 것 같았다. 그러면 또 세미나에 오고 싶어질 것이고, 철학을 이야기하는 공간이 필요함을 알게 될 것이라는 생각이 들었다.

## 세미나의 의미

일 년 동안 세미나를 기획·운영하고 참여하면서 한 가지 사실만은 분명하게 알게 되었다. 철학을 묻는 것만으로도 교사의 성장은 일어났다는 것이었다. 더욱이 철학을 찾으려고 자신의 교육과정을 되새김질하며 깊이 고민하는 동안 선생님 스스로가 성장했음을 인식했다. 인터뷰의 주인공이 된 선생님만이 아니라 세미나 과정에서 '선생님의 철학이 뭐예요?'라는 질문을 받아 본 선생님들은 동일한 반응이었다. 더욱이 스스로 찾아낸 철학으로 자신의 모든 교육 행위를 연결하고 해석해 냈다.

그래서였을까? 세미나에 참여한 선생님들은 질의응답 시간에 '철학을 발견하고 난 후 달라진 점은 무엇인가요?', '수업 말고도 달라진 점이 있나요?'라는 질문을 많이 했다. 철학이 가져오는 극적인 변화에 대해 확인하고 싶었던 것 같았다.

"지난주에 시 낭송하기 평가가 있었는데 발표 순서를 가지고 아이들 사이에 논란이 있었어요. 랜덤 뽑기를 하자는 의견이 많았는데 저도 사실 긴장이 엄청 높은 사람이거든요. 또 한글이 안 되는 친구도 있었어요. 이런 상황을 아이들과 이야기를 나누면서 배려할 수 있도록 했어요. 번호대로 번갈아 가면서 하긴 하는데, 시간이 더 필요한 아이에게는 순서를 마지막에 해주고 시간을 충분히 주자고 했어요. 또 수업과 평가가 맞지 않음을 알게 되었어요. 수업 과정에서 평가가 이루어질 수 있도록 우리 학년의 수행평가를 바꿨는데, 그래도 찝찝한 부분이 생기더라고요."

L 선생님은 일반 학교에 근무하는 교사다. 행복학교가 아님에도, 철학을 발견하고 난 후 달라진 점으로 평가를 다르게 보게 되었음을 이야기했다. 세미나의 이름에 붙은 '교육 패러다임의 전환'[5]이 선생님의 말로부터 증명되었다. 철학은 사람과 세상을 보는 눈을 가지는 것이고, 그러한 철학을 자기 실천으로부터 끌어올리면 패러다임의 전환이라고 할 수 있을 정도로 교사의 교육 행위 전반에 있어 혁신이 일어나

---

5) 교육과정-수업-평가, 어떻게 혁신할 것인가. 이형빈. 맘에드림. 2015.

게 되는 것이다.

　이것은 '철학의 재맥락화'라고도 볼 수 있다. 재맥락화는 철학이 개념으로 존재하는 것이 아니라, 교육활동에 살아 있도록 새로운 의미를 부여하여 실천하는 과정이라고 할 수 있다. 더 주목할 부분은 세미나에만 참여한 선생님들에게도 철학의 인식과 재맥락화가 나타났다는 것이었다.

　"요즘 『가르침을 멈추니 배움이 왔다』[6]는 책을 전학공에서 같이 읽고 있어요. 최근 생각이 많았는데 내 짧은 생각에 교육은 지식보다 사회인으로 사람과 사람이 만나는 방법을 배우는 것이라고 생각해요. 지식은 매개가 되고 사람다움을 닦아가는 것을 학교 교육에서 놓쳐서는 안 된다는 거예요. 사실 세미나가 충격적이어서, 이틀 만에 내 수업이 바뀌었어요. 전에는 어떻게 실험을 해야 하는지 내가 그림을 그려서 다 알려줬거든요. 안전을 목적으로 실험을 통제했고……. 근데 이것이 얼마나 야만적인지 알았어요. 나는 내 말을 잘 듣는 학생을 칭찬하고 뽑아주는 교육을 하고 있었던 거예요. 이제는 실험 설계와 준비물 챙기기, 실험 수행하는 것을 모두 아이들이 스스로 하게끔 해요. 제대로 안 할 것 같았는데 아이들에게 믿어주니 다 하더라고요."

　"협력의 의미를 글로 가르칠 수 없고 공동체의 중요성을 책에서 배울 수 없는 것 같아요. 그래서 수업 중에 어떻게 협력을 배울 수 있을지 고민해요. 아이들이 협력의 가치를 경험할 수 있도록 구조를 짜는 것이 교

---

[6] 가르침을 멈추니 배움이 왔다. 강부미. 에듀니티. 2021.

사의 몫이라고 생각하거든요. 사실 아날로그형 인간이라 에듀테크를 안 좋아하는데 연수 중에 '캔바'를 배우게 되었어요. '캔바'는 동시에 발표 자료를 만들 수 있었어요. 돌아오는 정치 수업에 써먹을 수 있겠다는 생각을 하니 입가로 웃음이 자꾸 새어 나오더라고요."

교사가 발견한 철학은 교육 실천이자 교육 현장인 자신의 '발'을 바라보고, 의미를 생각하는 과정에서 길어 올린 결과물로 볼 수 있다. 그렇다면 철학적 성찰의 핵심은 철학이라는 인식의 틀로 교육활동을 해석하는 것이자, 교육활동이 일어나는 맥락에 맞게 교육과정에 새로운 의미를 부여하고 철학에 맞는 전략을 구성하는 재맥락화라고 할 수 있다. 이러한 과정이 순환할 때 교사는 존재의 가치를 스스로 발견할 수 있으며, 교사 성장의 가능성은 더욱 높아지는 것이다.

## 세미나의 바람

////////////

진해 세미나를 기획하는 회의 중 수곡초등학교 허복욱 교장선생님이 특별한 이야기를 전했다.

"수곡초는 지난번에 서민철 선생님의 인터뷰를 모든 선생님이 함께 참관했어요. 그리고 매월 전학공을 같은 방식으로 하고 있는데 엄청 끈끈해져요. 내 속에 있는 것을 끄집어낼 때 서로를 깊이 알게 되고, 호혜적 학습공동체가 돼요. 그런 관계가 형성될 때 교사로서 힘이 돼요. 그것이 공동체 속에서 교사가 자기 스스로 서가는 것이 되는 거예요. 단위학교에서 이것을 만들어갈 때 효과가 배가 된다고 생각해요."

'호혜적 학습공동체'라는 말이 귀에 꽂혔다. '전문적'이라는 말에 스며있는 고립되고 대상화된 교사 대신에, '호혜적' 공동체에서 교사는 서로 성장을 돕고 자발성을 키워주는 관계로 존재하는 것 같았다. 철학의 힘은 생각했던 것보다 훨씬 놀라웠다. 철학적 성찰이 공유되었을 때 교사 개인의 성장뿐 아니라 공동체를 만드는 요인으로 작용할 수 있다는 것이었다. '지금 우리 학교는 내가 성장하는 곳인가?'라는 질문에 교방초 선생님들이 잠시의 망설임도 없이 동시에 '네!'라고 대답한 것과 같다는 생각이 들었다. 두 학교의 이야기는 교사의 삶과 철학을 나누는 것이 공동체 문화를 만들고 학교혁신으로 나아갈 수 있는 지점이 된다는 중요한 시사점이 있다고 생각했다.

    세미나는 바람이었다. 수업을 평가 대상이 아니라 성찰의 매개체로 보는 바람, 수업을 넘어 교사의 삶을 이야기할 수 있는 바람, 교사들이 서로 철학을 묻는 바람, 교사가 철학으로 단단하게 살아갈 수 있는 바람 말이다. 바람이 불어, 세미나에서의 물음이 학교에서, 때로는 지역에서 변주되어 문화로 자리 잡고, 그렇게 철학을 이야기하는 교사의 삶과 문화가 교사를 바로 서게 하고, 비로소 세상을 바꾸는 물길이 될 수 있다면 얼마나 좋을까.

3장.

# 성장,
# 철학으로 수업하다

성장,

철학으로
수업하다

철학을 탐색하는 인터뷰와 철학으로 수업을 해석하는 세미나를 모두 진행한 선생님 중 일곱 분의 성장 이야기입니다. 이정우, 김미현, 박소연, 안현정, 서민철, 김희선, 배병기 선생님이 각자의 빛깔과 향기로 철학을 반영한 수업을 이야기합니다.

# '공들임'으로 쌓아가는 수업

제황초등학교 이정우

## 교사의 철학

### 공들이기

"우리가 헤어질 때 이전에 못 하던 것 하나 할 수 있게 된다면 좋겠어. 함께 있는 동안 실컷 시도해 보고 많이 연습해 보렴."

공들임은 무한한 가능성을 믿고 아름답게 바라봐주는 마음이다. 아름답게 바라봐주는 것은 존재 그 자체의 가치를 인정하고 있는 그대로를 존중하는 것이다. 인간은 비교할 수 없는 소중한 가치를 가지고 태어난다. 존재한다는 것만으로도 충분히 가치 있고 아름답다. 자기 자신이 소중하고 아름답다는 것을 알게 되면 다른 존재의 소중함도 알게 된다. 교사로서 먼저 아름답게 바라봐주면 아이들도 자신을, 나아가 우리를 아름답게 바라볼 수 있다. 우리는 자라나는 저마다의 속도가 있고, 자아를 실현하기 위한 간절한 소망을 품고 있다. 당장 잘 하지 않아도 괜찮고 조금 느려도 괜찮다. 그들의 무한한 가능성을 믿어주면 그 믿음을 거름 삼아 아이들은 더 나은 미래를 만들어간다. 자신의 세상에서 희망을 만들며 성장해 갈 것이다. 그래서 아이들 한 명 한 명에게 다가가 기다리고 응원하며 도와주려고 한다. 각자가 각자의 길을 갈 수 있도록 관심을 가지고 무한한 지지를 보낸다.

공들임은 '우리'의 가치를 알고 긍정적 관계를 맺게 도와주는 것이다. 우리가 함께하는 덕분에 더 깊이 배울 수 있고, 함께하는 덕분에 감동하게 된다. 이러한 우리의 가치를 알게 되면 서로가 서로에게 의미 있고 중요한 사람이 된다. 그렇게 내 관계의 폭과 세상은 점차 더 넓어질 것이다. 혼자서는 힘들지만, 서로가 있어 어렵고 힘든 일을 견딜 수 있고, 안 되리라 생각했던 일도 가능해지기도 한다. 함께하는 사람들 덕분에 한 걸음 한 걸음 나아가는 발걸음에 힘이 생기고, 한 계단 한 계단 올라서는 도전도 할 수 있는 것이다.

나의 공들임은 사람을 향하고 미래를 향한다. 사람에게 집중하고, 사람을 위해 자리를 내어주고, 사람에게 마음을 전하고, 사람에게 정성을 다한다. 도구나 방법이 사람의 가치를 넘어설 수 없다. 특히 교육에서는 지식이나 도구, 수단이 아니라 사람이 중심에 있어야 한다. 나는 아이들에게 관심을 가지고 유심히 관찰하며 귀 기울여 무엇을 원하는지, 어떤 도움이 필요한지를 끊임없이 묻고 답을 찾으려고 한다. 작은 변화를 발견하면 함께 기뻐하고, 속상한 마음은 가만히 들어주며 위로한다. 아이들의 가능성은 오늘이 아닌 내일, 미래에 펼쳐진다. 미래를 살아갈 아이들에게는 오늘은 시도와 연습의 연속이다. 지금 당장 못하더라도 언젠가 결국 할 수 있다는 믿음이 있으면 오늘의 실패와 실수는 배움이 된다. 실패와 실수를 과정으로 이해하면 다양한 생각들을 받아들이는 여유가 생긴다. 창의적인 생각을 만들어 낼 유연함이 생기고 또 다른 도전을 할 수 있는 용기가 생긴다. 더 넓은 세상으로 자유롭게 날아다닐 아이들을 상상하며 미래를 위한 나의 공들임은 계속될 것이다.

무한한 가능성을 믿고 아름답게 바라보는 공들임, 나는 그렇게 사람에게, 아이들에게 공을 들인다.

한때, 나는 좋다는 자료를 찾아 수업을 준비하는데 많은 시간을 들였고, 열심히 가르쳤다. 노력한 만큼 아이들도 열심히 해주기를 바랐고, 만족할 만한 결과가 있기를 기대하였다. 하지만 결과는 기대와 달랐다. 우리 반 아이들은 왜 안 되는지 화가 났고 나를 자책하며 좌절했다. 더 애쓰고 노력하여 준비할수록 아이들과 사이는 나빠지고 자존감은 바닥을 쳤다. 무엇이 잘못되었을까? 무엇을 놓치고 있는 것일까? 그때 나는 교육의 본질에서 점점 멀어져 가고 있었던 것 같다. 이후, 더 큰 좌절과 어려움을 겪고 나서야 사람은 없고 지식과 도구만 있는 수업이었다는 것을 깨닫게 되었다.

육아휴직을 마치고 4년 만에 복직하였지만, 변화된 교육 환경에 자신감이 많이 떨어져 있었다. 그리고 아이들 사이에 있었던 일 때문에 나에게 탓을 하고 원망하는 한 학부모의 말에 나의 몸과 마음은 와르르 무너졌다. 그동안 열심히 노력하고 애썼지만 날카롭게 돌아온 결과에 아프고 비참했다. 언제까지 교사를 할 수 있을지, 교사가 나의 적성에 맞는 것인지, 정말 내가 잘못한 것인지를 의심하며 점점 쓰러져 갔다. 어느 날, '그럼에도 나는 계속 교사의 자리를 지킬 것'이라고 다짐하였고, 고개를 들어 보니 아이들이 보였다. 내가 헤매는 동안 아이들은 나를 보고 있었다. 걱정하는 눈빛, 위로하는 말, 도와주려는 마음들이 그제야 보이기 시작하였다.

"선생님 힘내세요! 아프지 마세요."
"저는 선생님이 우리 선생님이라서 좋아요."
"선생님 고맙습니다. 사랑해요."

아이들은 나를 일으켜 세웠고 버티게 해준 것이다. 그 이후부터 나는 언제, 어디서나, 누구라도 배울 점이 있고, 조금이라도 도움이 된다면 찾아가서 공부하였다. 초임 교사의 심정으로 배우려고 노력하였다. 아이들은 나를 더 나은 교사, 더 큰 어른으로 성장시켰다. 여러 과정을 거치고 시간이 흐른 뒤, 나는 우리 반 아이들 모두 빛나는 가치를 가지고 있으며 제 방식과 제 속도로 살아가고 있음을 알게 되었다. 아이들을 위해 교사인 내가 할 수 있는 일은 함께 삶을 살아가고, 또 함께 배우며 성장하는 것이라는 생각이 들었다. 그렇게 나의 공들임은 시작되었다.

공들임은 특별한 수업 도구나 방법이 아니다. 교육 전반에 걸쳐 가르치고 대하는 마음가짐이다. 시간이 걸리더라도 무한한 가능성을 믿고 기다리는 마음이고, 희망을 품은 기도이다. 나는 각자가 가진 개성과 반응에 관심을 가지고 성장과 발전을 발견하려고 한다. 아이들이 더 넓은 사회적 관계를 맺도록 도와주는 것, 그리고 세상에 제 뜻을 펼쳐 갈 수 있는 용기를 가질 수 있도록 하는 것 또한 공들임이다. 공들임을 위해서는 아이들에게 관심을 가지고 작은 변화라도 발견하는 눈이 필요하다. 나는 이전의 모습과 비교하여 성장을 발견하면 반가운 마음으로 아이들과 함께 기뻐하였다. 또 당장 못해서 속상하지만 나아지기 위해 애쓰는 노력을 보면, 더 응원하고 함께 방법을 찾아갔다. 그러한 과정에서 교사인 나를 끊임없이 돌아보게 된다. 아이들을 위했던 공들임은 결국 나를 향한 공들임이었다. 아이들뿐만 아니라 나 자신을 스스로 공들여 아름다운 사람으로 바라보고, 더 아름다운 사람이 되고자 노력하고 있었다. 교사로서 내가 먼저 나의 아름다움을 발견하고 나를 믿고 기다리며, 아름다움을 닦아가는 학습을 멈추지 않는 일 또한 공들임이었다. 공들인다는 것은 나, 아이들, 우리, 사람을 향하여 희망을 품은 간절한 마음이고 정성인 것이다.

## 철학으로 바라보는 수업

"학년 초에 학급에서 하는 특별한 수업이나 프로젝트 활동이 있나요?"

세미나를 앞두고 한 인터뷰에서 나온 질문이다. 나는 자연스럽게 평범한 나의 일상을 이야기하였다.

"저는 매년 하는 특별한 수업이나 프로젝트 활동은 없어요. 그 대신 교실에서 아이들 한 명 한 명 유심히 바라보고 그 공간에 어울리는 데 익숙해지려고 해요. 학년 초는 공들이는 시간이라고 생각해요. 학생들의 이야기에 귀 기울이고, 그 학생만의 특별한 점을 찾으려고 애씁니다."

'공들임'의 철학을 발견한 순간이었다. 질문에 답변하며 '공들이는 시간'이라는 표현이 불쑥 나의 입에서 나왔다. 인터뷰어가 '공들임'이 인상적이라고 하였다. 그때 나에게도 번쩍하고 '공들임'이 강하게 다가왔다. 인터뷰 이후, 예전 나의 흔적과 수업을 돌아보았다. 익숙하게 해왔던 말과 생각, 행동, 수업을 '공들임'이라는 철학으로 다시 바라보니 특별하게 보였다. 무심코 지나쳤던 흐릿한 무채색의 수업들이 다채로운 빛으로 선명하게 다가온 순간이었다.

학생의 무한한 가능성을 믿고, 그 존재와 성장의 과정을 아름답게 바라보는 '공들임'의 마음은 더 나은 미래를 기원하는 간절한 기도와 같은 것이었다. 이러한 공들임의 마음을 담은 수업을 모으니 크게 세 가지의 가치들로 연결되었다. '자기 수용'의 가치를 담은 수업에서는 '존재 그 자체로 빛나는 나'를 만난다. 좋은 습관은 가치 있는 것을 꾸준히 실천해 나가는 인내이고, 가치 있는 것을 지향하는 마음이다. 그것은 나를 세우는 과정이며 세상에 나를 주체로 서게 한다. 주체로 서는 사람은 자신을 사랑하고 우리의 가치를 알며, 아름다운 세상을 만들어간다. '관계 이해'의 가치를 담은 수업에는 '함께 나누며 배우는 우리'를 알아간다. 상호 존중과 신뢰를 바탕으로 하는 긍정적 관계를 만드는 방법을 배우고 함께하는 기쁨과 감동을 공유한다. 함께 어려움을 극복하고 한 단계 성장한 우리를 발견하면 더 큰 세상과 희망찬 미래를 꿈꿀 수 있다. '도전'의 가치를 담은 수업에서는 '세상에 날개를 펼치는 용기'를 만들어간다. 그리고, 두려움으로 가보지 못했던 길을 함께 도전해 본다. 새가 둥지를 날아오르는 것은 학습과 도전의 연속이다. 누군가의 작은 도움 덕분에, 그리고 함께하는 이들이 있기에, 우리의 도전은 배움과 성장으로 거듭난다. 넓은 세상에서 다채로운 꿈을 펼쳐 나가는 희망을 품고 아이들에게 공을 들인다.

   나의 '공들임'은 수업이나 학교생활 구석구석에서 이루어진다. 학생들을 바라보는 시선, 표정, 분위기 조성, 전달하는 메시지 그리고 활동 구성 등 다양한 방법으로 지향하는 가치를 담아 가르치며 공을 들인다. 나의 공들임은 누군가를 위한 축복이고 행복을 기원하는 마음이며, 간절한 기도이다.

■ 교사의 철학으로 바라본 수업 개요

**무한한 가능성을 믿고 아름답게 바라보는 '공들임'의 마음**

| 자기 수용 | 관계 이해 | 도전 |
|---|---|---|
| • 존재 그 자체로 빛나는 가치를 가진 나<br>• 나의 삶에 날개를 달아주는 습관 | • 함께 나누며 배우는 우리<br>• 상호 존중과 신뢰로 더불어 성장하는 공동체 | • 세상에 날개를 펼치는 용기<br>• 우리들의 다채로운 꿈과 희망 |

### 자기 수용: 존재 그 자체로 빛나는 나

존재의 아름다움을 알기 위해서는 '자기 자신'을 먼저 알아야 한다. 즉, '나'를 있는 모습 그대로 수용할 수 있어야 한다. 내가 누구인지, 나는 무엇을 좋아하고 싫어하는지, 나에게 어떤 장점이 있고 단점이 있는지, 화가 날 때 습관적으로 하는 말이나 행동은 무엇인지, 기쁘고 행복한 감정이 드는 순간은 언제인지를 알게 하고 싶었다. 내가 주로 사용하는 말과 행동 그리고 사고의 방향을 알게 되면 낯설고 불안한 상황에 적절히 대처할 수 있다. 그렇게 우리는 상황과 상대에 유연한 사람이 된다. 존재 그 자체로 가치 있고 소중한 자신을 알아차리도록 하는 것이 나의 첫 번째 공들임이다.

〈있는 그대로의 가치 있는 나〉라는 주제로 학생들에게 '나' 사용 설명서를 작성하도록 하고, 내 안에 있는 '큰 나'와 '작은 나'를 설명하였다. 그러면 학생들은 한발 물러서 자신을 바라보는 시간을 갖는다.

생각보다 많은 아이가 자기 자신에 대해 잘 몰랐다. 고학년 학생 중 일부는 원하는 이상적인 모습을 그려두고 자신을 맞추어 갔다. 학생들은 스스로 만들어 둔 기준에 만족하지 않으면 자신을 부족한 사람, 못하는 사람으로 인식했다. 단점에 집중하다 보니 자기가 가진 장점, 강점을 보지 못하였고 그렇게 점점 자존감이 낮아졌다. 나는 아이들에게 '누구나 장단점이 있다'는 것과 '자신이 가진 장점들이 얼마나 가치 있고 소중한지'를 알게 하고 싶었다. 이러한 주제로 여러 친구와 이야기를 나누다 보면, 자신의 고민은 나 혼자만이 아닌 모두의 고민이라는 것을 알게 되었다. 또 누구든 단점이 있으며, 생각해 왔던 것보다 자신에게 많은 장점이 있다는 것을 발견하면, 이전보다 더 당당하고 자신감 있는 몸짓과 밝아진 표정을 보여주었다. 있는 그대로의 자기 자신을 수용하는 일은 금방 되거나 쉽게 이루어지지 않는다. 교사가 먼저 존재 그 자체로 가치 있고 아름답다는 것을 끊임없이 이야기하고, 아이들을 그렇게 바라보는 노력을 멈추지 않아야 한다. 아이들이 언젠가 아름다운 자신을 발견하고 빛나는 가치를 알게 될 것이라고 믿으며.

   날마다 반복해서 하는 말과 행동, 생각의 습관들이 모여 내가 된다. 우리가 일상에서 저절로 하게 되는 습관들을 살펴보고 나은 방향으로 다듬는 일은 나를 더 아름답고 빛나게 하며, 멋진 곳으로 갈 수 있는 좋은 날개를 가질 수 있게 한다. 가치 있는 것을 반복하면 습관이 된다. 아는 것에 그치지 않고 실천하여 습관이 되면, 결국 가치 있는 것은 '삶'이 될 수 있다. 이러한 나의 철학을 반영하여 학생들에게 습관의 중요성을 이야기하고 좋은 습관을 만들 수 있는 수업을 하게 되었다.

〈뿌리 깊은 나무〉라는 주제로 습관을 이야기한다. 좋은 습관이 있는 사람은 뿌리가 깊은 나무와 같다. 지금 아이들은 자라나고 있는 어린나무들이다. 미래에 어떤 나무가 될지 마음껏 상상하며 각자의 속도로 무럭무럭 자라나고 있다. 아이들은 아직 어린나무이기에 땅 위 모습만 보면 서로 비슷비슷하다. 그렇지만 땅속뿌리는 서로 다르게 자라고 있다. 뿌리는 습관이다. 잔뿌리가 많고 가늘고 빈약한 뿌리를 가진 나무가 있기도 하고, 뿌리가 깊고 풍성한 나무도 있기도 하다. 깊고 풍성한 좋은 뿌리를 가진 나무는 크고 단단한 나무로 성장할 가능성이 크다. 좋은 뿌리를 바탕으로 단단한 줄기와 푸르른 잎, 탐스러운 열매를 가진 나무가 된다. 뿌리 깊은 나무처럼 좋은 습관을 지닌 사람은 몸과 마음이 단단하고 건강한 어른으로 성장할 것이다.

아이들 대부분은 고치고 싶은 습관, 갖고 싶은 습관들을 한두 개쯤 가지고 있다. 하지만 습관은 하루아침에 바뀌거나 만들어지지 않는다. 익숙하고 편한 것에 거슬러 새로운 생활방식을 몸에 새기는 것은 어른에게도 무척 힘든 일이기 때문에 많은 학생이 금세 포기한다. 이러한 경험들이 축적되면 부정적 자아개념을 형성하게 된다. "우리는 도움받을 수 있는 환경만 주어진다면, 누구나 진정한 자기 자신이 되어가려는 과정을 시작한다."라고 한 칼 로저스 Carl Ransom Rogers의 말처럼 아이들에게 가치 있는 성공 자산들이 모일 때까지는 도움이 필요하다. 교사의 안내에 따라 아주 작은 것부터 하나씩 도전해 보고, 주변 어른들의 격려와 응원을 받으면서 지속하다 보면 어느새 목표한 것을 해낸 자신을 발견하게 된다. 작은 성공 경험들이 모여 긍정적 자아개념을 형성하게 되고, 더 나아가 한 단계 높은 습관에 도전할 수 있다. 이러한 선순환들이 모여 자기 긍정과 자신감이라는 강력한 힘을 지니게 되는 것이다.

〈인생을 바꾸는 작은 습관〉이라는 주제로 수업을 진행하게 되었다. 자신에게 꼭 필요한 습관을 아주 작은 것부터 목표를 설정하고 연습한다. 매일 습관 달력에 실천 여부를 표시하며 나를 되돌아본다. 그 달의 마지막 날에 학교로 가지고 와서 한 달간의 실천을 공유하고, 다음 달 습관 목표를 다시 설정하게 된다. 이때 공유하고 응원하는 시간은 무척 의미 있고 중요하다. 혼자 가면 외롭고 힘들지만, 함께 하면 조금 더 큰 힘이 생기는 것과 같다. 나는 아이들의 실천 결과를 살펴보며 그동안 애쓴 노력에 충분한 칭찬과 격려를 보내주었다. 또 아이들이 보여주는 작은 변화를 발견하여 이야기해 주었다. 자신감과 성취감을 느낀 아이들은 더욱 열심히 실천하려는 모습을 보여주었다. 반면 습관 실천이 어려운 학생의 경우, 가능한 정도의 더 낮은 수준이나 횟수를 조정하여 최소한의 성공을 만날 수 있게 하였다. 여기서 포기하지 않도록 그동안의 노력을 인정해 주고, 할 수 있다는 응원과 우리 함께해보자는 지지를 계속 보내주었더니 조금씩 성장하는 감동적인 모습을 보여주기도 하였다.

아이들은 스스로 성장시키는 힘을 가지고 있었다. 지금보다 더 잘하고 싶어 하였고 더 나아지기 위해 노력하였다. 나는 아이들 각자가 가진 빛나는 힘을 끌어내고 싶었다. 아이들마다 정도의 차이는 있지만, 더 나은 사람이 되기 위해 노력하고 자신의 변화를 알아차리며 결국 목표한 것을 하나씩 이루어 갔던 그 모든 아이는 나에게 큰 감동으로 다가왔다. 간절한 마음으로 정성을 다하고 공을 들일수록 아이들은 성장해 갔다. 그리고 성장을 느낄수록 나에게 감사함을 표현하며 사랑과 감동을 전해주었다. 아이들을 향한 공들임, 그것은 결국 나를 아름답게 하는 공들임이었다. 존재를 아름답게 바라보고 아름다움을 발견하며 아름답게 닦아가는 일, 그것이 나의 공들임이다.

### 관계 이해: 함께 나누며 배우는 우리

우리는 홀로 살아갈 수 없다. 주변 사람과 상황, 사물과 끊임없이 관계를 맺으며 살아간다. 아이들 역시 태어나면서부터 관계 속에서 살아가고 있고 앞으로도 함께 살아갈 것이다. 학교와 사회에서는 익숙하지 않은 타인을 만난다. 나와 타인은 살아온 생활 방식과 가족의 문화나 추구하는 가치가 다르다. 게다가 타인이 지금까지 살아온 삶의 역사를 전부 알 수 없다. 그래서 자기가 살아온 방식으로 다른 사람을 이해하려 하면 갈등이나 소통 오류가 생기는 것이다. 내 속에 자리 잡은 차별과 편견, 그리고 존재와 존재 사이에 작용하는 역동을 이해하면 상호 존중과 신뢰가 자리할 것이다. 결국 관계를 이해하는 것 또한 내 마음의 폭과 깊이를 넓혀 타인을 알아차리는 과정이다.

학교에서 친구는 함께 나누며 배우는 존재이다. 친구의 이야기는 나의 이야기이기도 하고 우리가 만들어가는 수필이기도 하다. 각자의 생각을 나누며 다름을 인정하고 이미 알고 있는 것과의 차이를 메워 나간다. 그래서 함께하는 배움은 더 견고하다. 나는 우리 반 학생들에게 다음과 같이 자주 말하며 서로의 존재와 가치를 느끼도록 하고 있다.

> "네가 지금, 이 순간 함께여서, 너의 배움을 나누어 주어서 고마워. 그리고 나의 배움에 귀 기울여주어 고마워."

서로 존중하고 신뢰하는 관계를 형성하기 위해서는 '관계'를 배워야 한다. 의사소통 기술을 배우거나 말을 어떻게 할지에 관한 공부가 필요하다. 그래서 긍정적 관계 형성 교육을 연중 필요한 시기에 수시로 한다. 대표적으로 〈서로 연결되는 말 공부〉라는 주제로 말의 영향력에 대해 알아본다. 〈멋지게 화내기〉, 〈내 마음의 색안경〉 주제로 남 탓하지 않고 욕구와 감정을 말하는 연습, 내 마음속에 자리한 차별과 편견을 깨닫고, 있는 모습 그대로 존중하는 활동 등을 적절한 시기와 수준에 맞는 방법으로 가르친다. 이러한 활동으로 아이들이 다른 사람을 보는 시야가 확장되고 관계를 이해하는 폭이 넓어지길 기대하였다. 실제로 아이들 간의 관계 문제가 조금씩 줄어드는 것을 체감할 수 있었다.

아이들은 교사의 이야기보다 친구들의 이야기에 더 관심을 보인다. 또 친구들이 쓴 글도 많이 궁금해하고 보고 싶어 한다. 그래서 아이들 간의 공유와 공감의 기회를 수업에 많이 디자인한다. 서로의 글과 말에 대한 긍정적인 피드백은 자긍심도 생기지만 긍정적인 관계 맺음에 도움이 된다. 금방 실체가 사라지는 말보다는 그 실체가 오래 남는 글이 더 효과적이라 자주 글을 통해 생각과 마음을 전달하도록 하였다.

〈감정 계좌 쌓기〉라는 주제로 친구들과 쓴 글을 돌려 보고 서로에게 칭찬과 격려의 말을 쓰도록 하여 좋은 감정들을 쌓아가는 활동을 하였다. 좋은 관계 형성을 위하여 긍정의 감정 계좌를 자주, 많이 쌓아야 한다. 더불어 친구가 쓴 칭찬의 글을 받고 기뻐하는 아이들에게 글자 속에 깃든 글 쓴 사람의 정성까지 생각해 보라고 한다.

"여러분의 글을 읽고, 친구는 받는 사람의 마음을 생각하고 고민하여 답글을 썼을 겁니다. 메시지를 받은 친구의 표정과 기분까지도 생각했을 거예요. 그러한 과정이 바로 정성이랍니다. 한 글자 한 글자 속에 담긴 친구의 정성도 느껴 보세요."

글의 내용뿐만 아니라 그 정성까지도 읽으면 더 행복해지기 때문이다. 의미뿐만 아니라 가치까지도 읽는 것이다. 나의 배움을 위해 자신의 이야기를 들려주고, 나에게 메시지를 써주며 배움의 이 순간을 함께한 서로에게 감사의 마음을 가질 수 있도록 하는 것은 좋은 관계를 형성하는 데 많은 도움이 되었다. 좋은 관계는 다름을 이해하고 서로 격려하며 칭찬과 인정이 있는 상호작용에서 생겨나는 것이다. 이렇게 또래 관계가 좋아지니 반 분위기도 덩달아 좋아졌다.

〈너와 나의 보석, 미덕〉이라는 주제로 아이들과 친구의 미덕을 찾아주는 활동을 하였다. 서로의 장점, 미덕을 찾는 일은 미덕을 발견하는 눈이 있어야 가능하다. 그래서 먼저 미덕에는 어떤 것이 있으며, 미덕들이 드러나는 어떤 모습으로 드러나는지 알아보았다. 자기의 강점 미덕과 약점 미덕을 찾아보며 스스로 더 나은 모습을 위한 실천 목표를 세웠다. 친구들의 미덕을 찾아주는 활동을 하기 전에 아이들에게 이렇게 말해주었다.

"우리는 모두 보석같이 빛나는 미덕을 하나 이상씩 가지고 있어요. 지난 시간에 내가 나의 미덕을 찾아보았는데, 오늘은 친구의 미덕을 찾아볼 겁니다. 내가 생각하지 못한 나의 미덕을 친구가 발견할 수도 있어요. 미덕을 찾아준 친구는 그 미덕을 볼 수 있는 눈을 가진 친구랍니다. 친구의 자리를 돌아다니며 그 친구의 빛나는 미덕을 하나씩 찾아주세요. 1분 후 종이 울리면 다른 친구의 자리로 이동하겠습니다. 글을 쓸 때는 읽는 친구의 마음을 생각하며 정성을 담아 구체적으로 써주세요."

잔잔한 음악을 틀어 분위기를 차분하게 하였으며, 아이들이 여유를 가지고 친구에 대해 충분히 생각할 수 있는 시간을 주었다. 진지하게 집중하여 쓰는 모습이 기특하고 고마웠다. 친구를 떠올리며 고민하는 이 순간만큼은 모두가 귀하고 소중한 사람이 되었다. 다 쓰고 난 뒤 자신의 자리로 돌아가서 친구들이 찾아준 미덕을 확인하였다. 다들 얼른 보고 싶어 안달이 난 모습이었다. 그렇지만 막상 펼쳐보면 감정이 상하는 경우가 더러 있다. 같은 의미라도 서로의 표현 방식이 다르기 때문이다. 이 부분을 충분히 이해할 수 있도록 안내해야 한다. 나는 종이를 보기 전 다음과 같은 말을 들려주었다.

"선생님은 여러분이 활동하는 동안 한 명 한 명을 유심히 보았어요. 단 한 명도 장난으로 대충 하는 친구 없이 모두가 진지하였고 성의껏 친구의 미덕을 찾아 썼답니다. 그런데 생각한 대로 글을 잘 쓰는 친구가 있지만, 생각과 달리 글로 표현이 어려운 친구도 있어요. 또 서로의 표현 방식이 달라 받아들이는 친구에게 오해가 되기도 한답니다. 그렇지만 모두가 최선을 다하여 나를 생각하고 고민하여 미덕을 찾아주었다는 것만큼은 기억했으면 좋겠습니다."

이렇게 이야기해 주고 종이를 보게 하면 오해로 인한 갈등이 줄어들고, 아이들도 서로가 다르다는 것을 더 잘 이해하기도 하였다. 친구들이 쓴 미덕을 보고 난 뒤, 느낀 점을 쓰도록 하였다. 나에게 숨겨진 미덕이 있어서 놀랐다는 친구, 미덕을 볼 줄 아는 친구들이 훌륭하다는 친구, 친구에게 어떤 보석이 있을지 궁금하다는 친구, 내가 정성껏 한 것이 나에게 다시 돌아온다는 것을 알게 되었다는 친구, 나를 용기 있게 봐주어서 고맙다는 친구 등이 있었다. 나는 이 활동을 통해 아이들이 자신에게 있는 미덕을 알게 되는 것뿐만 아니라 여러 미덕을 발견하는 눈을 가졌으면 했다. 나아가 다른 사람을 긍정적인 시선으로 바라보며, 우리는 모두 빛나는 미덕을 지닌 '소중한 존재'라는 것을 알게 되었길 바랐다.

오늘 1교시 도덕 시간에 나의 강점도, 약점도 모두 아름다운 보석이라는 것을 알게 되었다. 난 그렇게 엄청 좋은 사람은 아니다. 그냥 좋은 도우미? 난 그냥 평범하다. 그런데 숨겨진 미덕이 있어서 놀랐다.

'난 미덕이 왜 많지?'라고 생각했다.

　나의 약점도 노력하고 반성하고 있다. 난 친구들이 훌륭하다고 생각했다. 왜냐하면 미덕을 볼 줄 알고 미덕이 많이 있었다. 나도 훌륭하지만, 이 친구들을 소중히 여기고 고맙다고 말하고 싶다. 또 나는 다른 미덕을 찾고 빛내기 위해 노력할 것이다.

> 　오늘은 너무나도 행복한 1교시이다. 기분도 좋고 친구들이 나를 용기 있게 봐줘서 너무나도 고맙고 감사하다고 생각했다. 나도 친구들에게 용기, 예의, 배려, 감사 등등을 적었지만 내가 정성껏 한 것은 나에게 돌아온다는 것을 너무나도 잘 알게 되었다. 이 놀이를 매일 매일 하고 싶다. 다음에도 또 해서 더 길고 정성껏 써주고 싶다. 친구들아, 항상 고마워!^^
>
> - 활동 후 학생들의 소감 글 -

　아이들은 내가 생각한 것보다 훨씬 더 따뜻하고 사랑스러운 마음을 지녔다. 편견을 가진 어른의 시선으로 바라보면 그 마음을 알기 어렵다. 친구의 좋은 면을 바라볼 줄 알았고, 좋은 이야기를 들으면 고마워할 줄 알았다.

　학급에서는 여러 갈등이 발생한다. 서로 다른 사람이 함께 생활하며 살아간 곳에는 갈등이나 문제가 언제 어디서나 생길 수 있다. 학교도 마찬가지이다. 학교에서 친구는 함께 나누며 배우는 존재이다. 관계도 갈등과 문제의 상황을 헤쳐 나가며 함께 배워 간다. 아이들 모두 커가는 한 과정이고, 직접 경험하며 성장할 것이다. 나는 아이들이 만나는 문제 상황을 '가르치기 좋은 때'라고 생각한다. 모둠활동에서 친구와 의견이 맞지 않아 토라져 "나 안 해."하는 아이가 있다면 그 모둠에 다가가 서로 입장을 이야기 나누고 함께 할 수 있는 방법을 찾아본다. 처음 계획한 모둠활동은 어려울 수 있다. 그렇지만 오늘의 경험을 토대로 다음 모둠활동은 더 잘 이루어질 것이다. 학습 목표와 결과물에 연연하면 문제 상황이 불편하다. 그렇지만 모둠활동이 가지는 의미를 더 크고 넓게 가진다면 문제 상황을 통한 아이들의 성장이 눈에 들어온다. 갈등을 의연하게 바라보면 관계를 가르칠 수 있을 것이다.

아이들의 갈등을 성장의 과정으로 생각하고 믿고 기다리려는 나의 공들임은 아이들이 더 넓은 사회적 관계를 맺길 바라는 마음에서 비롯되었다. 나의 마음이 아이들에게 닿아 나 역시 아이들과 함께 나누며 배우는 '우리'가 될 수 있었다. 서로의 공들임으로 감동의 물결을 만들고 나아가 우리라는 행복한 바다를 이루길 바란다.

### 도전: 세상에 날개를 펼치는 용기

아이들은 가늠해 볼 수 없는 미래를 살아갈 사람이다. 무한한 가능성과 잠재력을 지니고 있으며 미래의 세상을 바꾸고 변화시키는 주역이다. 아이들은 태어날 때부터 세상을 요리조리 살피고 만지며 느끼면서 마주하는 상황을 자신만의 방식으로 해석하고 적응한다. 나아가 자신만의 세상을 창조하기도 한다. 우리의 성장은 도전으로 시작되고, 도전으로 이루어 가는 과정이다. 한층 더 높은 곳으로 도전하는 사람은 새로운 의견을 생각해 내면서도 서로가 다르다는 것을 인정한다. 익숙함을 거슬러 새로운 것을 시도하며, 창의적이고 유연한 생각으로 세상을 변화·발전하게 한다. 또 본질이 다른 존재와 함께하는 삶 속에서 차이를 인정하되 차별하지 않고 수용하며, 누군가와 다른 '나'를 세상에 드러낼 수 있다. 즉, 도전은 다양함을 수용하여 새로운 길을 가려는 부드러움과 강함이며, 세상에 날개를 펼치는 용기이다.

마을은 친구처럼 늘 만나고 함께 살아가는 나의 일상적인 터전이지만, 세상은 일상을 벗어난 물리적, 시간적 공간이며, 아직 가보지 못한 미지를 품고 있다. 아이들이 용기를 가지고 자기 삶을 창조하며 지금도 미래에도 주인으로 살아가길 바라는 마음을 담아 교육과정을 재구성하여 수업을 준비하였다. 내가 삶의 주인공임을 인식하고 더 나은 나, 그리고 더 나은 미래를 위해서 어떤 마음가짐과 태도를 지녀야 하는지 아이들과 함께 이야기하고 싶었다. 〈성장 마인드셋〉이라는 주제로 성공과 실패를 바라보는 관점을 알아보며 배움과 성장에 격려하고 응원하는 활동을 하였다. 성장 마인드셋은 스탠퍼드 대학 캐럴 드웰 교수의 이론이며, 그의 저서 『마인드셋』[1]의 내용을 바탕으로 아이들과 성공한 사람들이 가졌던 마음가짐과 삶의 태도에 관하여 이야기

---

[1] 스탠퍼드 인간 성장 프로젝트 마인드셋. 캐럴 드웰, 김준수 역. 스몰빅라이프. 2017.

나누었다. 성장 마인드셋을 가지는 방법을 활동으로 구성하여 학급 친구들과 함께 연습의 시간을 가졌다. 활동을 통해 서로의 변화·발전을 격려하는 학급 분위기가 조성되고, 아이들이 꿈꾸는 미래가 실현 가능하다는 희망을 가슴에 품기를 기대하였다.

하루는 온작품읽기『스파이더맨 지퍼』[2] 후속 활동으로 유휴 교실 하나에 거미줄 교실을 만들었다. 교실 전체에 털실을 지그재그로 붙이고 소리가 나는 작은 방울을 달았다. 한 영화에서 레이저 미로를 건들지 않고 탈출하는 것처럼 털실로 만든 거미줄을 건들지 않고 요리조리 피해서 원 마커의 숫자를 순서대로 터치해야 했다. 칠판 한가운데에 『스파이더맨 지퍼』속 주요 문장을 크게 인쇄하여 붙여 두었다.

> " 도망치지 말고 그래! 해보는 거야! "

아이들뿐만 아니라 나에게도 필요한 말이다. 살다 보면 이 교실처럼 거미줄을 만날 때가 많다. 아무런 진동 없이 슬쩍, 쉽게, 가뿐하게 넘기도 하지만 어떤 때는 심한 진동과 줄에 달린 구슬에서 소리 나듯이 요란한 소리를 내며 넘어가야 할 때도 있다. 도망치지 말고 해보자는 마음만 있다면 그래도 넘을 수 있다. 그래서 오늘은 거미줄을 건들어도 되고 작은 방울에 소리가 나도 된다고 하였다.

---

[2] 스파이더맨 지퍼. 김점선. 가문비어린이. 2019.

"오늘은 우리가 살다가 거미줄 같은 난관을 만난 그 순간이라고 생각하고 한번 지나가 보아요. 흔들려도, 건드려도, 소리가 나도 괜찮아요. 끊어져도 괜찮아요. 다시 이으면 되니까요. 숫자를 하나하나 짚으면 우리는 하나하나 이루어 가는 거랍니다."

아이들은 모두 진지하게 참여하였다. 거미줄을 건들이거나 끊어져도 좋다고 했지만, 누구도 일부러 그렇게 하지는 않았다. 시간이 갈수록 힘이 들어도 집중하는 모습을 보여주었다. 조심조심, 살금살금, 숫자를 하나씩 터치할 때마다 아이들은 더욱 특별한 힘을 얻게 되는 것 같았다. 앉아서 친구들의 활동을 보며 기다리는 아이들의 표정을 둘러보았다. 친구의 괴상한 몸짓에 웃음을 참지 못하는 아이, 마치 자기가 체험하는 듯 감정 이입하여 들썩이는 아이, 나라면 어떻게 할지 전략을 짜는 아이들이 있었다. 아이들이 몰입하는 순간은 교사로서 희열과 보람을 가져다주었다. 체험을 다 하고 난 뒤, 아이들과 둘러앉아 소감을 이야기하는 시간을 가졌다.

"정말 어려웠어요. 그렇지만 정말 재미있었어요."
"마치 진짜라고 생각하고 하니깐 떨리고 긴장되었어요."
"거미줄을 건들고 방울이 울려도 끝까지 포기하지 않으니 성공할 수 있었어요. 다음에는 거미줄 안 건들고 해보고 싶어요"
"저는 바닥에 누워서 기어 다니면 쉬운 줄 알았는데 힘들었어요."
"저는 오늘 끝까지 다 못했어요. 조금 속상해서 또 해볼 거예요."

아이들의 다양한 이야기를 듣고 나니 하나의 활동이지만 풀어가는 방식이 아이마다 다양하다는 생각이 들었다. 그 다양함을 인정하고 격려하는 것, 그리고 새로움을 창조하고 있는 자신을 발견하고 변화시켜 나가는 것이 세상에 날개를 펼치는 용기이지 않을까 싶다. 이렇게 나는 아이들이 부드러움과 강함으로 세상에 제 뜻을 펼쳐 가길 바라는 마음을 담아 공들여 갔다.

"어렵고 힘든 일이 생겼을 때 오늘, 이 순간을 잘 기억하여 처음 머뭇거렸던 마음을 다독이고 용기 내어 본다면 극복할 수 있는 강한 에너지가 생길 거예요. 다 같이 외쳐 봐요. 도망치지 말고 그래! 해보는 거야!"

교사는 아이들과 함께 배우고 성장한다. 나 역시 지나온 교사의 삶만큼 배우고 성장해 왔다. 오늘 다르고 내일 다른 아이들을 만나면서 놀라고 기쁘고 감동하고 좌절하며 또 울고 웃으며 어제와 다른 내가 되어가고 있다. 아이들을 위한 공들임은 결국 나에게 세상에 날개를 펼치고 날아갈 용기를 주었다. 공들임은 나의 날개가 되었고, 이제 나는 언제든지 새로움을 만날 준비가 되어 있다.

## 철학과 성장

'철학한다'는 것은 바라보는 것이다. 내가 행한 수업을 살펴보는 일, 그렇게 행동한 까닭을 들여다보는 일, 결국 어디로 나아가려 했는지, 어떤 세상을 꿈꾸는지 바라보는 일이다. 그렇게 바라보면 숨길 수 없는 내가 드러난다. 내가 지향한 마음과 실천들이 의미와 가치를 가지면 아름다운 나를 발견하고, 그 영향으로 아름다워진 세상이 드러난다. 아름다워진 우리의 영향으로 다시 내가 아름다워질 수 있다. 철학은 그렇게 나와 세상을 연결하고 더불어 성장하게 한다.

교사로서 철학을 밝힌다는 것은 교육의 길을 환하게 밝히는 것이며, 수업을 다채롭게 하는 것이었다. '공들임'이라는 철학으로 바라보니 이전에 무심이 넘겼던 교사의 언어와 몸짓, 아이들의 감정과 반응들이 더욱 특별하고 의미 있게 다가왔다. 그냥 지나쳤던 단순한 과거가 빛나는 현실이 되어 돌아왔다.

철학으로 수업을 해석하는 과정에서 우리들의 성장이 나와 우리가 수업으로 연결되어 만든 결실임을 알게 되었다. 습관을 다듬는 수업은 지우(가명)에게 이전과 다른 오늘을 만들어 주었다.

3학년이던 지우는 몇 년이 지난 지금도 기억에 많이 남는 학생이다. 지우는 생각이 깊고 넓었다. 지우가 쓴 글에는 3학년 같지 않은 생각과 표현들이 담겨있었다. 가르쳐 주면, 진심으로 받아들이고, 해보려고 노력하는 모습을 보여주었다. 처음에는 교사인 나에게 선뜻 다가오지 못했지만 늘 예의 바른 말과 행동을 보여주었다. 그런 지우는 가끔 결석하였다. 등교하려고 가방을 메고 나섰으나 다시 집으로 돌아간 적도 있었다. 의지와는 달리 몸이 잘 움직여지지 않아 지우도 답답하고 속상하다고 하였다. 먼저 지우에게 내가 편안히 대화할 수 있는 사람이 될 때까지 기다렸다. 일기나 글에서도 마치 대화하듯이 정성을 다하여 답글을 달아주었고 '언제나 곁에서 너의 이야기를 들을 준비가 되어 있어.'라는 메시지를 전해주었다. 차츰 고민이나 걱정을 일기에 솔직하게 쓰게 되었고 나에게 다가와서 질문하거나 속상한 일을 이야기하였다. 지우가 큰 용기를 내어 한 발짝씩 다가올수록 지우를 칭찬하고 응원하는 마음을 담아 더욱 귀 기울이고 함께 고민해 주었다.

어느 날 지우가 쓴 일기가 나에게 감동으로 다가왔다.

---

**12월 14일 수요일**

요새 나에게 변화가 일어났나 보다. 오늘 아침에 20분이나 늦잠을 잤다. 평소에는 똑같이 씻고, 머리 말리고 옷 결정, 양치, 밥 먹기, 가방 체크 등 일을 하는데. 시간이 부족했다.

그런데 오늘은 10분이나 더 남았다. 나는 너무 놀라고 기뻤다. 등교 시간 20분을 지키려고 항상 애썼는데 드디어 되었다. 너무 뿌듯했다. 습관이 되어 몸에 익어 빨리빨리 되나 보다.

(선생님) 지우에게는 좋은 변화를 발견하는 특별한 눈이 있는 것 같아요^^ 지우의 변화에 선생님도 함께 기쁘네요. 그리고 지우가 노력한 결과라서 더 감동이에요.

- 지우의 일기 -

지우에게서 밝은 희망을 발견하였다. 지우 덕분에 아이들을 더 믿고 지지하며, 있는 그대로의 모습을 아름답게 바라볼 수 있었다. 학생들의 작은 변화는 나에게 큰 힘으로 돌아왔다. 나의 노력이 헛되지 않았음을, 나의 공들임이 누군가의 성장을 돕고 있음을 확인할 수 있었다. 이전에 보지 못한 빛나는 보석을 하나씩 발견할 때마다 나도 '빛나는 나'를 만났다. "저는 선생님 같은 사람이 되고 싶어요."라는 아이의 말에는 존재와 존재로서 서로를 인정하고 존중하는 마음을 느낄 수 있었다. 그렇게 나는 아름다운 사람이 되었고 아이들도 아름다운 사람이 되었다.

아이들의 무한한 가능성을 믿고 아름답게 바라보는 공들임의 마음은 나의 여러 수업에 담겨있었다. 그동안 공들임으로 쌓아왔던 수업을 모으니 나만의 교육과정이 만들어졌다. 여기저기 흩어져 있던 수업들이 '공들임'이라는 교육철학 아래 빛나는 가치를 가지게 된 것이다. 각자의 개성과 반응에 관심을 가지고 성장과 발전을 발견하는 다정한 시선, 스스로 존재 그 자체의 가치를 알게 하는 질문, 더 넓은 사회적 관계를 맺도록 도와주는 안내, 세상에 제 뜻을 펼쳐 갈 수 있는 용기를 주는 격려와 응원이 '공들임'으로 쌓아가는 수업으로 교사교육과정에 담기게 되었다. 교육철학을 밝히고 교사교육과정을 정리하고 나니 교사로서 더욱 당당해지고 자신감이 생기는 기분이 들었다. 넘쳐나는 좋은 수업자료, 화려한 교육 기술에 흔들리지 않고 교육의 본질에, 사람의 존재에 다가갈 수 있었다. 교육철학으로 나의 수업은 세상에 중심을 잡고 바로 섰으며, 나의 교실은 활력이 넘치며 밝아졌다.

교육은 교사, 학생, 학부모, 동료 선생님들, 학교가 서로 영향을 주고받으며 이루어진다. 그래서 내가 발견한 교육철학은 나만의 것에서 그치는 것이 아니라 관계하는 것들과 함께 어우러져 다채로운 빛깔을 가질 수 있었다.

교사의 철학은, 철학을 담은 수업은 나와 세상을 바꾸는 근원적인 힘이다. 교육이 사람을 성장하게 하고 세상을 변화시키는 근본이라면 철학을 통하여 더 아름다운 나, 가치 있는 세상을 꿈꾸고 만들어갈 수 있다. 교육철학을 밝히고 교사교육과정을 세우는 일은 수많은 나무와 풀들이 있는 수풀 속에서 단단한 나무 한 그루를 세우는 일과 같다. 교육철학으로 수업의 뿌리는 깊고, 배움의 줄기는 풍성할 것이다. 불시에 불어오는 세찬 바람에도 나의 공들임은, 나의 수업은 유연할 것이라 믿는다.

"우리가 헤어질 때 이전에 못 하던 것 하나 할 수 있게 된다면 좋겠어. 함께 있는 동안 실컷 시도해 보고 많이 연습해 보렴."

아이들에게 해준 말을 나에게도 해본다.

"우리가 헤어질 때 이전에 보지 못한 보석 하나씩 발견한다면 충분해. 함께 있는 동안 실컷 공들이고 많이 사랑하자."

# 생생한 관계를 잇는 '놀이'

김해봉황초등학교 김미현

## 교사의 철학

**놀이와 만나다**

학교가 문을 닫았다. 2020년 코로나가 시작될 무렵, '이러다 곧 괜찮아지겠지' 하던 생각이 무색하게도 확진자는 걷잡을 수 없이 늘어났고 우리 모두 불안과 혼란에 빠졌다. 보이지 않는 적, 감염병과 싸우면서도 우리의 교육은 멈출 수 없었다. 이 위기의 상황 속에서도 선생님들은 각자의 자리에서 고군분투했다. 온라인 수업으로 학습을 어떻게 지속할지 끊임없이 고민하며, 직접 영상을 제작하고 학습 꾸러미를 만들어 보냈다. 또한, 아이들이 온라인 수업에 제대로 참여하는지 매일 출결을 확인하며 세심하게 살피는 것도 놓치지 않았다. 단순히 학습을 이어가는 것을 넘어, 온라인이라는 물리적 제약에도 불구하고 학생들과 신뢰 관계를 형성하기 위해 애썼다. 아이들에게 위로와 응원을 전달하기 위해 선생님들이 직접 노래를 부르는 특별한 영상을 제작하기도 했다. 그런 모습을 보며 내가 그동안 놓쳤던 것이 보였다. 집에서 홀로 시간을 보내며 또래 관계를 박탈당하고 답답함과 외로움에 사로잡힌 아이들이 비로소 보였다. 학교가 닫히니 아이들의 사회적 관계와 경험의 장이 얼마나 크게 단절되었는지를 알게 된 것이다. 학교는 아이들이 살아가는 사회이자 그들의 세상이었다.

학교에서 경험하는 관계의 가치를 새롭게 알아가던 중 '놀이'를 만났다. 전입한 학교에서였다. 이곳은 첫 만남부터 나에게 특별함으로 다가왔다. 새 학년 맞이 워크숍은 딱딱한 회의나 강의가 아닌, 자유롭게 돌아다니며 서로 질문하고 알아가는 놀이 활동으로 시작했다. 만나서 어울리다 보니 선생님들의 표정은 한결 밝아졌고, 서로가 한껏 가까워진 것을 느낄 수 있었다. 그리고 새 학기에 아이들과 함께 할 수 있는 놀이 연수도 이루어졌다. 옆 반 선생님은 틈틈이 아이들에게 놀이의 기회를 주었고, 점심시간에는 다른 반과 축구 경기도 열며 모두가 어울릴 수 있는 장을 마련하기도 했다. 이런 문화가 꽤 낯설었다. 각자의 교실과 자리에서만 머물던 기존의 학교 모습과는 달리 이곳은 모든 구성원이 유기적으로 어울리고 섞이는 살아있는 학교 그 자체였다. 어색한 첫 만남의 순간은 지나고, 어느 순간부터 그곳의 활기차고 따뜻한 문화와 분위기가 나에게 스며들었다. 그렇게 놀이를 만났다.

### 아이들은 놀아야 한다

'놀이<sup>Play</sup>'는 라틴어 '플라가<sup>Plaga</sup>', 즉 '갈증'을 의미하는 단어에서 유래했다. 목마른 사람이 본능적으로 물을 찾아 헤매듯이, 놀이 역시 인간이라면 자연스럽게 갈구하는 행동이라는 의미를 내포하고 있다. 네덜란드의 문화 사학자 요한 하위징아<sup>Johan Huizinga</sup> 역시 그의 저서 『호모 루덴스<sup>Homo Ludens</sup>』[3]에서 인간을 '호모 루덴스(놀이하는 인간)'로 규정해야 인류 문명을 더욱 명료하게 인식할 수 있다고 주장한다. 즉, 인간의 중요한 '본질'이자 '욕구'가 놀이에 있음을 말하는 것이다.

이러한 관점에서 볼 때, 아이들에게 놀이는 단순한 유희를 넘어선 '욕구'이자 '본능' 그 자체이다. 이런 자연스러운 본능은 신체, 인지, 정서, 사회성 등 전인 발달에 영향을 주며 건강하게 성장할 수 있도록 돕는다. 놀이가 유용하다는 것은 과학적으로도 입증되고 있다. 동물 놀이 행동 분야의 전문가 밥 페이건<sup>Bob Fagen</sup>은 동물의 놀이 행동을 분석한 결과 놀이를 활발히 하는 개체일수록 생존율이 높다는 사실을 밝혀냈다. 이는 놀이가 생존에 필요한 기술 습득에 기여하는 중요한 수단임을 시사한다.

안타깝게도 우리의 현실은 아이들에게 놀이를 통한 성장 기회를 충분히 보장해 주지 못하고 있다. 치열한 경쟁과 성과 중심의 교육 환경에 밀려 아이들은 마땅히 누려야 할 놀이의 시간을 빼앗기고 있다. 2022년 화제를 모았던 드라마 '이상한 변호사 우영우'에 '어린이 해방'

---

[3] 호모 루덴스-놀이하는 인간. 하위징아, 이종인 역. 연암서가. 2018.

을 주장하는 어른이 피고인으로 등장하는 에피소드가 있다. 작중 인물은 '어린이 해방 선언문'을 통하여 '어린이는 지금 당장 놀아야 한다.'라고 외치고 있다. 지금 현실을 고스란히 보여주는 장면이다. 그 역시 어린이들이 지나친 학습과 부모의 간섭에서 해방되어 맘껏 놀아야 건강하게 자랄 수 있다고 강조하는 것이다. 어린 시절 골목 곳곳에서 들리던 "얘들아, 놀자."라는 정겨운 외침은 사라진 지 오래다. 이렇게 아이들은 놀이를 잃어버렸다. 놀이를 찾아주려는 시도도 쉽지 않았다. 코로나를 겪으며 축소되었던 중간 놀이 시간은 안전사고 우려, 빠듯한 교과 진도, 부족한 공간 등의 이유로 이전으로 돌아가지 못하는 경우가 많았다. 놀이는 학교에서도 설 자리가 없었다. 우리는 아이들의 당연한 갈증을 해소해 주지 못하고 있는 셈이다.

그저 책상에 가만히 앉아 공부하는 것만으로는 아이들의 전인적 성장을, 특히 사회적 발달을 촉진하지 못한다. 본능을 억누르고 공부에만 매달리다가 어쩌다 한 번, 밀린 숙제를 해치우듯 즐기는 삶은 진정한 풍요로움으로 이어지기 어렵다. 아이들의 발달 과정에서 그들이 가진 욕구는 어른들의 욕구와는 본질적으로 다르다. 스튜어트 브라운 Stuart Brown 은 그의 저서『놀이, 즐거움의 발견』[4]에서 이러한 차이를 뇌 발달의 관점에서 설명한다. 그는 아동기의 뇌는 빠르게 성장하고 신경 연결이 활발히 형성되기 때문에, 놀이가 뇌 발달에 필수적이라고 말한다. 반면, 성인의 뇌는 더 이상 빠르게 변화하지 않기에 놀이에 대한

---

4) 놀이, 즐거움의 발견. 스튜어트 브라운, 윤철희 역. 연암서가. 2021.

욕구도 상대적으로 줄어든다고 한다. 결국 아이들의 놀이 욕구는 단순한 즐거움이 아니라, 발달을 이끄는 본능적 필요인 것이다.

어른들은 아이들에게 안전하고 안정된 환경을 만들어 주고 싶어 하지만, 아이들은 자유롭게 상상하고 모험을 즐기며 호기심을 충족하려고 한다. 놀이 속에서 아이들은 온몸으로 세상을 만나며 새로운 영감을 얻는다. 바람에 흔들리는 나무가 더욱 튼튼해지듯, 아이들은 놀이 속에서 좌절과 실패, 실수에 노출되고 이를 통해 갈등에 대처하는 방법, 그리고 자신을 보듬고 일어서는 법을 배운다. 아이들에게 놀이는 단순한 즐거움을 넘어, 배움이자 곧 삶 그 자체인 것이다.

## 철학으로 바라보는 수업

'금강산도 식후경'이라 했다. 배가 고프면 아름다움도 즐길 수 없다. 기본적인 삶의 조건이 충족되어야 의미 있는 삶을 살 수 있다는 말이다. 아이들에게 놀이는 본능적 욕구이자, 그 자체로 거부할 수 없는 즐거움이다. 다른 아이들과 함께 온몸을 부딪치며 놀면서 나와 너를 연결하고 공감하고 소통하는 방법을 배운다. 그렇게 만들어 가는 나와 세상의 건강한 관계 속에 행복이 존재한다.

나는 나와 아이들 사이에 건강한 관계를 세우는 일, '환대'의 마음을 내는 것으로 일 년을 시작한다. 나의 욕구가 아닌 아이들의 욕구에 귀 기울이고 그들을 있는 그대로 존중하며 날마다 환하게 맞이한다. '놀이 활동'은 단순한 수업 기법이 아니라 내가 아이들을 환대하는 방식이며, 나의 철학과 앎이 삶 속에서 실천으로 이어지는 순간이다.

아이들에게 놀이란 새로운 세상으로 나아가는 문이자 '도전'의 발판이다. 그들은 놀이를 통해 세상을 탐색하고 자신을 표현하며, 실패를 두려워하지 않고 끊임없이 성장하는 법을 배우게 된다. 학교는 놀이와 만나는 공간이며, 배움과 존재가 만나는 장소이다. 그 속에서 수업은 나의 교육 철학을 구체적인 교육과정으로 계획하고 실천하는 것이자, 아이들과 함께 끊임없이 성찰하는 과정이다. 이것이 내가 바라보는 철학으로서의 수업이다.

### 교사의 철학으로 바라본 수업 개요

**생생한 관계를 잇는 '놀이'**

| 황금의 3월을 잡아라<br>(환대, 소속감) | 몸과 마음이 자라는<br>놀이 활동<br>(참여, 즐거움, 몰입) | 우리 반이 하나 되는<br>학급 도전 활동<br>(협력, 기여, 소속감) |
|---|---|---|
| 학기 초 '우리'를 만드는<br>관계 맺음의 시간 | 머리가 아닌 온몸으로<br>즐겁게 세상을 만나는 시간 | 작은 노력들이 모여<br>행복을 만들어가는 시간 |

### 놀이로 관계를 열다

3월 첫날, 교실로 들어오는 학생들의 얼굴에는 새로운 시작에 대한 기대와 설렘이 가득하지만, 동시에 낯선 환경에 대한 걱정과 긴장이 함께 비친다. 이 다양한 마음들이 만나 비로소 한 해의 첫 이야기가 시작된다. 성공적인 한 해를 위해서는 무엇보다 우리라는 공동체의 의미를 견고하게 다지는 것이 중요하다. 건강한 관계 맺음에 실패하거나 공동체의 의미를 제대로 구성하지 못할 때, 갈등이나 학교 폭력, 나아가 학급 붕괴와 같은 문제가 발생할 수 있기 때문이다. 그렇기에 3월은 한 해의 분위기를 결정짓는 매우 중요한 시기이다. 그래서 이 기간을 '황금의 3월을 잡아라'라는 이름으로 부르며 학기 초 적응을 위한 시간을 별도로 가진다. 이 과정에서 아이들은 자신을 이해하고 서로를 알아가며 우리의 의미를 찾아가기 시작한다. 동시에 교사인 나는 우리 반이 어떤 모습으로 함께 살아가길 바라는지에 대한 기대와 아이들이 행복하게 성장하길 바라는 마음을 담아 교육의 방향을 그려간다.

우리 반의 첫 만남을 위해서 물리적인 교실의 공간부터 채워나간다. 책상은 서로 마주 볼 수 있도록 'ㄷ'자 모양으로 만들고 교실 한가운데는 센터피스를 놓아둔다. 교실로 들어오는 학생들은 책상이 놓인 모습과 아기자기한 인형, 따뜻한 촛불을 보며 호기심 어린 눈과 기대 가득한 눈을 반짝인다.

식탁 중앙의 장식물처럼, 이 센터피스는 아이들의 시선을 한곳으로 모으고 마음을 열고 대화할 수 있는 분위기를 조성하는 역할을 한다. 또한, 공동체의 소중한 가치를 상징하는 매개물이 되어 우리 반의 지향점을 공유한다. 올해는 1학년인 학생들 눈높이에 맞도록 하트 인형과 촛불을 놓아두었다. 존중과 사랑으로 가득한 우리 반을 만들어 보자는 의미이다. 칠판을 보며 일렬로 앉는 배치보다는 'ㄷ'자 대형을 선호하는 이유는 모두가 서로를 볼 수 있는 구조이기 때문이다. 이러한 배치는 아이들이 친구의 말과 표정이나 몸짓과 같은 비언어적 표현까지 함께 듣고 느끼며 소통하게 한다. 서로에게 더 큰 관심을 기울이고 수업에 책임감을 느끼며 참여하도록 돕는다. 때로는 "늘 일찍 오던 친구가 왜 아직 안 왔을까요?"와 같은 대화로 아침을 시작하며 자연스럽게 관계의 끈을 이어가기도 한다.

어떤 반은 규칙을 강조하고, 어떤 반은 학급 이름을 함께 만드는 등 각자의 방식으로 이 황금의 3월을 보낸다. 다양한 방식이 있지만 우리 반은 놀이로 이 시간을 채워나간다. '까꿍 놀이', '사라진 친구를 찾아라'와 같은 다양한 놀이를 통해 학생들의 흥미를 유발하고, 자연스럽게 친구의 이름을 익히며 친밀감을 형성하도록 이끈다. '까꿍 놀이'는 큰 천을 가운데 두고 마주 보던 두 친구가 천이 내려갔을 때 먼저 상대방의 이름을 말하는 놀이이다. 이름을 먼저 말한 친구는 놀이에서 이겨서 신나고, 이름을 말하지 못한 친구도 자신의 이름을 친구가 불러줘서 기쁘다. '사라진 친구를 찾아라' 놀이는 말 그대로 사라진 친구를 찾는 놀이이다. 술래가 눈을 가리면 한 친구가 교실 밖 복도로 나가고 남은 친구들은 누구 자리가 비었는지 알아볼 수 없도록 자리를 바꿔 앉는다. 술래는 바뀐 자리 가운데서 사라진 친구가 누구인지 찾아내야 한다. 복도에서 기다리는 친구는 언제 자신의 이름이 불릴지, 교실에 앉아 있는 친구들은 술래가 사라진 친구를 찾아낼 수 있을지 기대에 찬다. 술래는 자리가 바뀐 친구들을 한 명, 한 명 살펴보다 누가 사라졌는지 알아내고 그 친구의 이름을 떠올려 말해야 한다. 이름을 말하는 순간 우리 반은 환호성으로 가득 차고 복도에서 문을 열고 들어오는 학생의 얼굴에는 기쁨이 가득 차 있다. 친구가 자신의 이름을 기억하고 불러주는 순간의 그 기쁨은 아이들의 기억 속에 오랫동안 남아 우리 반 관계의 든든한 양분이 된다.

이처럼 우리 반의 3월은 놀이로 채워진 삶의 시간이다. 나는 놀이로 아이들을 환대하고 아이들은 놀이 안에서 서로를 알아가고, 함께 웃으며 살아가는 힘을 키워간다.

### 놀이로 관계를 잇다

놀이 활동은 우리 반 학급 특색으로 1년 동안 꾸준히 이어진다. 매달 어떤 놀이를 어떻게 진행할지 '월간 놀이 달력'도 만들었다. 놀이 달력은 교과와 연계된 활동을 비롯하여 절기, 명절 등 시기적 특성도 고려하여 만든다. 놀이는 정해진 한 차시 내에 이루어지기도 하지만 짧은 자투리 시간을 활용하거나 수업 전 아이들의 주의집중 활동으로 진행할 수 있다. 물론 계획한 대로 항상 진행되지는 않는다. 아이들의 즉각적인 관심과 흥미에 따라 몇 번 더 이어가기도 하고 전혀 새로운 방향으로 즉흥적인 변화를 주기도 한다. 그럼에도 한 달을 미리 준비해 보는 것은 아이들의 기대를 담아내는 것과 동시에, 놀이 활동의 중요도가 다른 것에 밀리거나 소외되지 않도록 하겠다는 나의 확고한 다짐이기도 하다.

아이들은 놀이를 통해 즐거움을 느끼고 그 과정에서 하나가 되어가는 소중한 경험을 한다. 자기 생각과 욕구에만 몰두하며 다소 자기중심적인 태도를 보이던 학생들도 놀이를 통해 친구의 반응에 까르르 웃으며 자연스럽게 몰입하게 되고, 그 과정에서 타인의 존재를 인식하고 소통하는 법을 배우게 된다. 땀을 뻘뻘 흘리고 신나게 뛰어놀다 보면 "스마트폰 하는 것보다 더, 더, 더 재미있어요."라는 말이 절로 나온다. 혼을 쏙 빼놓는 중독적인 스마트폰이 줄 수 없는, 얼굴을 맞대고 함께 부대끼며 노는 진정한 즐거움을 알아가는 것이다.

"선생님은 어떻게 이런 것 다 아세요?"

활동을 마친 후 한 아이가 온몸으로 만족감을 드러내며 물었다. 옆에서 친구의 말에 동의하듯, 대단하다는 듯 나를 바라보는 또 다른 아이의 눈빛도 느껴졌다. 공들여 만든 학습자료와 치밀하게 준비한 수업보다 때로는 짧은 놀이 활동에 아이들이 더 뜨겁게 반응하기도 한다. 놀이를 알려주고 아이들과 함께 마음껏 즐기고 지원하는 과정에서 교사와 학생 간의 신뢰, 친밀감은 놀랍도록 강화된다.

하지만 1학년 학생들과 놀이 활동을 한다는 것은 결코 쉬운 일이 아니다. 아이들의 흥미를 유발하면서도 규칙이 복잡하지 않아야 하고, 신체적·정서적 발달 수준을 고려해야 한다. 또 활동 중 안전사고가 발생할 가능성은 없는지 사전에 점검하고 고려해야 할 점들이 제법 많다. 친구 밀지 않기, 정해진 공간 벗어나지 않기, 시간이 다 되었을 때 혹은 술래에게 잡혔을 때 움직이지 않기, 기다리는 동안 하지 말아야 할 일과 해야 할 일 등 어른에게는 너무나 당연하게 여겨지는 것들도 하나하나 세심하게 알려주어야 한다. 그렇지 않으면 교실은 순식간에 아수라장이 되곤 한다. 예상과 다르게 흘러가는 상황들이 대부분이라 1학년 학생들과의 놀이 활동은 늘 좌충우돌의 연속이다.

더욱이 1학년 학생들과 술래잡기류의 놀이를 하다 보면 상상하지 못했던 놀라운 상황에 직면하게 된다. 술래가 아닌 학생들이 오히려 술래를 잡으러 가는 기현상이 벌어지는 것이다. 술래 근처를 서성거리고, 빈자리가 있는데도 딴청을 피우며 잡히기 위해 애쓰거나, 심지어 술래 앞에서 자기를 잡으라고 최선을 다하는 아이들도 있다. 수업 전에 술래를 피해 도망가야 놀이가 더 재미있다는 규칙을 아무리 설명해도 소용이 없다. 이런 학생이 한두 명만 있어도 놀이 분위기가 흐트러지는데 안타깝게도 반 이상의 학생이 그랬다. 결국 "잡았다", "안 잡혔다", "왜 나만 안 잡느냐"라는 다툼이 끊이지 않았고, 술래가 되지 못한 학생은 불평으로 놀이 시간이 끝나버리는 경우도 부지기수다.

이러한 문제들을 경험하며 과감한 변화를 시도하기로 결심했다. 아예 술래를 없애는 것이다. 더 명확히 말하자면, 술래에게 잡혀도 역할이 바뀌지 않는 규칙을 도입한 것이다. 그렇다면 술래 없는 놀이를 어떻게 진행할 수 있을까? 술래는 차례대로 모든 학생이 하는 것으로 바꾸었다. 시간이 부족하면 동시에 여러 명이 술래가 되기도 했다. 모두가 언젠가 술래가 될 것이라는 규칙을 알려주고 나니 술래가 되기 위해 애쓰는 아이들이 눈에 띄게 줄어들었다. 술래를 피해 잡히지 않으려고 열심히 도망 다녔다. 아슬아슬하게 피하는 학생은 "으악" 소리를 지르고 그걸 지켜보는 학생들은 웃겨서 쓰러졌다. 술래를 하려는 경쟁심이 사라지니 놀이가 훨씬 더 즐겁게 흘러갔고, 심지어는 "선생님, ○○이가 아직 술래를 못 했어요!"라고 자발적으로 알려주는 아이들까지 생겨났다.

    놀이가 끝난 뒤에는 더 이상 "누가 이겼어요?"라고 묻지 않는다. 모두가 함께 즐겼다는 만족감 속에서 놀이가 자연스럽게 마무리된다. 승패에 연연하지 않고 "진짜 재미있었다!"라는 한마디로 놀이의 감동을 표현한다. 이는 상대방의 실패를 바라거나 경쟁을 통해 자신을 드러내는 것이 아니다. 활동 그 자체와 자신에게 오롯이 집중하고 몰입하는 경험의 힘이다. 이런 몰입 속에서 아이들은 자신을 발견하고, 친구와의 관계를 배우며, 삶의 중요한 감각들을 익혀 나간다. 놀이는 아이들에게 순수한 즐거움을 안겨 주고 자유로운 생각과 새로운 영감을 선사하며, 경계를 뛰어넘는 힘을 준다. 상대를 수단화하거나 대상화하지 않고 타인과 깊이 있는 관계를 맺게 하는 것, 그것이 놀이의 진정한 가치이다. 놀이가 열리는 공간에서는 경쟁이나 다툼이 아닌, 서로를 향한 공감과 연결이 자라난다. 경쟁, 다툼, 갈등이 아닌, 모두가 하나가 되어가는 그 심리적인 공감대 위에서 비로소 사람다운 진정한 배움이 시작된다. 놀이는 이처럼 아이들의 사회적 발달을 촉진하며 협력, 공감과 같은 배움의 본질을 알아가도록 돕는다. 몸과 마음이 함께 성장하는 놀이의 힘, 그것이 바로 우리 아이들이 자라는 방식이다.

학교에서 놀이 활동의 비중이 커지면 일부에서는 자칫 아이들이 학교에서 놀기만 하는 것이 아닌지, 학력 저하로 이어지는 것은 아닌지 우려의 목소리를 내기도 한다. 또한, 놀이의 순수성을 강조하는 관점에서는 놀이에 교육적인 목적을 부여하는 순간 그것은 가짜 놀이가 된다고 주장하기도 한다. 그러나 아이들과 함께하는 한정된 시간 속에서 이른바 진짜 놀이만을 무한정 제공하기란 현실적으로 어렵다. 그래서 학습 내용을 담은 학습 놀이를 하기도 하고, 때로는 수업 전 짧은 시간 동안 아이들의 집중을 돕는 주의집중 놀이를 활용하기도 한다. 어떠한 형태든, 하루에 단 한 번이라도 놀이 활동을 수업 안에 녹여내기 위해 노력한다. 이는 지식과 지혜를 채우는 과정이 혼자만이 아닌 함께, 그리고 즐거운 과정이 되기를 바라기 때문이다. 배움이 즐겁지 않다는 것은 배우는 방식이 아이들의 자연스러운 성장 과정이나 욕구와 동떨어져 있기 때문이다. 배움의 즐거움은 엄숙한 지식의 전달보다는 관계를 가꾸어가는 과정 속에서 피어난다. 그 관계를 만들어 가는 경험이 아이들의 성장이며, 욕구라고 믿는다.

나에게 놀이는 단순히 노는 것이 아닌, 엄연한 학습의 한 영역이다. 언젠가 시간표에 오늘 진행할 활동을 미리 적어 놓지 못한 적이 있었다. 그런데 아이들은 "오늘 놀아요?"라고 묻는 대신, "선생님, 오늘은 어떤 놀이를 해요?"라고 물었다. 아이들은 어울리며 관계 맺는 것을 더 이상 개인적인 유희로만 여기지 않고, 학교라는 공간에서 함께 만들어가는 의미 있는 '활동'으로 받아들이고 있었다. 이처럼 놀이가 훌륭한 배움의 소재이자 도구가 될 수 있음을 아이들을 통해 다시 한번 깨닫게 되었다.

이러한 깨달음은 새로운 질문을 던지게 했다. '아이들이 놀이를 배우는 과정을 스스로 주도하게 하면 어떨까?', '놀이를 통해 민주적인 의사결정 과정을 경험하게 하면 어떨까?' 이러한 질문들을 바탕으로 놀이를 활용하여 아이들의 다양한 역량을 키울 수 있는 활동을 계획했다. 단순히 교사가 놀이를 주도하여 알려주는 것이 아닌 아이들끼리 서로 가르쳐주는 방식을 도입하여 '놀이의 날'을 운영했다. 이날은 우리 반을 비롯하여 1학년 전체 학생들이 모두 참여하는 풍성한 축제의 장이 되었다.

오늘날 1학년 아이들의 놀이 경험은 제한적이다. 우리가 어린 시절 골목 곳곳에서 자연스럽게 즐기던 사방치기나 딱지치기 같은 전통놀이는, 아이들에게 교실 안 수업을 통해서 만날 수 있는 낯선 경험이 되었다. 그래서 특별한 과제를 해보기로 했다. 부모님이 어릴 때 즐겨 했던 놀이를 조사하는 것이다. 아이들은 부모님의 어린 시절 이야기에 푹 빠져들었고, 그 놀이가 어떤 것인지에 대해서도 자연스럽게 관심이 커졌다. 이렇게 모은 수많은 놀이 중에서 우리 반 아이들은 다른 반 친구들에게 어떤 놀이를 알려주면 좋을지 스스로 의논하여 선정했다. 저마다의 이유와 취향을 내세우며 열띤 토론을 벌였고, 놀이 규칙에 대해서도 '맞다', '틀리다'를 주장하며 진지한 논쟁을 펼쳤다. 이렇게 서로 다른 아이들이 모였지만, 하나의 목표를 향해 함께 논의하고 결정하며 하나 되는 소중한 경험을 할 수 있었다.

'놀이의 날'을 앞두고 아이들의 대화 속에는 설렘 가득한 이야깃거리가 넘쳐났다. 서로 자기 반에서 어떤 놀이를 준비했는지 이야기꽃을 피웠던 모양이다. 한 학생은 등교하면서 가방도 벗지 않은 채, 마치 큰일이 난 것처럼 흥분된 목소리로 외쳤다.

"선생님! 2반도 전깃줄 놀이 한대요!"

이렇게 놀이에 대한 아이들의 관심과 열정은 대단했지만, 모든 과정이 순탄하지만은 않았다. 아이들은 놀이를 준비하는 동안 옆에서 장난치는 친구 때문에 화가 나기도 했고, 애써 준비한 놀이에 친구들이 적게 와서 속상한 마음이 들었다고 했다. 그럼에도 자신들이 준비한 놀이를 다른 친구들에게 직접 설명하고 함께 어울려 노는 시간이 정말 재미있었고, 다음에도 또 하고 싶은 활동이라고 입을 모았다.

이렇듯 놀이는 삶의 현장이자 세상을 알아가는 통로이다. 놀이는 머리로만 배우는 것이 아니라, 온몸으로 이 세상과 만나고 부딪히는 과정이기 때문이다. 그 생생한 관계 맺음 속에서 아이들은 자신은 물론 함께하는 모두의 세상을 비로소 깊이 있게 알아가게 된다.

## 학급 도전으로 하나가 되다

"이기면 뭐 줘요?"

학생들에게 흔히 들을 수 있는 말이다. 보상에 익숙해진 아이들은 보상이 없으면 의욕을 잃고, 반대의 경우에는 과도한 승부욕에 사로잡히곤 한다. 이러한 이유로 나는 활동에 개별적인 보상을 주지 않는다. 적어도 1학년에게는 경쟁을 시키고 싶지 않았다. 경쟁은 우리를 갈라놓는 일이라고 생각하기 때문이다. 경쟁은 서로를 목표 달성을 위한 수단으로 대상화하며, 때로는 상대방이 실패하거나 불행해지기를 은연중에 바라게 한다. 그러한 경쟁을 통해서는 결코 진정한 행복에 도달할 수 없다. 우리 반 아이들이 너와 내가 힘을 모아 성공하는 우리가 되고, 그리하여 함께 행복해지는 경험을 하기를 바랐다.

이러한 마음에서 시작한 활동이 바로 '학급 도전 활동'이다. 학급 도전 활동은 우리 반이 힘을 합쳐 어려운 일을 함께 해내는 활동이다. 올해 첫 학급 도전 활동은 스피드 박수로 우리 반 전체가 얼마나 빨리 연속해서 손뼉을 칠 수 있는지 알아보는 활동이다. 1학년 아이들이 옆 친구의 박수에 이어 재빨리 손뼉을 치는 것은 생각보다 쉽지 않은 일이다. 또한 자신의 차례가 언제 올지 주의 깊게 살펴보고 있어야 한다. 몇 번의 실패를 겪으면서 아이들은 자연스럽게 서로의 요령을 공유하기 시작했다. "손뼉을 빨리 칠 수 있게 손을 항상 준비하고 있어야 해!", "옆을 잘 봐야 차례를 놓치지 않아!" 등 아이들은 다양한 해결책을 큰 소리로 쏟아냈다. 그렇게 몇 번의 연습과 협력 끝에 이전의 기록을 깨고 새로운 기록을 달성할 때, 아이들은 누가 말하지 않아도 자신들이 정말 대단하다는 자부심을 온몸으로 표현한다.

수학 시간 1~9까지 수를 배울 때는 차례대로 숫자를 말하는 눈치 게임에 도전했다. 숫자를 동시에 말하지 않고 한 명씩 이어서 9까지 말하는 것이 목표였다. 처음 시작할 때만 해도 아이들은 자신만만했다. 그러나 막상 시작하니 웬걸, 하나에서 더 이상 나아가지를 못했다. "시작"이라는 말이 끝나기가 무섭게 많은 아이들이 "하나"를 외치며 일제히 자리에서 벌떡 일어났기 때문이다. 그리고 서로 자신이 먼저 하겠다며 나서기 시작했고 교실이 소란스러워졌다. 몇 번의 실패를 겪고 난 후, 아이들은 나름의 묘책을 짜내기 시작했다. 번호 순서대로 하자고 한다. 그렇다고 그대로 할 1학년이 아니다. 다시 순서는 뒤엉켰고, 혼란은 계속되었다. 짜증을 낼 법도 한데 이제는 슬그머니 다음 번호를 이어가는 눈치가 생기기 시작했다. 새로운 상황에 대처하는 민첩성과 상황 판단력이 싹트기 시작한 것이다.

아이들이 게임에 익숙해지자 모둠과 분단끼리의 도전으로 바꾸었다. 그러자 아이들은 다시 헷갈리기 시작했다. 또다시 먼저 하겠다며 나서는 학생이 나타났다. 그래도 이전과 다른 작은 변화가 보였다. "그래, 네가 먼저 해. 내가 나중에 할게."라고 말하는 아이들이 생긴 것이다. 이렇게 아이들은 먼저 하고 싶은 자신의 욕구를 잠시 내려놓고 친구에게 기회를 양보하는 법을 서서히 배우기 시작했다.

도전에 성공하고 난 뒤 아이들에게 물었다. "우리 반은 어떻게 이렇게 잘하지?" 그러자 한 아이가 당연하다는 듯 답했다. "연습했으니까 그렇죠!" 도전에 실패했을 때 나는 분명히 "실패"라고 말했다. 그런데 아이들은 그것을 연습으로 인식하고 있었다. 어떻게 저렇게 표현할 수 있을까? 아이들의 순수한 마음에 울컥하며 감동이 밀려왔다. 부족한 담임이 '실패'라고 표현한 과정조차 아이들은 '연습'으로 여겨준 것이다. 이 말에서 우리 반에 실패를 두려워하지 않고 자연스럽게 받아들이는 문화가 자리 잡기 시작했다는 것을 느낄 수 있었다. 실패를 용인하고, 격려와 칭찬 속에서 성장하며, 성공을 기다려 주는 따뜻한 배려가 함께한다면, 그 여정이 어찌 즐겁지 않겠는가? 모두가 참여하여 기여와 협력으로 성공을 얻었을 때 그 기쁨은 함께하는 모두의 것이 된다. 그리고 아이들은 배움의 즐거움과 우리라는 안정감을 마음 깊이 경험하게 된다.

계속해서 실수하는 친구에게는 서로가 기꺼이 도움의 손길을 내밀었다. 성공하면 그 친구 등을 탕탕 두드리며 "잘했어, 잘했어."라고 외쳐준다. 머쓱하기도 하면서, 동시에 기쁨을 감추지 못하는 표정이다. 모두가 성공해서 행복하고, 그 성공을 위해 기꺼이 기다리고 도와준 기여가 있었기에 더 행복한 것이다. 그래서 우리 반에서는 "너 때문이야!"라는 비난 대신 "파이팅!"을 외치며 서로에게 힘을 불어넣고, "다시 해 볼래요!"라고 말하며 끊임없이 도전한다. 이렇게 우리 반은 우리라는 견고한 연대감 속에서 함께 놀고, 함께 도전하고, 함께 성공해 나갔다.

크고 작은 다툼과 갈등이 있었지만, 학급 도전 활동을 통해 우리는 점점 '하나의 우리'가 되어갔다. 혼자 존재하는 불안한 '나'가 아닌 함께 살아가는 든든한 '우리'를 알아가는 것이다. 혼자가 아닌 서로 연결되어 있다는 감각은 마음의 깊은 안정감을 준다. 그렇게 관계 속에서 안정감을 얻은 아이들은 자신의 개성을 더욱 적극적으로 발현하기 시작했다. 누군가는 끼를 발산하며 분위기를 이끌고, 누군가는 조용히 친구를 챙기며 따뜻함을 더했다. 또 어떤 아이는 남들과 다른 시선으로 새로운 방향을 제시하기도 했다. 놀이 속에서 아이들은 저마다의 색깔로 빛나며, 다양함 속에서 조화를 이루는 경험을 배웠다. 그리고 그들은 세상에 적극적으로 참여하며 우리를 만들고, 모두를 깨닫고, 세상에 선한 영향력을 미치는 나라는 존재의 가치를 알아갔다.

학급 도전 활동을 통해 아이들은 자신만의 욕구를 넘어 공동체 일원으로서의 역할을 배워갔으며 자부심을 느끼게 되었다. 다른 사람과의 관계에서 배려하고 협력하며 공동체를 만들어가는 데 자신이 좋은 역할을 하고 있다는 것이다. 사람은 함께 살아야 행복하다. 경쟁이 아닌 기여와 협력처럼 인간의 타고난 선한 본성이 세상에 긍정적이고 선한 영향력을 미칠 때 우리는 만족감을 느끼는 것이다. 놀이 속에서 경험하는 성공과 실패, 서로를 이롭게 하는 상호작용은 아이들의 본성과 연결된 배움이며 성장의 과정이다. 인간은 놀이하는 존재, 곧 '호모 루덴스'다. 놀이는 단순히 시간을 보내거나 즐거움만을 좇는 행위가 아니라, 삶을 배우고 세상과 이어지는 가장 본질적인 방식이다. 그래서 놀이는 인생을 살아가는 데 필요한 모든 교훈을 품고 있는 소중한 배움의 장이 된다.

# 철학과 성장

## 다시 찾은 수업의 의미

과거의 나는 하나라도 더 가르치려면 아이들의 욕구와 본능을 억눌러야 한다고 생각했다. 어른으로 마땅히 그리해야 하고 학교는 학습을 위해 인내를 배워가는 곳이라고 믿었다. 하지만 나의 깊은 욕구를 제대로 들여다보니 성장이란 단순히 아는 것이 많아지는 것만을 의미하고 있지 않았다. 남들보다 지식과 기능이 월등한 사람보다는 함께 어울리며 세상에 긍정적이고 선한 영향력을 미칠 수 있는 존재로 아이들이 자라길 기대했다.

하지만 그런 욕구와는 별개로 성과와 경쟁이 지배하는 교육 환경 속에서는 뒤처지지 않게 지식과 기능 습득이 언제나 우선시 될 수밖에 없었다. 아이들의 순수한 욕구와 본능이 자리했던 공간은 당장 해내야 하는 과제들 채워졌다. 학습 습관을 기른다는 이유로 글자를 채 익히지도 못한 1학년 학생조차 정해진 시간 안에 과제를 똑같이 끝내야만 했다. 그 학생은 과제를 마치기 위해 옆 친구의 것을 베낄 수밖에 없었겠지만 그렇게 하도록 강요하는 방식을 올바르다고 여겼다. 그런 교실이 당연했고 때로는 자랑스럽기까지 했다. 하지만 실상은, 인상을 찌푸리며 애쓰는 나날의 연속이었다. 만족감보다는 무거운 책임감으로 모든 것을 감당하려 했다.

그러다가 내 욕구가 온전히 반영된 놀이를 만나면서 변화가 시작되었다. 딱지치기라는 놀이 하나에도 신체 활동이나 즐거움의 욕구 충족에 더해 성취감, 도전 정신, 관계 형성의 시간이 담겼다. 처음 딱지를 접한 아이는 제대로 넘기지 못하고 번번이 딱지가 힘없이 떨어지자 짜증을 낸다. 하지만 아이들이 무엇을 잘하든 못하든 상관없이, 모든 순간이 나에게 의미 있는 설렘으로 다가왔다. 아이들의 서툰 모습은 '아, 이제 성장을 시작하겠구나.'라는 기대감으로 설레었고, 아이들이 잘 해낼 때면 기특함과 사랑스러움에 저절로 미소가 지어졌다. 딱지치기는 딱지 10개를 바닥에 일렬로 놓고 몇 개나 넘길 수 있는지 도전하며 자연스러운 연습 시간을 가졌다. 넘어가는 딱지의 수가 늘어날수록 재미를 느끼고 몰입하고 집중하는 것이 보였다. 깡충깡충 뛰며 기뻐했고 자기 딱지에 애착도 생겼다. 딱지치기를 열정적으로 하다가 손이 얼얼하고 아프다고 온 학생에게 그만하자고 해도, "더 할 수 있어요!"라며 도전을 포기하지 않았다. 아이들에게서 보고 싶은 변화의 모습이 더욱 명확해지자, 그들의 작은 반응과 말 한마디 한마디가 이전과는 비교할 수 없을 만큼 깊은 의미로 다가왔다. 그리고 그 과정에서 교사로서의 보람과 만족감을 찾을 수 있었다.

　이번 수업에서 아이들이 친구들과 새로운 도전을 열어가며 즐거운 시간을 보냈다고 하더라도 이러한 긍정적인 경험이 매일 당연하게 이어지는 것은 아니다. 철학이 담긴 수업은 단 한 번의 활동으로 완성되지 않기 때문이다. 마치 씨앗을 심고 싹을 틔우듯 아이들에게 긴 호흡으로 스며들어야 하는 일임을 알기에, 설령 이번에 뜻대로 되지 않았다고 해도 조바심을 내거나 초조해하지 않았다. 수업은 더 이상 나에게 교과서 진도를 쫓는 단순한 행위가 아니다. 누군가가 미리 짜 놓은 세상 안에서 정해진 대로 움직이는 것이 아니라, 아이들과 함께 탐험하며 끊임없이 새로운 길을 만들어가는 소중한 여정이 되었다. 이제 교실은 교사 혼자 이끌어가는 곳이 아닌, 아이들과 생생하게 상호작용을 하며 서로 관계를 형성해 나가는 살아있는 공간이 되었다.

### 지금 여기에서 자라는 아이들

아이들은 나무와 닮았다. 봄날 햇살과 빗물 속에서 자라는 나무처럼 아이들도 빠르게 성장한다. 뿌리를 튼튼하게 내리고 푸른 잎사귀가 무성히 돋아나려면 적절한 햇빛과 빗물 그리고 비옥한 토양과 양질의 거름이 필요하듯이 아이들이 삶의 주인공으로 자라기 위해서는 환경이 중요하다. 그들에게는 즐거움, 몰입, 협력과 소속감이 성장의 자양분이 된다. 나는 이러한 생각을 바탕으로, 수업 속에 '도전과 놀이 활동'을 담아 아이들이 지금 이 자리에서 건강하게 자랄 수 있도록 돕고자 했다.

그중 하나의 활동으로 '우정 놀이터'를 운영한 적이 있다. 유치원 동생들과 함께 어울리며 놀이 활동을 하는 것이다. 활동이 끝난 후, 아이들은 더운 날씨에 지쳐 피곤함을 호소했지만, 그 얼굴에는 밝은 웃음이 가득했다. "정말 즐거웠어요. 매일 오면 좋겠어요."라는 말에서 아이들이 느낀 진심이 전해졌다. 그날은 아이들이 평소처럼 자신이 하고 싶은 놀이를 마음껏 즐긴 시간은 아니었다. 어린 동생들의 눈높이에 맞춰주고, 함께 놀 수 있도록 배려해야 했기 때문이다. 우리 반에서 평소 가장 인기 있던 '스타와 팬 가위바위보 놀이' 역시 규칙을 조정해야 했다. 처음에는 "원래대로 하고 싶다."라는 작은 불만이 나왔지만, 이내 누가 먼저랄 것도 없이 "그러다 유치원 동생들 다치면 어떡해?"라는 말이 자연스럽게 오갔다. 아이들은 서로의 입장을 이해하고, 스스로 놀이의 방식과 태도를 바꿔갔다.

이러한 경험은 감각적인 즐거움 외에도, 아이들이 사회성을 배우며 성장하는 좋은 기회가 되었다. 놀이를 통해 아이들은 자신의 욕구를 조절하고, 타인을 배려하는 방법을 익히며, 협력과 조율의 경험을 쌓는다. 놀이 과정에서 마주하는 다양한 상황 속에서 문제를 해결하는 능력과 창의성도 자연스럽게 자라난다. 도전을 통해 실패를 두려워하지 않는 용기와 끈기를 배우고, 갈등을 경험하며 관계 맺는 법을 익혀간다. 더불어 온몸으로 세상을 느끼며 감각적 인지를 발달시키는 것도 중요한 성장의 일부다.

놀이를 담은 교육과정은 단순히 지식을 배우는 것을 넘어, '함께 살아가는 삶' 그 자체를 배우는 여정이다. 아이들은 지금 이 순간에도 배우고 자라고 있다. 그렇기에 학교에서의 시간은 단순한 미래 준비의 과정으로 여겨져서는 안 된다. 지금 여기에서의 삶이 아이들에게는 가장 중요하며, 그 자체로 충분히 의미 있는 삶의 한 부분이어야 한다. 모든 성장에는 '때'가 있다. 미래를 위해 고민하고 경쟁하며 나아가야 할 시기는 분명히 존재한다. 그러나 지금은 아이들이 몸으로 부딪치며 세상을 배우고, 친구들과 어울려 관계를 형성하며, 자신의 삶을 만들어가는 놀이가 절실한 시기다.

우리는 아이들이 이 소중한 시간을 온전히 누릴 수 있도록 곁에서 지켜보고, 필요할 때 따뜻하게 응원해 주어야 한다. 억지로 이끌기보다, 함께 즐기며 기다리는 것. 그것이야말로 아이들을 진심으로 바라보는 교사의 태도이며, 내가 추구하는 교육의 본질이다.

# 나의 세상을 짓는 '재미'

해양초등학교 박소연

## 교사의 철학

**'재미'를 좇아, 세상을 발견하는 교실**

자신이 살아가는 세상을 발견하면 자신만의 세상을 만드는 힘이 생긴다는 것, 내가 바라는 아이들이 가졌으면 하는 힘은 그런 것이다.

나는 아이들이 자신을 둘러싼 세계를 발견하도록 돕는다. 꼬신다. 그게 재미있을 거라고. 우리 마을에는 어떤 것이 있는지, 학교에는 어떤 나무가 자라는지, 길가에는 어떤 풀이 피어나는지. 아이들이 스스로 보고 만지며 비로소 자신의 세상을 발견한다. 재미있어하고, 그러면 그 세상을 사랑하게 된다. 우리 반은 '발견'하기 위해 교실에서 배운 것을 교실 밖에서 찾는다.

마을과 자연 속으로 뛰어든다. 책에서 읽은 것을 실제로 찾아보고, 밖에서 찾은 것을 다시 말과 글로 남긴다. 이렇게 자신이 살아가는 세상을 '발견'한 아이들은 그 안에서 자신을 펼친다. 나무 한 그루, 작은 씨앗 하나에서 시작된 관심은 점점 더 넓은 세상으로 이어진다. 자신이 발견한 것을 더 넓은 세상과 이을 줄 아는 아이들에게는 어디에 가든 자기 세상을 만드는 힘이 생긴다. 내가 수업에서 이 같은 발견을 고집하는 이유는 나 또한 그런 경험으로 내 세상을 만들었기 때문이다.

나는 종종 외할머니가 나에게 해주던 이야기들을 떠올린다. 조금은 유별나단 이야기를 듣던 유년 시절, 외할머니는 나의 방과 후 단짝이었다. 학교에서 돌아오면 책가방을 마루에 던져놓고 외할머니를 따라다니기 바빴다. 할머니가 개울가에서 빨래 하는 동안 나는 혼자 물장구를 치고 조그만 물고기를 잡았다. 손아귀에 살포시 들어앉은 풀들을 뜯고, 냄새를 맡고, 기어이 입에 넣어보았다. 외할머니는 그런 나에게 어떤 풀은 먹어도 되고, 어떤 풀은 먹으면 안 되는지를 알려주었다. 아무거나 입에 넣다 탈이 나지 않게 하려는 할머니의 애정이었지만 나는 그 애정에서 내가 사는 세상을 맛봤다. 삐삐 줄기를 씹으면 달큰하다는 것을, 진달래는 먹어도 되지만 철쭉은 먹으면 안 된다는 것을, 단풍나무 씨앗은 참 재미있게 날아간다는 것을. 손바닥 위에 올려진 작은 씨앗 하나도 이야기가 되었다. 나는 그 이야기를 들으며 세상을 배웠다. 외할머니의 등 너머로 들려오는 이야기가 나를 더 유별나게 만들었다. 나의 남해는 좀 유별나게 향긋하고 맛있었다.

내가 아이들과 나누고 싶은 것도 결국 그때의 재미가 아닐까 생각한다. 나의 수업은 내가 사랑하는 남해에서, 내가 아끼는 그림책에서, 내가 좋아하는 씨앗과 봄의 향기에서 오는 재미를 느끼는 것이다. 재미는 그렇게 사랑하는 것을 함께하고 싶은 마음에서 시작된다. 외할머니가 나에게 그랬듯이, 나도 아이들에게 재미있는 이야기를 건네고 싶다. 그리고 그 이야기가 언젠가 아이들의 삶에 작은 씨앗처럼 남아 저마다의 자리에서 새로운 이야기가 되길 바란다.

### 남해에서 배우고 남해에서 가르치는, '나의 세상'

나를 이루는 대부분은 모두 남해에서 왔다. 남해에서 오랜 시간 자라며 남해에서 배웠다. 그리고 지금, 다시 남해에서 아이들을 가르친다. 유년 시절의 나에게 남해는 탈출의 대상이었다. 내 미래를 펼칠 곳은 이곳 밖이라 믿었다. 그래서 내 미래의 삶에 남해는 없었다.

그러나 뜻밖에도 다음을 향한 나의 첫 도약은 남해를 향했다. 의도하진 않았지만 교사가 되어 남해로 첫 발령을 받았다. 그렇게 남해를 나가고 싶어 했는데 다시 남해로 돌아간다는 것이 마냥 좋지만은 않았다. 하지만 돌아온 남해는 아주 새로웠다. 많은 것들이 그대로였음에도 그동안 궁금하지도, 좋아하지도 않아서 나만 몰랐던 남해는 마치 처음 만나는 곳처럼 반가웠다. 그리고 지금에서야 그리워졌다. 나를 만들어 준 세상을 이제야 그리워하게 되었다.

조금 더 주름진 손으로 꼬옥 반겨 주시는 동네 할머니들의 인사가, 솔잎 사이로 바다 내음이 불어오는 운동장에서 뛰노는 아이들의 웃음

소리가 그제야 참 예뻤다. 그래서 지금부터 만나게 될 우리 반 친구들에게는 그 시절의 내가 미처 보지 못했던 남해의 예쁨을, 남해의 재미를 찾길 바라는 마음으로 수업을 만들었다. 남해에서 배운 것을 다시 남해에서 가르치며 나누고 있는 셈이었다.

내가 살아가는 세상을 이해하면 나의 세상을 스스로 만들어갈 수 있다는 것, 이것이 내가 아이들에게 전하고 싶은 메시지다. 그 여정이 얼마나 큰 재미인지 알려주고 싶다. 남해라는 작은 공간에서 시작한 배움이 어디서든 세상을 이해하고 자기 삶을 만들어가는 힘이 되길 바라며 나는 교실 밖으로 아이들을 데리고 나간다. 우리 교실은 네모난 교실 속에만 머물지 않는다. 남해의 산과 들, 바다와 마을 곳곳이 우리의 교실이다. 남해를 살아가는 어른들이 아이들의 곁에서 함께한다. 마을 어른이 들려주는 옛이야기 속에서, 어부가 전하는 죽방렴의 지혜 속에서 아이들은 배운다.

"아유, 예쁘네. 어데 학교에서 왔노?"

마을회관 앞 너른 평상 앞에서 들려오는 할머니들의 사랑 속에서도 아이들은 배운다. 배움은 학교에서만 이루어지는 것이 아니라는 것을 자연스럽게 익힌다. 그리고 그렇게 배운 것들은 아이들의 마음속에 더욱 깊이 자리 잡는다.

### 우리의 세상을 엮는, 그림책

나는 언제나 그림책으로 교실을 연다. 처음 만나는 순간에도, 수업을 시작하는 첫 시작에도 꼭 그림책을 먼저 펼친다. 그림책을 선택한 이유는 단순하다. 그림책을 좋아하고, 또 재미있으니까. 좋으면 뭐든 그 삶 속에 엮는 법이다.

처음에는 재밌어서 무작정 읽고 모으던 그림책을 아이들과 함께 읽었다. 그러다 수업에도 그림책을 넣어보고 급기야 손수 그림책을 만들었다. 아이들의 서투른 글과 그림을 하나씩 모으면 아이들은 모인 이야기에 제목을 붙여주었다. 제목 아래 허전한 공간에 그림까지 그려준다. 그림책의 모습을 했지만 그 속은 아이들의 삶이다. 나는 엮을 뿐이다. 흩어진 이야기를 엮어냈을 뿐인데 각자의 삶이 모이니 또 다른 재미가 생긴다.

"선생님 제 그림 뒤에, 얘 이야기가 오니까 웃겨요."

아이들이 이미 외울 정도로 많이 읽은 '자신들의 세상이 담긴 그림책'을 또 꺼내 읽으며 말했다. 교사가 설명하지 않았지만 아이들은 '나의 이야기 뒤에 너의 이야기가 온다'라는 사실을 발견했다. 나의 이야기 뒤에 너의 이야기가 이어지는 것, 그것이 모이면 책이 된다는 것, 그렇게 교차하고 연결하여 자신들이 만들어 낸 삶이 얼마나 재미있는지를 발견했다. 일 년 만에 닳아서 모서리가 다 뜯어진 우리 반 그림책에는 그런 발견의 재미가 담겼다.

그림책으로 수업하는 것은 단순히 독서를 위한 일은 아니다. 그림책을 읽을 때 아이들은 마음껏 상상하며 보이지 않는 자신의 세계와 그림책의 세계를 연결 짓는다. 그래서 새로운 것도 낯선 것도 그림책으로 만나면 반가움이 먼저다. 그림책에서 만난 것을 마을에서 찾아내면 더 재미있다. 그래서 우리 반은 마을을 만나러 가기 전엔 항상 그림책을 읽는다. 더 재미있으려고.

## 철학으로 바라보는 수업

그림책은 재미의 시작이었다. 책장을 넘기며 세상을 만나고, 아이들은 그 세상을 안고 교실 밖으로 나아갔다. 봄을 찾고, 쓰레기의 쓸모를 생각하고, 마을의 씨앗을 찾았다. 그 모든 일은 지식을 배우는 데 그치지 않고, 배움을 삶과 엮어내며 자신의 세상을 넓혀가는 여정이었다. 여정을 돌아보며 우리는 그것을 재미있다고 말했다.

세 가지 그림책으로 시작된 수업은 아이들의 갖가지 세상을 만나게 해주었다.

■ 교사의 철학으로 바라본 수업 개요

## 나의 세상을 짓는 재미

| 발견의 재미 | 성취의 재미 | 세상과 관계 맺는 재미 |
|---|---|---|
| **봄 읽고 봄 찾으러 가기**<br>익숙한 것을 새롭게 찾으며 감각 깨우기 | **쓰레기로 쓰레기통 만들기**<br>쓸모없는 것을 모아 가치 있는 것 만들기 | **우리가 다시 쓰는 우리 마을 '씨앗 도감'**<br>씨앗을 찾고 친구 되기 |

### 발견의 재미: 봄을 읽고, 봄 찾으러 떠나기

"이거 끝까지 한 번에 읽으면 안 돼요?"

글 읽기도 서툰 주제에 한 번에 다 읽어야 한단다. 하지만 그림책을 수업에 들일 때는 아주 짧은 책도 한 번에 읽는 법이 없다. 급하게 읽고 체하지 않게 언제나 끊어 읽는다. 감질나면 돌아가서 또 읽는다. 그러면 그 속에 숨은 별미를 저마다 하나씩 찾아온다.

"어! 여기 개구리가 숨어서 잠자고 있었어!"
"선생님, 봤어요? 마지막에 이무기가 용이 되어서 하늘로 날아갔어요."

자신이 찾은 별미를 조금씩 친구들과 나누다 보면 마지막 책장을 넘기는 손이 아쉬움에 절로 무거워진다.

『봄을 찾은 할아버지』[5]는 그야말로 봄을 찾는 이야기다. 외딴집에 사는 할아버지 할머니가 긴 겨울의 어느 날 봄을 그리워하며 봄을 찾아 떠나는 창작 전래 동화이다. 그림책을 읽으며 '봄이 뭐냐'라고 물으면 아이들은 머뭇거림 없이 대답한다. 따뜻한 거, 개구리가 우는 거, 새싹이 자라는 거. 그러면 우리 마을에도 봄이 왔냐고 묻는다. 갑자기 조용해진다. 우리 마을이 따뜻해졌는지, 개구리가 울었는지, 새싹이 돋아났는지 고민이 필요하다. 그렇게 봄을 찾으러 떠난다. 정말 우리 동네에도 봄이 왔을까. 그림책 위로 돋아난 물음표로 우리는 이어질 배움을 함께 만들었다.

아이들은 자신의 마음속에 있는 관념적 봄을 떠올리며 봄에 대해 쉽게 대답했다. 하지만 우리 마을에 봄이 왔는지는 잘 몰랐다. 수업 시간에 아이들이 '내 세상의 계절'이 바뀌는 모습을 몸으로 느끼며 그 즐거움을 찾기를 바랐다.

마을을 안전하게 탐방하기 위해 함께 지켜야 할 것을 찾아 약속으로 정했다. 조심해야 할 것을 스스로 찾으니 아이들은 약속을 잘 지키기 위해 마음을 다잡았다. 내 잔소리보다 훨씬 든든했다. 마을로 나가 봄 내음을 맡고, 봄을 만지고, 봄과 뛰어놀았다. 봄이 얼마나 따뜻한지, 개구리가 우는지 열심히 찾았다. 개구리를 못 찾았지만 활짝 핀 이름 모를 꽃은 찾았다. 봄이 온 것을 온몸으로 느꼈다.

여름은 너무 더워서 술래잡기하기 힘든데 봄은 술래잡기하기 딱 좋

---

5) 봄을 찾은 할아버지. 한태희. 한림출판사. 2011.

단다. 이렇게 말하며 이마에 흥건한 땀을 훔치던 아이는 다 자라지 않은 앞니를 활짝 드러냈다. 그림책에서 매화를 찾고 행복해하신 할아버지를 떠올렸던 아이는 학교 화단에서 매화나무를 찾고서는 반가워했다. 이미 매화꽃이 지고 난 후라 무척 아쉬워했지만 내년에는 학교 매화나무에서 꽃을 찾고 말 것이라 다짐하며 다시 올 봄을 기대했다. 각자의 일상에 스며든 봄은 저마다의 색으로 물들었다. 그것을 보는 나의 표정도 아이들의 색으로 닮아갔다. 봄을 찾고 난 자리는 선선한 미소로 가득했다.

봄을 찾아오면 찾은 봄을 글과 그림으로 남겼다. 틀린 맞춤법도, 삐뚤빼뚤한 글씨도, 선을 벗어난 색칠도 그대로 둔다. 그 순간의 감정을 그대로 담아내고 싶기 때문이다. 같이 찾아왔는데 생긴 모습은 영 다르다. 그러면 처음에는 이상하다 하면서도 나중엔 깔깔 웃는다. 나는 술래잡기를 그렸는데 너는 네가 찾은 나뭇잎을 그렸다고 하면서. 아이들이 주워 모아 온 봄 이야기를 엮어 다시 그림책을 만들었다. 너와 나의 봄을 모으면 우리의 봄 이야기가 된다는 것. 더 큰 세상이 된다는 것. 아이들은 그림책을 읽으며 자연스럽게 서로를 이해하고 서로의 시선을 받아들였다. 수업이 끝난 자리에는 떨어진 진달래 꽃잎을 주워, 가져온 봉투에 곱게 담으며 봄을 하나 찾았다고 외치는 반가움이 생겼다. 아이들의 세상에 더 짙은 봄이 남았다.

그림책을 만들면서 아이들은 협동과 다름을 자연스럽게 배운다. 같은 수업을 들었지만 각자의 이야기가 다르게 펼쳐지는 경험은 새롭다. '우리는 그 자체로 다르다.'라는 것을 아이들은 설명 없이 체득한다. 그림책 만들기는 그냥 모둠활동이 아니다. 그것은 각자의 존재를 인정하는 과정이다. 아이들은 서로의 이야기를 줄줄 외울 정도로 그림책을 반복해서 읽는다. 함께 만든 책이 아니라 각자의 이야기이지만 그것을 공유하는 과정이 협동이라는 것을 배운다.

이 과정에서 우리는 그림책을 읽는 재미와는 다른 재미를 좇는다. 책을 읽고 나의 세상을 만나는 재미는 배움을 지속시키는 힘이자, 세상을 탐색하게 만드는 원초적인 감각이다. 아이들은 스스로 질문을 던지고 더 깊이 탐구한다. 단순한 지식을 넘어 삶 속에서 살아 숨 쉬는 배움이 된다. 거기에 재미가 있다면.

재미를 좇다 보면 어느새 아이들은 누가 시키지 않아도 제 세상을 발견하고, 자기만의 의미를 찾아간다. 거기서 찾은 것을 또다시 곁에 있는 좋아하는 이들과 나눈다. 재미는 끝도 없이 이어지고 연결된다.

### 성취의 재미: 쓰레기로, 쓰레기통 만들기

소중함의 가치는 상대적이다. 쓸모없다고 생각하지만 그 쓸모없음 속에서도 쓸모를 발견할 수 있다. 그 추상적인 의미는 경험 속에서 구체적인 앎으로 전환된다. 그림책 『쓰레기통 요정』[6]은 작가가 실제 버려진 종이들을 오리고 붙이고 그려 만든 콜라주 그림책이다. 영수증, 서류봉투, 과자 상자, 공책, 약봉지, 두루마리 휴지가 모여 따뜻하고 유쾌한 이야기가 만들어졌다. 그림책은 손때 묻은 낡은 인형이 아이의

---

6) 쓰레기통 요정. 안녕달. 책 읽는 곰. 2019.

웃음을 찾아주고 장난감 보석 반지가 할아버지의 소중한 선물이 된 것처럼, 세상에서 가장 보잘것없는 것들로 세상에서 가장 빛나는 행복을 그려냈다.

그림책을 읽어줄 때 아이들이 우리가 무심코 버리는 물건들의 쓸모에 대해 생각하길 바랐다. 가치 있는 것은 상대적이라는 것, 쓸모없는 것이 모여 누군가에게 가치 있는 물건이 될 수 있다는 것을 생각해 보길 바랐다. 거창하지 않아도 괜찮았다. 가장 우리다운 대답을 찾으려 했다.

"우리도 쓸모없는 물건으로 쓸모 있는 걸 만들어 보자. 뭐가 좋을까?"
"쓰레기통이요! 운동장이랑 학교 오는 길에 쓰레기가 많아요."

우리는 그림책을 읽고 쓰레기로 쓰레기통을 만들었다. 아이들이 만든 쓰레기통과 쓰레기통 사용 안내문에는 각자의 메시지가 담겼다. 어떤 아이는 '배고파요, 밥 주세요!'라고 쓰레기통을 의인화했다. 쓰레기가 밥이 된다는 관점을 자기만의 방식으로 풀어냈다. 아이들은 스스로 정의한 '쓸모'를 직접 만든 쓰레기통으로 보여주었다.

마을의 쓰레기를 주우며 마을에 기여하는 보람도 수업에 담았다. 6월, 한여름의 뙤약볕 아래 아이들은 땀을 뻘뻘 흘리면서도 웃음을 잃지 않았다. 쓰레기통을 만들고 쓰레기를 주웠을 뿐인데, 버려진 쓰레기를 보고 내 쓰레기통의 밥을 찾았다고 반가워했다. 쓰레기가 쓰레기통의 쓸모를 만든 것이다. 어제까진 그냥 쓰레기였는데 오늘은 내 쓰레기통을 배부르게 하는 쓰레기가 되었다. 우리 주변의 것들이 그냥 '무언가'가 아니라 우리와 연결되며 '의미 있는 무언가'가 되었다.

  쓸모의 의미를 찾는 것은 단순히 감각적인 즐거움은 아니었다. 그림책 속 숨은 의미를 끊임없이 찾아야 했고 쓰레기통을 뒤져 새로운 것을 만드는 불편함을 감수했다. 이른 여름의 뜨거운 햇살 아래, 땀으로 옷을 적시며 자신들이 만든 쓰레기통의 쓸모를 증명했다. 그럼에도 아이들은 수업을 돌아보며 재미있었다고 말했다. 그간의 고난을 토로하는 얼굴엔 미소가 번진다. 힘들어도 계속하게 되는 마음, 낯설지만 함께 해보는 용기. 아이들이 말한 재미는 잠깐 반짝이는 흥밋거리가 아니라, 삶을 깊고 단단하게 다지는 지층 같은 것이었다. 수업이, 수업에서 느낀 재미가 아이들 삶의 한 층의 결이 되어 남은 것 같았다.

  "쓰레기 줍기 재미있었어요. 그리고 이걸 하면서 우리 동네 환경을 잘 지켜야겠다고 생각했어요."

  나는 이 수업을 구태여 '환경 보호', '생태'와 같은 주제와 엮지 않았다. '엮는 것'을 걱정했다는 것이 더 맞겠다. 쓰레기를 줍는 수업을 한 번 했을 뿐인데 그런 심오한 주제와 연결하는 것은 억지가 아닐까 염려했다. 걱정과는 달리 아이들은 스스로 그 가치를 찾아냈다. 우리 마을의 환경을 지키고 사랑해야겠다는 다짐을 쏟아냈다. 멀리 있는 북극곰의 눈물을 이해하려면 내 옆자리에 난 풀을 지키는 힘도 필요하다고 하더라. 그런 멋진 마음은 예상하지 못했는데, 참 예뻤다.

### 세상과 관계 맺는 재미: 우리가 다시 쓰는 우리 마을 '씨앗 도감'

"선생님은 꽃 같아요! 할미꽃!"

할미꽃이 어떻게 생겼는지도 모르던 여덟 살 아이의 얼굴이 개구지게 구겨진다. 우리 반은 그림책 『씨앗 도감』[7]을 읽으며 또 한 번의 가을 나들이를 준비한다. 그림책은 바람을 타고, 물에 둥둥 떠서 혹은 동물의 털에 달라붙어 세상 속에 뿌리내리는 다양한 씨앗과 씨앗이 자란 식물의 모습을 예쁜 세밀화로 보여준다.

수업은 그림책을 자세히 보는 것으로 시작했다. 그림책에서 우리 주변의 씨앗이 어떤 것이 있는지, 내가 본 씨앗이 있는지 찾아봤다. 그리고 씨앗이 저마다 어떤 방법으로 멀리 퍼지는지 읽어보며 씨앗의 특징을 함께 기록하고 기억하기로 했다.

그림책의 씨앗을 자세히 관찰하기 위해 아이들에게 작지만 알찬 무기를 주었다. 루페였다. 루페는 돋보기보다 작아 아이들이 쉽게 손에 쥐고 그림책의 작은 씨앗들을 속속들이 볼 수 있게 해줬다. 아이들에게 루페로 그림책의 씨앗을 살펴보라 하니, 여기저기서 작은 소란이 일어났다.

"이거 씨앗 맞아요? 박쥐 같은데!"
"이 씨앗 재밌어요. 이거 따라 그릴래요."

---

7) 씨앗 도감. 후루야 카즈호. 진선북스. 2006.

각자 발견한 것을 오래도록 기억할 수 있도록 캔버스 북을 나누어 주었다. 아이들은 좋아하는 씨앗을 남기기 위해 따라 씨앗 모습을 그리기도 하고 이름을 옮겨 적기도 했다. 기름종이에 씨앗을 따라 그리는 손이 아주 바쁘다. 물론 입도 바쁘다. 처음에는 씨앗인 줄도 모르더니, 책을 두 번 읽더니 이제는 아주 씨앗 박사가 되었나 보다. 나에게 달려와서 '선생님, 찍찍이는 도꼬마리를 보고 만들었대요!' 한다. 그거 내가 말해줬잖아. 내가 말해준 건 맞는데, 그린 모습도 설명하는 방식도 조금씩 달랐다. 아이들은 제가 찾은 것을 자신의 세상에 하나씩 담았다. 남이 들려준 이야기가 아닌 자기 손으로 찾아야만 자신의 것이 된다는 것을 아이들의 캔버스 북에서 느낄 수 있었다. 삐뚤빼뚤한 글씨로 정성스럽게도 쓴 글과 그림에, 각자의 재미가 가득했다.

"책 속에서 보았던 씨앗이 우리 마을에도 있을까?"

넌지시 물어보면 아이들은 이제 자연스럽게 책을 덮고 곧장 마을로 씨앗을 찾을 준비를 한다. 이제는 죽이 척척 맞았다. 그러고는 길가에서, 화단에서, 공원 한편에서 열심히 씨앗을 찾는다. 씨앗을 재배하시는 마을 어른의 뒤뜰에 가서 꽃이 지고 나면 씨앗이 어디에 생기는지도 배웠다. 손바닥 속 씨앗을 서로 보려고 발뒤꿈치를 한껏 들고 선다. 마을 어른 손바닥으로 들어갈 기세다. 거기 무슨 새로운 세상이 있나 보다. 그것을 보기 위한 아이들의 바쁜 까치발이 신나 보였다.

다시 돌아온 교실에서 아이들과 지금까지 모은 씨앗으로 우리만의

'씨앗 도감'을 만들었다. 세밀화를 그릴 순 없으니 큰 종이에 진짜 씨앗을 붙였다. 멀리 퍼지는 방법을 중심으로 분류하는 것이 아니라 저마다의 기준으로 씨앗을 무리 지었다. 맛있는 씨앗과 맛없는 씨앗, 봄에 발견한 씨앗과 가을에 발견한 씨앗, 학교에 있는 씨앗과 없는 씨앗……. 모둠마다 갖가지 '씨앗 도감'이 만들어졌다. 글자 쓰기를 싫어하던 아이는 도감에 이것도 쓰고 싶고 저것도 쓰고 싶다며 진땀을 뺐다.

"너희 모둠 씨앗 도감 한 번만 더 설명해 줘. 재밌어!"

완성한 씨앗 도감을 함께 발표하고, 친구들의 씨앗 도감에 질문을 던지면 이야기는 더욱 풍성해졌다. 그 과정에 임하는 아이들의 모습은 진지하다. 그 진지함에 덕지덕지 묻어있는 귀여움이 참을 수 없다.

어느 해에는 부록 활동처럼 아이들과 '씨앗이 사라진 미래의 우리 동네'를 상상하며 미래의 우리 동네를 위한 씨앗 모형을 만들었다. 씨앗 모형을 만들며 씨앗과 공생하기 위해 자신이 할 수 있는 일을 고민하길 바라며 수업을 준비했다.

수업은 아이들 몰래 사물함과 책상 아래에 숨겨놓은 편지 한 통으로 시작되었다. 100년 뒤 미래의 우리 마을에서 도착한 편지에는 씨앗이 사라진 마을을 도와달라는 부탁을 담았다. 편지를 찾은 아이들은 편지의 수신인에 적힌 자신의 이름을 반가워했다. 글을 읽어 내려가며 어떤 아이는 더욱 짓궂게 웃었고, 어떤 아이는 표정을 굳히며 진지하게 읽어 내려갔다. 이야기를 받아들이는 각자의 방식은 달랐지만 편지로 우리가 해야 할 일은 하나로 이어졌다.

　이야기를 읽고 어떤 씨앗을 만들지 구상한 다음 글과 그림으로 기록했다. 씨앗이 어떤 원리로 퍼지는지, 그것을 구현하려면 어떤 재료가 필요한지 구체적으로 생각했다. 구상한 씨앗을 모형으로 만들어 '씨앗 보고회'를 열었다. 씨앗이 퍼지는 모습을 직접 모여주며 자기 씨앗을 소개했다. 씨앗에 관한 질문에 대답하고 오류를 점검하는 과정에서 각자의 씨앗 이야기는 더욱 넓어지고 깊어졌다. 아이들이 만든 멀리 퍼지는 씨앗 속에는 각자의 이야기가 가득 담겼다.

---

　제 씨앗 이름은 하루 열매입니다.
　말랑말랑하고 동그란 모양의 열매 속에 씨앗이 있어요. 열매가 끈적끈적해서 사람들 옷이나 동물들 털에 붙어서 멀리 퍼져요. 이 씨앗은 하루 만에 자라는데 다 크면 노란색 열매로 익어요. 안에 이 파란 씨앗이 또 있는 거예요. 호두처럼요. 그리고 가시가 있어서 자기 몸을 지킵니다. 하루 만에 나무가 되어서 미래에 우리 동네가 다시 좋아질 거예요.

　　　　　　　　　　　　　　　- 씨앗 보고회 중 학생 발표 내용 -

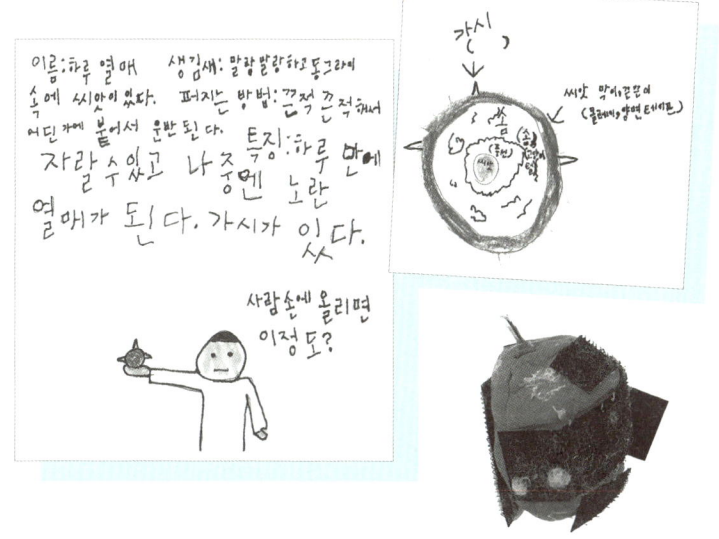

 우리 마을을 위한 멀리 퍼지는 씨앗을 소개한 그림책과 직접 만든 씨앗 모형

    풍선과 종이컵으로 만든 씨앗을 폭죽처럼 터트리며 씨앗을 소개하는 아이들의 모습이 사뭇 진지했다. 연꽃 씨앗을 보고 만든 씨앗이라는데 긴 시간 물에 둥둥 떠다니다가 진흙 속에서 싹이 트고, 나중에는 온갖 꽃이 자라는 나무가 된다고 하더라. 그런데 수조에 띄우니 조금 떠 있다가 물에 가라앉는다. 사위가 조용해지자 머쓱한 표정으로 '1초' 물에 뜨는 씨앗으로 이름을 바꾼다. 내가 예상한 결과가 나오지 않아도 누구 하나 비난하거나 부정적인 반응을 보이지 않았다. 오히려 "바꾼 게 더 나은데?"라며 격려해 주었다.

마을을 위해 함께 뭔가를 만들려고 노력했다는 것, 친구가 노력한 과정의 가치를 아이들은 이미 알고 있었다. 보이지 않는 손을 단단히 잡은 모습에서 '그들의 세상이 더욱 견고해진 것이 아닐까?' 생각했다.

아이들은 씨앗이 틔운 세상이 내 옆에 있다는 것을 손으로, 눈으로, 발로 함께 느낀다. 아이들이 느끼는 세상에는 도토리를 발로 차서 더 깊은 숲으로 돌려주는 마음이 남는다. 봉선화 씨앗을 터뜨리고 단풍나무 씨앗을 팽글팽글 날리며, 어느 쪽 화단에 민들레 씨앗이 많이 자라는지 겨루는 따뜻함이 남는다. 요즘도 아이들은 깔깔 웃으며 양손 한가득 도깨비바늘을 따 와서는 내 옷에 붙이고 도망간다. 순식간에 고슴도치가 된 나는 아이들을 쫓는다. 겨드랑이가 흥건하다.

해마다 아이들과 씨앗 그림책을 읽고 동네의 씨앗을 찾으러 다닌다. 내가 씨앗을 잘 알아서도 아니고 생태환경을 보전하기 위함은 더더욱 아니다. 씨앗에는 우리만의 재미가 있다. 나와 외할머니가 은밀히 주고받은 재미처럼. 씨앗으로 재미를 좀 보려고 하니 이름이 무엇이고, 어디 사는지 궁금했다. 그러다 보면 봄에는 몰랐던 씨앗이 가을이 시작될 무렵엔 동네 친구같이 익숙하다. 바짓단에 붙은 도깨비바늘을 미워하지 않고 놀이터에 핀 할미꽃을 보고 웃는다. 지나가는 옆 학년 친구가 도꼬마리 씨앗을 두 개 얻어가더니 책상 위에 집을 만들어 침대 위에 조심히 도꼬마리를 눕혔다. '도꼬'와 '마리'는 그렇게 한동안 그 반의 가족이 되었다. 우리는 씨앗을 찾아 떠났고 직접 손으로 만지고, 눈으로 보고, 발로 밟아가며 씨앗을 배웠다. 그리고 가족이 되었다.

"선생님, 이거 벽오동 씨앗 아니에요?"

해맞이 맨발 걷기를 하는 어느 아침에 한 아이가 화단에서 벽오동 씨앗이라며 나뭇잎을 주워 왔다. 나중에 안 사실이지만 벽오동 씨앗인 줄 알았던 것은 사실은 느티나무 씨앗이었다. 몰래 씨앗 이름을 찾아보는 중에 아이들 사이에서 작은 실랑이가 벌어졌다. 학년이 다른데도 아이들은 서로 얽혀서 이게 벽오동 씨앗이 맞냐 아니냐 한참을 다퉜다.

"이거 벽오동 씨앗 아니야!"
"이게 벽오동 맞으면 어떻게 할래?"
"맞으면 여기서 춤 출게요. 벽오동 아니면 선생님이 아이스크림 사 주세요!"

씨앗 하나로 깔깔거리며 웃는 순간, 아이들의 마음속에 벽오동 씨앗이 하나 또 생겼다. 느티나무 씨앗도 생겼다. 나에게도 다음 해 아이들과 함께 이야기할 씨앗 하나가 더 생겼다.

우리는 단순히 씨앗을 배우는 것은 아니다. 씨앗을 통해 배움을, 삶을 확장한다. 자연과 연결되고 삶과 연결되는 통로다. 씨앗을 찾고, 살펴보고, 기다리는 과정에서 아이들은 공생을 배운다. 씨앗은 단순한 물리적인 존재가 아니라 함께 살아가는 법을 배우는 과정이 된다. 근데 그것이 또 재미있으면 곁에 있는 사람들과 함께하며 긴 시간을 관통하는 소중한 무엇인가가 된다. '도꼬'와 '마리'처럼, 나와 외할머니의 삐삐처럼, 진달래처럼.

씨앗은 끝이면서 시작이고 재미는 그 순환에 다채로움을 더한다. 아이들이 수업을 통해 자신을 발견하고 자신의 세상을 만들어갈 수 있도록 돕는 것. 그것을 조금 재밌게 간지럽히는 것이 나의 역할이다. 아이들은 스스로 발견한 배움을 더욱 오래 기억할 것이다. 그 배움이 또 다른 배움으로 이어지길 기대한다.

"그거 있잖아요, 헬리콥터처럼 날아가는 씨앗요! 그거 두 개 주세요. 그리고 팡 터지는 씨앗도 주세요!"

지난가을에 공사로 교실 이삿짐을 싸느라 아이들에게 남은 씨앗을 나누어 주었다. 아직 씨앗 이름이 익숙하지 않은 1~2학년 아이들이지만 그래도 그것이 무엇인지 잘 안다. 아이들이 열심히 설명한 것을 나누어 준다. 그러면 작은 손바닥 위에는 단풍나무 씨앗과 봉선화 씨앗이 가득하다. 도토리를 가져간 아이는 그러더라, 새총으로 숲에 날려 줄 거라고. 무궁화를 좋아하는 아이는 무궁화 씨앗 다섯 개를 가져가서 두 개는 동생에게 주고 세 개는 집 앞에 심고 싶다고 했다. 그러면 언젠가 그 씨앗들이 자라 싹을 틔우겠지. 잠시 잊은 사이에 저마다의 색으로 자란 꽃과 풀이 아이들의 삶에 가득했으면.

## 철학과 성장, 재미를 짓는 시간

///////////////

"샘, 우리 학교에 꽃창포 있는 거 봤어요? 저 찾았어요."

아이들 세상에는 내가 모르는 꽃이 자란다. 가르쳐주지 않아도 다시 찾아 나서는 그 발걸음은 학교 구석구석을 탐험해야 할 세상으로 바꾼다. 누군가는 매화꽃이 진 자리를 바라보며 지나간 계절을 아쉬워하고, 누군가는 새롭게 피어난 꽃을 보며 찾아올 새로운 계절을 반긴다.

처음에 봉선화가 어떻게 생겼는지도 몰랐던 아이는 봉선화만 찾아다녔다. 씨주머니가 터지는 것을 안 이후에는 그것만 종일 터뜨리고 다녔다. 그렇게 하면 봉선화 씨앗이 멀리 퍼져서 더 좋단다. 막 웃는다. 재밌는 것을 더 찾기 위해 아이들은 배운 것을 요긴하게 써먹었다. 그러면 더 큰 재미가 온다는 것을 아는 것처럼 제 배움을 다시 만들어 간다. 또 운동장으로, 화단으로 뛰어갔다.

재미는 인간의 본성이다. 우리는 본능적으로 재미있는 것에 끌리고, 반복하고 싶어지고, 나누고 싶어진다. 교실도 마찬가지다. 아이들은 재미있는 활동에 기꺼이 몰입하고 선생님의 추임새 한 마디에 더 깊이 빠져든다. 그래서 수업할 땐 늘 '재미'를 생각한다. 그 본성을 담은 움직임에 교사가 호응하면 아이들은 그 재미로 온 세상을 탐구하기 시작한다. 우리 반 아이들은 그렇게 꽃과 씨앗 박사가 되었다. 단지 그 것의 이름을 외우기 위해서가 아니라 좋아하게 되었기 때문에 알아가고 싶어졌다.

언젠가 아이들이 맨손으로 다른 사람의 침이 묻은 담배꽁초를 만지는 것이 걱정되어 쓰레기 줍기를 그만하라고 했다. 그래도 아이들은 아침 걷기 시간에 몰래 쓰레기를 주워 자신의 쓰레기통에 담았다. 아이들은 몰래 쓰레기를 주워 담으면서도 자기들을 걱정하는 선생님의 마음을 이해했다. 나도 결심한 것을 끝까지 해내고자 하는 아이들의 마음을 이해하며 수상하게 모여있는 뒤통수들을 모른척했다. 예전의 나라면 속상했을 법한 일인데 올해는 사랑스럽다.

재미는 애정이 없으면 성립하지 않는다. 내가 재미를 좇는 이유도 결국 내가 사랑하는 아이들에게 그 재미를 전하고 싶기 때문이다. 좋아하는 것을 나누고 싶은 마음, 함께 웃고 싶은 마음이 재미를 더욱 크게 만든다. 아이들에게 새로운 것을 알려주고 싶어지는 것도, 함께 경험을 만들고 싶은 것도, 다 그 애정에서 비롯된다. 그러니 '나는 아이들을 사랑해서 재미를 좇는 것일까, 재미를 좇다 보니 아이들이 더 사랑스러워지는 걸까'하는 생각에 다다른다.

수업에서 나와 아이들은 서로 다른 재미를 느낀다. 손끝과 발끝에서 피어나는 감각적인 재미도 있지만, 무엇보다 자신의 손으로 만드는 과정에서 오는 충만한 재미가 있다. 낯설고 익숙하지 않은 상황 속에서도, 불편함을 견디며 저만의 의미를 만들어가는 성취의 재미가 있다.

쓰레기통을 만들던 날, 무더운 햇살 아래 학교 주변을 쉼 없이 걷는 것을 힘들어했다. 일정한 시간마다 '선생님, 너무 더워요. 장갑 벗으면 안 돼요?'라며 볼멘소리를 한다. 그러면서도 쉬지 않고 쓰레기를 찾아 나섰다. 다들 땀에 흠뻑 젖어가며 자신들이 만든 쓰레기통의 쓸모를 증명해 냈다. 그렇게 아이들은 불편함을 견디며 끝까지 해내는 기쁨, 의미를 만들어가는 재미를 배웠다.

민들레만 보면 씨앗을 불어 화단에 퍼뜨리겠다고 말하는 아이도 있었다.

"민들레 씨앗이 다 퍼지면 내년엔 우리 학교가 민들레 천국이 될 수도 있어요."

그 말은 마치 자기만의 비밀스러운 계획을 실현하려는 것처럼 들렸다. 아이는 배우고 느낀 것을 자기 삶에 연결하고 있었다. 마을과 자연을 만나며 관계를 확장해 가는 아이의 움직임에는 일상에서 자라나는 관계의 재미가 깃들어 있었다.

아이들은 자신이 만든 세상이 '재미있다'라고 말하며 서로의 세상을 연결했고, 그 속에서 자신을 발견했다. 재미는 그저 손에 잡히는 짧은 기쁨이 아니라 내가 삶의 주체가 되어 살아간다는 감각에서 오는 것이다. 의미는 주어지는 것이 아니라 아이 스스로 만들어가는 것이다.

결국, 재미는 세상과의 연결이다. 『봄을 찾은 할아버지』의 이야기에 푹 빠진 아이는 할아버지가 매화꽃을 찾자 주먹을 하늘로 치켜들며 환호했다. 책을 덮은 후에도 학교 화단의 매화나무를 보며 지고 난 꽃자리를 보며 아쉬워했다. 그리고는 "내년 봄엔 꼭 매화꽃을 제일 먼저 찾아낼 거예요"라고 다짐했다. 또 도깨비바늘이 씨앗이라는 걸 알게 된 아이는 예전 같으면 짜증 냈을 옷에 붙은 씨앗을 이제는 반갑게 여기며 하나하나 떼어 관찰했다. 이름을 알게 되자 자연은 더 이상 낯선 것이 아닌, 친근하고 궁금한 존재가 되었다.

이렇게 재미는 단순한 기쁨에 그치지 않고 아이가 자연을 바라보는 시선과 삶을 대하는 태도를 조금씩 바꾸어간다. 재미있던 경험은 기억에 남고 그 기억은 또 다른 호기심과 행동을 낳는다. 그렇게 재미는 확장되고 삶은 점점 더 넓어진다. 나는 그저 재미를 좇았을 뿐인데, 아이들은 그 안에서 자신만의 세상을 만들어간다. 나는 그것이 참 아름답다.

수업이 지난 자리를 돌아보니 그곳에는 아이들이 만든 세상에 물들어 조금씩 달라진 나의 세상도 함께 남았다. 수업을 시작할 때는 모든 것이 내 계획과 상상 속에 있었지만, 함께 배우는 과정에서 아이들이 만든 세상은 내가 미처 생각하지 못한 방식으로 펼쳐졌다. 같은 것을 보아도 전혀 다른 무언가로 만들어낼 수 있다는 걸 아이들을 보며 배웠다. 하지만 나는 혼자만의 세상에 빠져 그 사실을 종종 잊곤 한다. 같은 수업에서도 다르게 생각하고 다르게 행동하지만 서로의 존재를 재밌어하는 아이들은 그 사실을 다시 행동으로 보여준다. 나는 그제야 머리가 아닌 마음이 열린 사람이 되어갔다. 아이들과 나의 다름을 비로소 받아들일 수 있었다. 그래서 우리는 서로의 마음이 같은 곳을 보지 않을 때, 자신의 선택에 따라 다른 길을 가는 뒷모습을 원망하지 않고 응원했다. 응원하며 서로 다른 우리의 세상을 연결했다. 아이들 덕분에 나의 세상도 해마다 더 커졌다.

> 그림책을 읽고 수업을 계획할 때, 나는 우리 반 친구들이 그림책 『쓰레기통 요정』을 읽고 '가치는 상대적이다'라는 책의 메시지를 잘 이해할 수 있을지 확신하지 못했다. 그런데 수업을 시작하자 아이들은 금세 책의 세상에 몰입했다. 이야기 속 요정이 처한 상황에 깊이 공감했다. 저마다의 방식으로 현실에서 요정을 만난다면 도울 방법을 궁리했다. 아이들은 내가 생각했던 것보다 훨씬 많은 것을 보았다. 새롭게 보았다.
>
> 아이들은 충분히 잘할 수 있다, 내 생각보다 훨씬 많은 것을 본다. '아이들은 잘 한다. 나만 잘하면 된다.'라는 말을 주문처럼 하면서 이번에도 나만 잘하지 못했음을 깨달았다. 믿음이 부족했다는 생각에 미안한 마음도 들었다.
>
> - '쓰레기로 쓰레기통 만들기' 수업 후 교사의 성찰 글 -

요즘은 해마다 같은 수업을 반복하며 게을러진 몸을 일으켜 한 걸음 더 나아가려고 한다. 나 역시 재미를 순간적인 흥미로만 두지 않고 아이들의 삶에 스며드는 지속 가능한 배움의 씨앗으로 가꾸고 싶다. 그래서 '기록'을 잘하려고 애쓴다. 아이들의 말과 표정, 순간의 행동을 가만히 들여다본다. 그 속에서 그들이 찾아낸 의미와 재미를 어떻게 남기고 이어갈 수 있을지를 고민한다. 발자국처럼 남긴 기록을 보며 아이들의 세상이 어떻게 만들어지는지 더 깊이 이해하고 싶다.

그렇게 하나하나 쌓인 배움의 자취가 아이들의 마음에 은근히 남고, 그 마음이 또 다른 삶의 방향이 되기를 바란다. 그래서 나는 끊임없이 재미를 좇는다. 재미가 있는 곳에 배움이 있고, 재미가 있는 곳에 아이들이 있으니까.

# '살아있는' 수업을 향한 여정

구봉초등학교 안현정

## 교사의 철학

나의 수업 철학은 '살아있음'이다. 나에게 살아있음이란 관계 속 따뜻함이며, 외부 자극에 능동적으로 질문하고 반응하는 것이자, 보이지 않는 권력에 저항하는 가운데 자유를 찾는 주체적 꿈틀거림이다. 아이들이 어떤 모습이든 편안하게 드러내고 온전히 받아들여지는 공간은 교육적 만남을 더욱 따뜻하게 만들며, 아이들이 숨김없이 자신을 표현할 용기를 갖게 한다. 그 안에서 피어오르는 능동적이고 주체적인 꿈틀거림은 새로운 세상을 향한 두근거림이 되고, 자신을 긍정적으로 생각하며 스스로 '살아있음'을 느끼게 한다. 이러한 변화를 위해서 교사인 내가 먼저 '날 것' 그대로의 나 자신이 된다. 나 역시 한때 학생이었음을 잊지 않기에, 그 시절 품었던 세상의 아이러니와 교실 속에서 느껼던 숨 막힘을 기억한다. 그 기억은 나에게 수업의 관습적인 틀을 묻고 깨뜨릴 힘을 준다. 더 나은 세상을 만들 교육의 힘을 믿으며, 나는 먼저 '더 나은 나의 교실'이라는 작은 세계를 만들어간다. 이 과정이 바로 '살아있는' 수업을 향한 여정이다.

   그 여정의 시작은 '따뜻함'이다. 관계의 따뜻함은 존중에서 비롯된다. 아이들이 진정으로 '살아있음'을 느끼려면, 교실은 무엇보다 세상에서 가장 안전한 공간이 되어야 한다. 그 공간은 따뜻함으로 채워져야 하고, 그 근간은 바로 '존중'이다. 존중이란 나와 너, 우리 모두를 똑같이 소중히 여기는 것이다. 교사라고 더 존중받아야 할 이유도, 학생이라고 덜 존중 받아야 할 이유도 없다. 우리가 함께 조화를 이룰 때 비로소 관계에서 편안함을 느낀다. 조화란 눈높이를 맞추고, 더 가진 자가 가진 것을 덜 가진 자에게 내어놓는 일이다. 그래서 나는 내가 가진 보이지 않는 교사 권력에 대해 의심하고 질문했다. 분명 내가 더 많은 권력을 쥐고 있었다. 불필요한 권력을 내려놓고 아이들과 함께 나누자 놀랍게도 내가 먼저 편안해졌다. 아이들도 마찬가지였다. 집단이 만들어내는 보이지 않는 힘의 역학 관계도 점차 누그러졌다. 마침내 아이들은 '날 것'의 모습으로 교실에서 안전하게 존재하기 시작했다.

   나는 세상에 능동적으로 반응하고, 보이지 않는 권력에 저항하며 나답게 살기 위해 질문을 던진다. 나에게 던지는 질문이기도 하고 세상에 던지는 질문이기도 하다. 그 질문은 당연한 것을 의심하는 것이고, 관성으로 살아온 삶을 멈추는 일이며, 새로운 세상을 만들어가는 내 생각의 출발점이다.

'수업에서 아이들은 어떻게 해야 살아 있을까?, 수업의 목표는 누가 정해야 할까?' 이렇게 질문하며 나는 아이들을 단순히 배워야 할 대상이 아니라, 학습하는 주체로 세우려 했다. 주어진 것을 받아들여 목표에 도달시키는 존재가 아니라, 그들의 삶에서 각자가 바라는 것을 성취하는 학습의 주인으로 서게 하려 했다.

나는 '수업의 주인은 누구인가? 수업은 누가 해야 하는가?'라는 질문을 던졌다. 배움은 진취적인 자기 발현이자 능동적인 지식 창출 과정이어야 한다. 교사가 지식을 전달하는 데 그치지 않고, 학생이 학습의 주체가 되어 동원되는 것이 아닌 동참하며 함께 만들어가는 과정, 그것이 바로 진정한 배움이다. 그래야 앎이 곧 삶이 되고, 삶이 곧 앎이 되는 것이다. 나는 교사와 학생 모두가 학습 행위의 주인이 되어 서로 협력하고 함께 성장하는 것이 진정한 수업이라고 생각했다.

나의 탐색은 '아이들은 무엇을 배워야 하는가? 진정한 학습은 어디서 시작되는가? 학교는 왜 존재하고 다녀야 하는가?'라는 질문으로 이어졌다. 인류가 쌓아온 지혜를 배우는 일은 소중하다. 그리고 그 배움을 통해 살아갈 미래를 준비하는 일 또한 중요하다. 학교는 과거와 미래, 그리고 '나'와 '너'가 함께하는 사회를 연결하는 시공간이다. 만약 앎과 세상의 연결이 더욱 단단해진다면, 배움은 학생 시절에만 국한된 일이 아니라 평생에 걸친 일이 되지 않겠는가? 이러한 질문들은 교실이라는 틀에 갇힌 나를 세상 밖으로 이끌어냈고, 한 학년이라는 시간에 갇혔던 나를 더 넓은 미래로 나아가게 고민하게 했다.

'평가는 누구를 위한 것인가?, 평가의 의미는 무엇인가?' 평가는 아이들을 행복하게 하지 않았다. 평가는 수업의 질을 높이지도 못했다. 오히려 아이들을 불행하게 만들고, 수업을 평가의 좁은 틀에 가두어버렸다. 그 고민은 평가를 없애거나, 그 영향력을 최소화하거나, 아예 기존의 평가 틀을 벗어나게 하는 용기를 불러일으켰다.

궁극적으로 '미래에는 어떤 사람이, 어떤 세상에서 살아가야 하는가?'를 물었다. 이 질문은 나 자신에 대한 고민이자, 내가 살아갈 세상에 대한 고민이기도 하다. 사람을 가꾸고 세상을 가꾸는 일이 곧 교사의 일이고 교육의 본질이라고 여기니, 교사로서의 나의 의미가 완전히 달라졌다. 이전과는 다른, 의미 있는 사람이 되고 싶다는 열망이 생겼다.

내 속에서 솟아나는 질문들은 내 속에서 나를 끌어내기도 했고, 교실 안에서 나를 벗어나게도 했다. 학교를 온 세상으로 확장하기도 하고, 현재에 갇힌 나를 미래로 나아가게도 했다. 질문은 나에게 해방감을 느끼게 하고 앞으로의 교육과 미래를 꿈꾸게 하기도 했다. 무엇보다 먼저 나를 나답게 살아가게 했고, 그리고 아이들도 그들답게 살아가게 했다. 나에게 질문은 존중이었고 자유였고 해방이었다.

이 사유는 나를 새로운 교육 실천으로 이끌었다. 나는 교실과 수업에서 학생들이 나름의 '살아있음'을 경험하도록 다양한 활동을 인정했다. 그러자 학생들도 두려움을 내려놓고 그들의 삶과 다양한 아이디어를 수업의 주제로 가져왔다. 수업 방법, 평가 방법도 아이들과 함께 의논하며 결정했다. 나는 결정하고 집행하는 지배자가 아니라, 학생이 주체로 성장하는 다양한 학습 과정을 만들어 가는 촉진자가 되려 했다. 배움 주제 선정부터 설계까지 학생이 스스로 하니, 수업에서 주체적으로 참여하고 수업의 성공에선 더 자랑스러워했고, 실패에 대해서도 학생들이 스스로 책임졌다. 수업이 끝난 후 "아! 더 재밌게 할 수 있었는데.", "다른 방법으로 공부해 볼걸!"하고 말하며 스스로가 수업의 창조자임을 알아가고 있었다. 무엇보다 소중한 것은 주체적으로 만들어 가는 학습의 과정에서 학생들은 홀로 할 수 있는 것보다 함께 할 때 더 많은 것을 할 수 있다는 것을 깨달은 것이었다. '살아있는' 배움의 여정 속에서 주인이 된다는 것은 '친구와 함께하는 나'임을 알게 되는 것이었고, '덕분에' 자신의 배움이 깊어짐을 경험으로 깨닫는 것이었다. 교사도 아이들 '덕분에' 배우고 있음을 경험으로, 삶으로 알았다. 나의 수업은 학생들이 주체가 되어 주도하는 수업이었고, 동시에 교사가 보이지 않는 단단한 축이 되어 주도하는 수업이기도 했다.

'살아있는 수업'을 향한 여정은 당연하게 여기던 것을 의심하고 끊임없이 질문을 던지는 '저항'이자, 각자 자신의 꿈을 꾸고 실현해 가는 '자유'이며, 함께 연결되어 두려움 없이 도전하는 '해방'이다. 어떤 실패라도 허용하는 우리의 교실에서 수업은 새로운 세상으로 나아가는 시행착오의 여정이었다.

## 철학으로 바라보는 수업

우리의 만남은 '내 삶에서 보이지 않는 권력'에 질문을 던지고 답을 찾으며 자유를 찾는 꿈틀거림으로 시작한다. 교실 안에서는 학생과 교사 모두 동등한 주체로, 각자에게 의미 있는 이름을 스스로 짓고 자신이 추구하는 가치를 담아 서로 불렀다. '우리는 왜 학교에 가는가?, 이 과목을 왜 배우는가?, 수업의 주인은 누구인가?'와 같은 질문들을 함께 던지며 성찰을 시작했다.

이러한 질문에 대한 깊이 있는 탐색을 통해 아이들은 수업의 주인은 자신임을 깨달았다. 더 나아가 '학습 목표, 수업 방법, 평가 방식은 왜 선생님이 정하는가?'라며 기존 수업 방식에도 의문을 제기하기 시작했다. 학생들은 스스로 기획하고 성찰하는 수업의 능동적인 주체로 발돋움하려 했다.

변화를 위한 시도는 교실과 수업에만 머물지 않았다. 학생들은 깨달음을 삶으로 확장하며, '학교에서, 가정에서, 사회에서 나는 나답게 존재하고 있는가? 나는 어떻게 살아갈 것인가?'와 같은 질문들을 던졌다. 이를 통해 학생들은 삶의 주인이 되는 경험을 했다. 나는 수업이 마땅히 아이들이 열심히 꿈틀거리며 자신의 '살아있음'을 증명하는 역동적인 현장이 되어야 한다고 생각했고, 그에 맞춰 수업의 방향을 잡아갔다.

### 교사의 철학으로 바라본 수업 개요

**살아있음**

| 저항 | 자유 | 해방 |
|---|---|---|
| 보이지 않는 학교 권력에 대해 질문하기 | 수업 공동체 안에서 주인되기 | 삶의 주체로 서기 |

## 저항, 보이지 않는 학교 권력에 대해 질문하기

**교실 안 권력에 저항하기**

교실 안에서 선생님이 어른인 것만으로도 권력자일지 모른다. 그래서 아이들과 만난 첫날 나를 선생님이 아니라 '이름'으로 불러달라 했다. 아이들과 내가 같은 자리에 서고 싶은 마음 때문이었다. 그리고 만남의 시작에 "이름을 정하는 건 어떤 의미인가? 이름은 누가 정하는가? 누군가가 정해준 이름으로 평생을 사는 것에 대해 어떻게 생각하는가? 부모를 우리가 선택할 수 있는가?" 등의 질문을 던졌다. 아이들의 눈이 휘둥그레졌다. 나는 이 질문을 통해 교실 속 아이들 모두를 동등하게 세우고 싶었다. 아이들에게 이렇게 제안했다. "교실에서는 그 누구의 딸이나 아들도, 우리가 어찌할 수 없는 가정환경이나 빈부의 차이를 가진 사람도 아니다. 또한 지난 학년에 어떤 학생이었는지는 중요하지 않다. 이 순간, 이곳에서 지금의 '나'로서 새롭게 시작하자."

새로운 시작은 사람의 마음을 설레게 한다. 아이들은 새롭게 출발하는 자신만의 이름을 짓고, 그 이름의 의미를 담아 교실의 약속들을 함께 만들었다.

"저는 '피그미마모셋'이라 불리는 엄지만 한 작은 원숭이를 좋아합니다. 저 멀리 남미에 사는 이 작은 원숭이는 많은 사람이 키우고 싶어 배나 비행기로 데려오려 시도했지만 번번이 실패했다고 합니다. 그 작은 심장이 긴 여행을 견디지 못하고 터져버렸기 때문이죠. 덕분에 그 작은 원숭이는 자신이 살던 터전에서 계속 살 수 있었고, 사람들은 그들을 보려면 직접 남미를 찾아야만 하게 되었습니다. 심장이 터지는 안타까운 상황이 오히려 그들이 자유롭게 살 수 있는 기회가 된 셈입니다. 저는 자유라는 가치를 온몸으로 보여주는 엄지만한 원숭이를 사랑합니다. 그리고 올 한 해 저는 여러분에게 따뜻한 사람이 되고 싶습니다. 그래서 저는 '따뜻한 엄지 원숭이'라 불리고 싶습니다. 편하게 줄여서 '숭이님'이라고 불러주셔도 괜찮습니다. '선생님'이나 '스승'이라는 말은 훗날 여러분의 삶에 제가 좋은 영향을 주었다고 느껴질 때 조용히 마음속으로만 불러주면 됩니다."

나는 아이들에게 나의 이름과 그렇게 불리고 싶은 이유를 이야기해 주었다. 내가 이런 이야기를 하는 이유는 아이들로부터 어른이기 때문에 받으려 하는 당위적 존중이 아니라, 존중할 만한 존재인가에 대한 판단 주체가 언젠가 어른 된 아이들이여 한다고 생각하기 때문이다. 내 이름인 '숭이님'에 담긴 의미로 아이들에게 다가가면, 그 이름은 놀림거리가 되지 않는다. '숭이님'을 부를 때마다 아이들은 나라는 존재를 '자유'라는 가치를 귀히 여기는 사람으로 항상 기억할 것이다.

우리 반 아이들도 나처럼 자신의 특징과 자기가 좋아하는 동물을 엮어 직접 이름을 정하고 싶다고 했다. 그렇게 우리는 서로의 이름을 부르며 각자의 바람과 마음을 되새겼다. 그리고 우리는 이름에 담긴 이야기를 기억하며 서로를 의미 있게 대하기 위한 세 가지 약속을 정했다.

---

### 우리 반의 이름 부르기 약속

하나, 우리는 각자가 정한 이름을 귀히 여겨 부른다.
하나, 우리는 존중하는 마음을 담아 모두의 이름에 '님'을 붙이고 존칭을 쓴다.
하나, 교실은 우리가 주인인 작은 세상이며 그 세상에서 우리는 모두 평등하다.

---

아이들은 우리 교실 이름도 의미를 담아 '세계적인 동물농장'으로 지었다. "우리 반 친구들 엄마 아빠는 국적이 참 다양해요. 한국, 베트남, 일본, 러시아, 우즈베키스탄이 있으니 우리 교실에 세계가 있는 거잖아요. 그래서 '세계적인'이라는 말을 넣었어요." 아이들의 순수한 생각은 다국적 보호자들과 소통이 어렵다고만 답답해하며 그들의 고단

한 타향살이를 미처 헤아리지 못했던 나에게 역지사지가 공존의 시작임을 깨닫게 하는 계기가 되었다. 그 깨달음 덕분에 나는 서툴지만 알림장이나 가정통신문의 주요 내용을 각 나라의 언어로 번역해 보내드리기 시작했다. 그러자 다국적 출신 보호자들로부터 한국어로 된 답장이 오기 시작했다. 어떤 보호자는 아이를 통해 마음을 전하기도 했다. "숭이님이 처음이래요. 엄마 나라 글로 알림장 써주시는 분은요."

나는 '환경 구성'이나 '공부하기 좋은 자리 배치'라는 것에도 의문을 품었다. '환경 구성은 누구를 위한 것인가? 그리고 '공부하기 좋은 자리 배치는 무엇인가?'와 같은 질문에 대한 답을 찾기 위해 환경과 교실 공간 구성의 주도권을 아이들에게 넘겨주었다.

아이들이 주인이 되어 꾸민 환경 게시판은 그들의 작은 키에 맞춰 낮게 채워졌다. 부모님 나라에 대해 알려주고 싶어 했던 아이들은 1일 1 러시아어 게시판, 1일 1 일본어 게시판을 만들었다. 게시판을 통한 표현과 배움은 서로의 성장을 돕는 촉진제가 되었고, 밝은 미래를 약속하는 상상력으로 이어졌다.

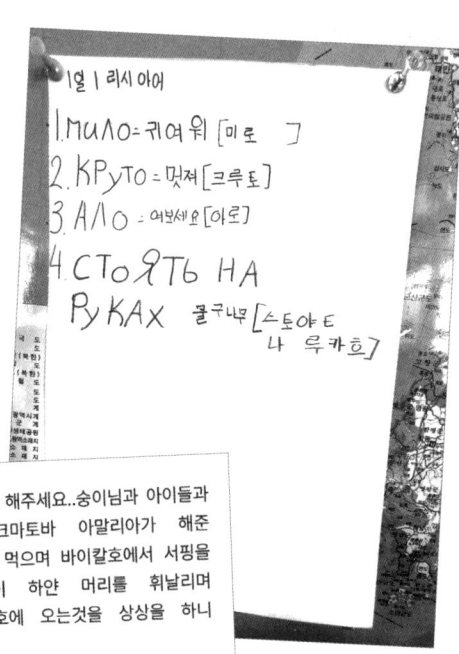

제발 저희를 그대로 올라가게 해주세요.. 숭이님과 아이들과 함께 러시아에 가서 히크마토바 아말리아가 해준 까르또시까쓰 스 스미야송을 먹으며 바이칼호에서 서핑을 하다가 80살이된 숭이님이 하얀 머리를 휘날리며 람보르기니를 타며 바이칼호에 오는것을 상상을 하니 너무나도 행복합니다..
이 약속을 꼭 지킬수 있게 해주세요
겨장성생님 사랑합니다
To...*Leesua*

▨ 학생 주도 환경 게시판 구성과 상상력의 연결

교실 공간의 주도권을 넘겨주자 아이들은 역동적으로 생각하고 움직이기 시작했다. 청소하라는 말을 하지 않아도 바닥이 반짝일 만큼 깨끗이 닦아두었고, 앞뒤옆 모든 친구와 소통하기 위해 학급 전체가 하나의 모둠이 되도록 책상을 가로 5줄, 세로 4줄로 정렬했다. 또 교실 뒤편을 가득 채우던 사물함을 옮겨 공간을 구분하는 가벽으로 활용했고, 햇볕이 잘 드는 창가에 작은 아지트도 만들었다. 아이들은 내 곁에 모여 자신들이 꾸민 교실을 자랑하더니 "숭이님도 숨고 싶거나 쉬고 싶을 때 여기 쓰세요."라며 그들만의 공간에 나를 초대했다. 예상치 못한 따뜻한 마음에 나도 모르게 코끝이 시큰해졌다.

서로의 이름을 부르며 우리의 일상에 숨어있는 권력과 권위주의를 허물고 평등한 교실을 만들어 갔다. 또한 공간 구성의 주도권을 아이들의 권한으로 나누어 주면서 우리는 함께 교실의 주인이 되었다. 그렇게 아이들의 '살아있음'은 '지금, 이 공간'에서 '저항'이라는 의심과 질문으로 생생하게 살아났다.

**수동적인 수업 구조에 대해 저항하기**

3월 찬 바람이 불던 어느 날, 나는 무거운 이젤패드와 스탠드, 책상을 들고 아이들과 함께 운동장으로 나갔다. 의무교육이라는 이름 아래 아이들은 너무나 당연하게 보호자 손에 이끌려 학교에 온다. 의미도 모른 채 의무만 있는 학교는 아이들에게 어떤 곳일까? 홀로 설 수 없는 어린 나이이기에 어쩔 수 없이 다녀야만 하는 곳은 아니었을까? 어린 시절 나 또한 그랬던 것처럼. 나는 아이들이 학교를 주체적으로 바라보는 기회를 주고 싶었다. 학교 건물과 교문 사이에 있는 운동장이 그 이야기를 나누기에 가장 좋은 장소라고 생각했다. "학교 안으로 갈 것인가? 저 교문 밖으로 나갈 것인가?"라고 물으며 아이들이 직접 판단해 보기를 바랐다. 아이들에게 학교에 왜 다녀야 하는지 묻자, 한 아이가 "학교에 다녀야 할 이유가 없으면 학교 안 다녀도 되나요?"라고 물었다. "이유를 찾지 못하면 그래도 좋다."고 대답하자 아이들은 웅성거리기 시작했다. 그때 한 아이의 현실적인 한마디가 모두를 침묵하게 만들었다. "우리는 초딩이라 학교 그만두면 알바도 못해. 그냥 굶어 죽어."

우리는 단순히 지금만을 논하는 것이 아니라 미래를 준비해야 한다. 다닐 이유도 없이 억지로 가는 학교라면 변화가 필요하다. 그렇기에 우리는 끊임없이 질문하고, 의미를 기억하며, 새로운 대안을 제안해야 한다. 나는 다시 한번 아이들에게 질문했다. "학교는 왜 다니나요? 학교에서 무엇을 배우고 싶나요? 공부는 왜 하나요? 어떤 사람으로 성장하고 싶나요?"

이 질문에 대한 아이들의 답은 운동장에 닿는 차가운 바람처럼 내 마음을 얼어붙게 했다. '어른이 시켜서 공부하는 아이들, 그냥 체육이나 게임하고 싶은 아이들, 커서 돈 많은 건물주나 백수를 꿈꾸는 아이들' 바람결에 이젤패드도 바닥에 나뒹굴었다. 아침에 그 난리를 피워 놓고 결과는 처참했다. 아이들에게 "치웁시다."라고 담담하게 얘기했지만 내가 뭘 했나 싶었다. 난 깨어있는 척 아이들에게 질문을 던졌으나 착한 예상 답안을 정해놓고 있었던 '답정너'였던 것이다. 아이들을 따라 교실로 들어가는 길, 운동장 잔디밭에 떨어져 있는 포스트잇을 발견했다.

▩ 운동장에 떨어진 포스트잇

'공부는 왜 하는가?'에 대해 구겨진 채 '똑똑해질라고'가 쓰여 있는 쪽지와 '어떤 사람이 되고 싶은가?'에 대해 '부끄러움이 없는 사람'이라 적은 쪽지였다. 바람결에 날려 떨어진 종이였다. 당장 보이는 것이 다가 아님을, 내가 놓쳐버린 아이들의 귀한 생각들이 있음을 느끼는 순간이었다.

　그래서 나는 아이들의 일상을 사진과 글로 밴드에 더욱 열심히 기록하기로 했다. 있었던 일과 소감은 가능한 빨리 기록하고, 저녁에는 아이들과 이야기를 나눈 뒤 달라진 내용과 성찰을 덧붙여 담았다. 또 아이들 성찰문은 사진을 찍어 밴드에 올리고 보호자, 아이들과 함께 댓글로 소통했다. 그렇게 기록한 아이들의 일상은 예상하지 못한 순간에 귀한 감동을 선사하기도 하고 큰 힘을 주기도 했다.

　지금도 나에게 큰 힘이 되는 기억이 있다. 다음 해 학생 대표 선거가 있었는데 우리 반 범고래님이 출마 선언을 하고, 선거 날 아침 근사한 연설을 시작했다. "저는 즐거운 학교를 만들기 위해 다양한 스포츠 행사를 만들겠습니다. 그리고 동생들을 잘 챙기고……." 연설은 그렇게 순조롭게 이어지는 듯했다. "그런데 저는 욱하는 성격도 있고, 노는 것을 좋아해 약속을 못 지킬 때가 있습니다."라고 덧붙였다. 왜 굳이 저런 말을 할까 생각하다가 방과후에 축구하러 나가는 범고래님을 우연히 만나게 되어 그 이유를 물어보았다. "범고래님, 왜 연설문에 굳이 자신의 단점까지 얘기했어요?" 그러자 그는 한 치의 망설임도 없이 대답했다. "그래야 구봉이들이 저에 대해 제대로 알고 뽑을 수 있잖아요." 어른들은 조그마한 자리 하나 얻겠다고 온갖 거짓으로 자기를 포장하는데, 내가 그런 어른이 된 것 같아 문득 부끄러워졌다. 그날 밤, 우리 반 밴드에 올라온 글을 12월부터 하나씩 거슬러 올라가 살폈다. 그중 3월 활동사진이 눈에 들어왔다. '부끄러움이 없는 사람', 범고래님의 글씨였다. 범고래가 그 다짐을 오래전부터 꾸준히 실천해왔다는 사실을 깨닫고, '덕분에' 또 하나의 배움을 얻었다.

안전한 교실 환경에서 스스로 할 수 있는 것이 많음을 깨닫게 된 아이들은 각자의 개성과 요구 사항을 거리낌 없이 드러내기 시작했다. 한 번은 아이들이 대뜸 물었다. "왜 우리가 선택하지도 않은 창체 활동 주제(영화)를 학교에서 정해준 대로 배워야 해요?, 5학년은 왜 의무적으로 작품을 만들어 영화제에 내야 하고요?" 아이들의 작은 저항이 시작된 것이었다. 나는 학교 전체가 가는 길이라 어쩔 수 없다고 대답했다. 그러자 아이들은 이 활동이 자신들에게 어떤 도움이 되는지 생각할 시간을 달라고 했다. 아이들은 회의를 열더니 영화 수업이 우리에게 주는 의미가 무엇인지, 영화 수업을 우리가 왜 받아들이는 게 어려웠는지에 대해 이야기를 나눴다. 그 과정에서 영화라는 주제를 자신들이 직접 선택하지 않았다는 사실보다 불공평한 과제 분담과 무임승차가 불편함을 주는 것임을 깨달았다. 그리고 모두 함께 개선안을 만들었다. 아이들은 단순히 불만을 표출하는 데 그치지 않고 자기 목소리를 내고 문제를 해결하는 과정에서 진정한 학습의 주체로 성장해 나간 것이었다.

교실의 주인인 아이들은 스스로 삶을 위한 수업을 만들었다. 국어 시간, 비둘기님이 토의에 대해 공부하는 4단원을 먼저 배우자고 제안하며 한 친구가 축구할 때 겪은 문제를 이야기했다. "중학생 형이 있는 친구한테만 공 패스도 잘해주고 친절하게 대하고, 다른 친구들은 무시하는 것 같아요." 아이들은 '차별'을 주제로 깊이 토의하고 싶어 했다. 모두가 함께 머리를 맞대고 이 문제를 어떻게 해결할지 논의한 끝에 '지금, 이 순간 실천해야 할 일'을 정했다. 그랬더니 아이들은 삶 속에 깊이 스며있는 또 다른 차별 이야기들을 꺼내기 시작했다. 잘못된 문화가 자신들을 얼마나 불편하게 하는지 확인하며 닥친 문제를 해결하는 것을 넘어 미래를 위한 약속을 정했다. 심지어는 5학년 2반을 활용해 '오해를 이해로 바꾸는 삶의 약속'이라는 슬로건도 직접 만들었다. 아이들은 단순히 교과서에서 답을 찾는 대신, 자신들의 삶에서 수업의 주제를 발견했다. 이 한 시간의 수업을 통해 그들의 삶이 교실이라는 작은 세계와 연결되고 더 나아가 사회 전체와도 연결됨을 깨닫게 되었다.

▨ 차별을 주제로 정한 약속

**5(오)해를 2(이)해로 바꾸는 삶의 약속**

하나. 우리는 모두 평등하다.
하나. 우리는 존중의 마음을 담아 존중의 언어를 쓴다.
하나. 우리는 다른 사람과 비교하지 않고, 있는 그대로의 모습을 인정한다.
하나. 어른은 성별로 차별하지 않고 아이들을 공정하게 대한다.
하나. (건강하게 성장하기 위해) 우리는 모두 잘 먹는다.

아이들의 토의는 '마을 인권 프로젝트 전시회'로 확장되었다. 생계 등의 이유로 전시회에 오지 못하는 보호자들을 위해 메타버스를 활용하자는 아이들의 아이디어 덕분에 전시는 온라인과 학교 밖 전시관을 활용해 진행했고, 그 결과물은 이북E-BOOK 형태로 남겼다. 우리 동물농장 아이들은 앞으로 삶 속에서 수많은 과제들을 만나게 될 것이다. 하지만 그들은 이 '세계적인 동물농장'에서의 경험을 바탕으로, 삶의 과제들을 수업의 주제로 삼아 자신에게 묻고 답하며 살아갈 힘과 지혜를 얻게 될 것이다.

## 자유, 수업 공동체 안에서 주인되기

### 배움의 주제를 자유롭게 찾는 우리

2024년, 나는 3~6학년 과학 전담 교사가 되었다. 어떤 과목을 가르치든 가장 먼저 하는 일은 공부하는 이유를 함께 찾는 것이다. 그래야 아이들이 '수업에서 살아있어야 할 이유'를 스스로 발견할 수 있기 때문이다. 3학년 아이들에게 과학을 왜 공부하는지 물었다. "궁금한 것을 해결하기 위해서요.", "죽음의 이유를 알고 싶어서요." 아이들의 대답은 다양했다. 과학 공부를 하는 이유가 내적인 호기심이기도, 생명에 대한 연민이기도 한 것이다. 그때 한 아이가 "학원에서 과학책에 있는 거 다 배워서 이미 알아요. 그런데 학교에 다녀야 하니까 어쩔 수 없이 하는 거예요."라고 말했다. 우리는 이 친구가 과학 시간에 즐거움을 느낄 수 있도록 함께 노력하기로 했다. 우리는 공동체이기 때문이다.

수업에서 교사와 학생은 수업 공동체다. 우리는 교과서 목차를 확인하고, 한 학기 학습 순서를 함께 결정했다. 촉진자로서 나는 아이들의 의견에 귀 기울이며 설계와 정리의 과정에 함께했다. 먼저 4월에는 3단원 '동물의 한살이'를 배우기로 했다. 중국으로 떠난 푸바오, 집에서 키우는 강아지와 고양이 덕분에 익숙한 단원이기도 하고, 따뜻한 봄에 태어날 나비와 여러 생명체를 맞이할 준비를 해야 한다는 것이 이유였다. 그리고 5월에는 4단원 '자석의 이용'을 공부하기로 했다. 운동장에서 뛰놀기 좋은 날씨를 활용해 '지구에 있는 자석'을 찾아 나설 수 있기 때문이었다. 또한 비교적 쉬운 2단원 '물질의 성질'은 5월 한 주 동안 교실에서 다루기로 했다. 6월에는 5단원 '지구의 모습'을 배우기로 했다. 아이들은 더운 날씨에 바다를 그리워하게 되므로, 이때 바다를 공부하면 좋겠다고 했다. 다양한 날씨를 겪는 시기이므로 생명이 살아가는 조건을 온몸으로 이해할 수 있을 것 같다고도 했다. 이처럼 학습 순서를 결정하는 주도권을 학생에게 주자, 교과서는 자연스럽게 재구성되었다. 학생들과 함께 교과서를 재구성하는 이 과정은 아이들 스스로가 과학 수업에서 살아있는 존재임을 확인하는 소중한 시간이 되었다.

나는 의도적으로 3월과 7월은 학습 순서 정하기에서 제외했다. 내 수업에서 3월은 '자유 탐구 활동'의 달이다. 학생 이전에 인간이고, 공부 이전에 관계라는 믿음으로, 아이들은 안전한 수업 공동체 안에서 능동성과 자율성, 호기심을 마음껏 펼치며 다양한 실험을 통해 '살아있는 에너지'를 확인했다. 7월은 한 학기 동안 쌓은 배움을 바탕으로 생긴 '나만의 질문과 호기심'을 해결하는 '심화 탐구 활동'의 달이었다.

4월에는 아이들과 함께 정한 3단원을 공부했다. 3학년 '동물의 한살이'는 교과서에 여섯 개 세부 주제로 나뉘어 있었다. 우리는 교과서의 여섯 개 학습 주제를 세 가지로 재구성했다. 첫 번째 주제는 '판다와 배추흰나비의 한살이'였다. 판다와 배추흰나비의 한살이를 살펴보며, 그 과정에서 교과서의 여러 곤충과 새끼를 낳는 동물의 암수 역할과 생김새를 자연스럽게 배우기로 했다. 두 번째 주제는 배추흰나비를 직접 키우고 관찰한 내용을 담아 곤충의 한살이 책을 만드는 것이었다. 각자 만든 책으로 평가를 받았으면 좋겠다는 의견도 나왔다. 세 번째 주제는 아이들의 제안에 따라 '동물이 감정 표현하는 방법'을 탐구하기로 했다. 아이들은 "오스트레일리아 캥거루의 한살이보다는, 우리 주변에 있는 참새, 개, 고양이, 앵무새와 잘 지내는 게 더 중요하다."라고 말했다. 이것이 더불어 살아가는 사람의 모습이 아닐까? 아이들에게 선택과 주제 구성의 자유를 주자, 아이들의 목소리가 새들의 지저귐처럼 교실을 가득 채웠다.

**자유와 공동체로 삶을 배우는 우리**

나는 아이들이 학습 주제를 해결하는 데 도움이 될 다양한 자료를 준비했다. 아이들은 모둠별로 함께 자료를 공부하고, 각자 이해한 내용을 공유하며 정리했다. 그 과정에서 아이들은 서로 질문하고 답하며 자신의 오개념을 찾아내고, 정리한 내용을 고쳐나가며 기본 개념을 스스로 익혀 나갔다. 그 과정에서 "왜?"라는 질문을 시작으로 다양한 물음이 쏟아져 나왔다. 아이들은 모둠에서 나온 질문들을 정리하고 분류한 뒤, 그 답을 찾기 위해 함께 노력했다. 스마트기기, 책, 교과서, 심지어 사람까지, 질문에 대한 답을 찾는 방법도 학생들 스스로 결정했다. 어려운 단어는 끙끙대며 찾아보고, 각자 이해한 내용을 서로 나누며 얻은 사실을 자신만의 언어로 정리한 자료를 만들었다.

수업에서 함께 공부하는 것이 중요하다. 혼자일 때 생겨날 수 있는 오류를 집단지성을 발휘하여 최소화할 수 있기 때문이다. 서로 협력하는 수업, 질문이 있는 수업, 모르는 것이 계속 생겨나는 수업은 우리 모두를 성장하게 했다.

문제 해결 방법 역시 아이들 스스로 결정했다. 나는 이 과정에서 안전한 길을 안내하는 자가 되지 않기 위해 노력했다. 아이들 삶에서 겪을 '인생 실험'은 안전하지 않으며, 안전을 지나치게 강조하면 도전할 수 없기 때문이기도 했다. 안전이 유난히 강조되는 6학년 '여러 가지 기체' 단원 수업 또한 아이들 주도로 이루어졌다. 먼저 아이들은 산소 모둠과 이산화탄소 모둠을 만들어 기체의 개념을 정리하고 공유했다. 이어서 각 모둠이 개념을 직접 확인할 수 있는 실험을 구상하고 나에게 필요한 준비물을 요청했다. 나의 역할은 단지 실험이 위험한지 살펴보고, 아주 위험하지 않다면 요청한 준비물을 미리 구해두는 것뿐이었다. 실험을 주도할 모둠 학생들이 직접 실험 재료를 나누고, 유의 사항을 전달하며, 어떤 부분에 주안점을 둬야 할지까지 책임지고 실험을 진행했다. 아이들은 교과서의 실험 대신, 감자와 발포 비타민처럼 생활 속에서 흔히 구할 수 있는 재료로 기체 발생 실험을 계획했다. 나는 그들이 실험 안에 주요 과학 개념을 담을 수 있게 도왔다. 학생들은 이 활동의 전이로 나사 NASA가 화성에 감자를 심으려 하는 이유를 '산소 발생 실험'과 연결 짓는 놀라운 통찰력을 보이기도 했다.

학생이 수업의 주인이 되자 나는 실험 안내 방법을 고민할 필요가 없었다. "숭이님, 제 등에 실험 계획을 붙이면 돼요!" 아이는 실험 안내 종이를 망토로 두른 슈퍼맨이 되었다. 그 아이는 실험 안내 종이 망토를 두른 채 곳곳을 누비며 친구들을 도왔다. 참여하지 않는 아이는 아무도 없었다. 모두가 '수업 친구'로서 서로가 주인이 되어 살아가는 순간이었다.

3학년 아이들과 '동물의 한살이' 단원을 마친 뒤, 알게 된 점, 느낀 점, 더 알고 싶은 점을 포스트잇에 적으며 함께 성찰했다. "완전탈바꿈과 불완전탈바꿈이 뭐가 다른지 아직 잘 모르겠어요."라는 포스트잇을 보자, 한 친구가 큰소리로 외쳤다. "완전탈바꿈은 번데기 과정이 있는 것이고, 불완전탈바꿈은 번데기 과정이 없는 거예요! 우리가 정리해 둔 거 저기 있어요!" 그제야 몰랐던 아이가 고개를 끄덕였다. 자신이 무엇을 모르는지 정확히 알고 보충하는 것이 평가의 목적이라면, 우리는 성찰을 통해 그 목적을 충분히 달성할 수 있었다. 아이들은 성찰을 통해 "애벌레가 배추흰나비로 크는 과정을 더 알아보고 싶다."라는 바람부터 "이제 땅도 알고 싶고 땅에서 태어나는 식물도 알고 싶다."라는 새로운 호기심까지 쏟아냈다. 이 단원이 끝날 무렵, 아이들은 스스로 정한 학습 목표를 수행하기 위해 따뜻한 날들과 함께 깨어난 새로운 생명체들을 맞이하고 있었다. 그리고 땅의 신비와 땅에서 태어나는 식물의 한살이까지 궁금해했으니 4학년에서 배우게 될 '식물의 한살이' 단원을 기꺼이 받아들일 것이다.

존 듀이 John Dewey는 "배움은 경험이 아닌 '경험에 대한 성찰'로부터 비롯된다."라고 했다. 기존의 평가는 과거의 내 행위 결과가 현재의 나와 연결되는 것인 반면, 성찰은 앞으로 변화할 나와 현재의 나를 연결하는 역동적인 작업이다. 그래서 나는 평가보다는 성찰을 더 중요하게 생각한다.

### 해방, 삶의 주체로 서기

수업 목표와 학습 목표는 분명 다르다. 교과서 단원마다 제시된 학습 목표는 과연 누가 정했을까? 적어도 학습자가 스스로 정한 목표는 아닐 것이다. 심지어 그 학습 목표는 성취 기준에 딱 들어맞지도 않는 경우도 많다. 이 때문에 나는 학습자 주도 수업을 진행하며 '진정한 학습 목표는 무엇인가?'라는 질문을 던지게 되었다.

나는 진정한 학습 목표란, 주어진 배움의 끝에서 아이들이 안달 나게 알고 싶은 것(지식), 해보고 싶은 것(기능), 그리고 삶에 품고 싶은 태도(가치)라고 생각한다. 특히 급변하는 미래 시대를 살아갈 우리 아이들에게는 스스로 학습 목표를 설정하고 탐구해 나가는 '힘'이 무엇보다 필요하다. 그래서 학습 목표는 아이들이 정해야 한다.

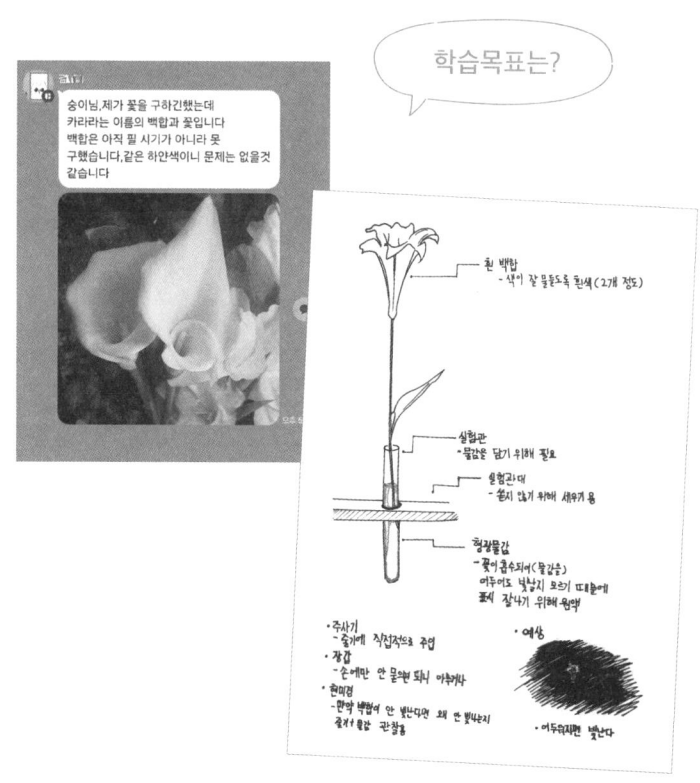

■ 학습자가 스스로 배움의 주체가 된 사례

아영이(가명)의 경우 수업 시간에 했던 줄기의 구조와 기능 실험 이후, 자신만의 학습 목표를 세웠다. '밤에도 빛나는 꽃을 만들기'였다. 자신이 알고 싶고 만들고 싶은 절실한 목표였기에, 아영이는 온 동네 꽃집을 찾아다니며 백합과(科) 꽃을 샀다. 이후 스스로 실험 계획을 세워 나에게 도움을 청했다. 주어진 과제를 따라서 하는 것이 아니라, 내면의 호기심을 바탕으로 학습 목표를 정하고 여러 가지 시도를 하는 아영이는 진정한 배움 주체의 모습이 어떠한지 보여주었다. 곧, 알고자 하는 자가 있는 곳이라면 어디든 배움의 터전이 될 수 있다는 것을 의미한다. 이는 학생의 학교로부터의 해방이고, 학생에 대한 편견으로부터 해방이다.

일 년 중 1학기 7월과 2학기 2월, 이 두 달은 심화 탐구 활동 달이다. 모든 학생이 아영이와 같은 경험을 할 수 있도록, 스스로 세운 학습 목표를 실천하는 시간을 가졌다. 한 학기 동안 배운 내용을 바탕으로 궁극적으로 더 알고 싶은 지식, 더 익히고 싶은 기능, 그리고 삶에 품고 싶은 태도를 성찰하고, 이를 목표로 직접 시행착오를 겪어보는 것이다. 나는 아이들이 요청하는 것들을 정리해 준비하고, 그 시행착오의 과정을 꼼꼼히 기록하는 역할을 했다. 아이들은 과학자로서 가져야 할 자세를 직접 실천하며 학습 주도성의 꽃을 피웠고, 성찰을 통해 한 학기 수업을 갈무리했다.

## 철학과 성장

아이들이 살아났다. 아이들은 '서로를 존중하는 수업 태도'가 일상이 됐다. "이거 다 아는 거예요."라며 삐딱하게 비아냥거리는 아이들은 우리 교실에 없다. 우리는 구글이나 위키피디아에서도 답을 찾을 수 없는 질문을 던지며, 함께 답을 찾는 공동체로 나아갔다. 토의와 질문을 통해 서로 도우며, 매일 '덕분에 알게 되는 사실'이 있음을 확인하고 고마움을 표현했다. "대박 아이디어다!" 아이들끼리 잔잔한 박수와 환호가 이어졌다.

존중은 교실 문을 넘어섰다. 학생들의 기획에 따라 반별 수업 지원 방식이 달라졌고, 이로 인해 아이들은 더 좋은 방법을 찾기 위해 노력했다. 해반천으로 꽃 관찰 실험을 떠난 반이 큰 성과와 즐거운 추억을 만들자, 다른 반 아이들의 부러움을 사기도 했다. 학생 스스로 만든 수업의 결과는 때로는 뿌듯함을, 때로는 아쉬움을 안겨주었다. 하지만 세상에 '망한 수업'은 없었다. 아쉬움 속에서도 아이들은 서로의 노력을 존중했고 실패 속에서 더 크게 성장했다.

아이들은 이제 '몰라요'를 당당하게 말하는 법을 배웠다. 매일 질문하는 것이 일상이 된 수업에서, 우리는 세상이 답하지 못하는 다양한 질문들을 던졌다. 예를 들어, '북극여우의 코는 왜 까만색인가요?'라는 우리의 질문에 대한 답은 어디에도 없었다. 우리는 우리만의 가설과 상상력으로 "100년 후 북극여우는 완벽한 보호색을 갖기 위해 코도 하얀색으로 바뀔 것이다."라는 답을 만들어 나갔다. 이렇듯 수업은 모르는 것을 알기 위한 과정임을 알기에, 답을 찾지 못한 질문은 '물음표'로 남겨두었다. 우리는 '모르는 것이 많은 사람들'이 되었고, 덕분에 앞으로 탐구하고 상상해야 할 것도 많은 사람이 되었다.

"숭이님 제가 찾아온 이 영상으로 수업해요. 우주 탄생의 원리가 정말 잘 담겨있어요.", "행성의 공전과 자전은 몸으로 공부했으면 좋겠어요.", "운동장에 나가서 운동장 철가루 부스러기부터 학교에 있는 다양한 크기의 공을 활용해 태양계 행성의 크기와 거리를 직접 느껴보고 싶어요." 아이들은 스스로 수업 주제를 만들고 어떤 개념을 명확하게 이해해야 하는지 파악하고 있었다. 어느덧 그들은 자기 눈높이에 맞는 수업재료와 방법을 찾아, 살아있는 수업을 만드는 주체가 되었다.

보호자도 함께 살아나기 시작했다. 밴드, SNS 등을 통해 매일 아이들의 '날것' 그대로의 모습과 사소한 변화를 기록하고 공유하니 처음에는 관심이 없던 보호자들의 조회 수는 점차 늘어났다. 성찰 일기를 공유하는 것은 아이들 사이에 다툼이 있을 때 더욱 효과적이었다. 성찰 일기에는 자신과 친구들, 교사의 입장에서 관찰한 사실, 사건의 원인, 배운 점, 그리고 우리가 성장한 점이 기록되어 있었다. 이는 보호자들의 관점을 넓혀주었다. 갈등은 해결해야 하는 '문제'가 아닌, 전환을 통해 성장할 수 있는 '가능성'임을 알아갔다. 또한 아이들의 성장을 위해 '기다림'이 필요함을 알아갔다. 아이들이 수업안에서 만들어 나간 '우리'라는 공동체가 보호자들 사이에서도 생겨나기 시작했다. 내 아이가 내 아이만을 통해 성장하는 것이 아님을 알게 되자, '누구 때문에'가 아넌 '누구 덕분에' 우리 아이가 배우고 성장했다는 글들이 올라오기 시작했다. 그렇게 모두가 내 아이로 '살아있게' 되었다. 이후 매번 학부모 대표를 뽑기 어려웠던 우리 학교에서 우리 반 보호자가 다음 해 우리 학교 운영위원, 학부모 대표로 기여했고, 우리 학교 교육활동의 동반자로 살아가게 되었다.

    나도 성장했다. 2024년 '살아있음'이라는 내 수업 철학을 만난 후, 나는 교사로서 굳건한 힘을 얻었다. 내 철학을 세우는 순간 나 스스로가 단단해짐을 느꼈다. 더 이상 변명거리를 마련할 필요도 도망칠 필요도 없음을 깨달았다. 현실에 놓인 수많은 수업 방법론에 나를 소진시킬 필요도 없었다. 나는 앞으로도 이 철학을 바탕으로 아이들과 함께 '살아있는 수업'을 만들어 갈 것이다. 다음 내 수업이 어떻게 진행될지 지금의 나는 모른다. 다만, 나의 철학을 북극성 삼아 길을 잃지 않으리라는 것은 분명히 안다.

    그리고 나는 동료, 선배, 후배 교사로서 내가 할 수 있는 일을 찾았다. 바로 '나를 진심으로 궁금해하는구나!'를 느끼게 하는 질문과 진심 어린 호기심으로 선생님들에게 다가가는 것이다. 나는 교실이라는 섬에 갇혀 지내던 사람이었다. 그때 나를 버티게 한 것은 스스로에게 던지는 수많은 질문들이었다. 하지만 나를 섬에서 구해낸 것은, 인터뷰어가 내 교사 철학을 찾기 위해 던졌던 따뜻한 질문들과 그 질문들을 통해 나를 소중히 담은 '나의 교사 철학에 대한 글'이었다. 이제 나도 우리 선생님들을 섬에서 구해낼 수 있는 '철학 질문'을 던지고 그들의 철학을 담은 글을 써주는 동료이자 선배, 후배가 되고 싶다.

내 교육철학과 그 철학을 소중히 보듬었던 경험은 아이들과 보호자의 모습으로부터 나의 의미를 발견하게 했고 나를 더욱 성장시켰다. 앞으로도 이 교육철학은 나비효과처럼 내가 상상하지 못했던 큰 힘을 발휘할 것이라 확신한다.

# '몰입'하는 즐거움

수곡초등학교 서민철

## 교사의 철학

"정말 행복한 사람은 몰입 상태에서 많은 시간을 보내는 사람이다."[8]

- 미하이 칙센트미하이(Mihaly Csikszentmihalyi)

몰입이란 무언가에 흠뻑 빠져서 자신의 모든 정신을 한 곳에 집중하는 일이다. 그것은 나라는 존재가 나의 행위와 하나가 되는 순간이며 나라는 존재가 비로소 드러나는 순간이다.

우리는 언제 몰입할까? 내가 보고 싶은 드라마를 볼 때, 좋아하는 사람들과 함께 시간을 보낼 때, 목표를 세워 운동할 때 우리는 몰입한

---

[8] 『몰입, FLOW』 미하이 칙센트미하이. 한울림. 2005

다. 그렇다면 교사는 언제 몰입할까? 내가 고민해서 준비한 수업을 운영할 때, 유대감을 쌓은 아이들과 함께 즐거운 활동을 할 때, 배움을 향해 함께 도전하며 실천할 때 교사는 몰입한다.

몰입은 나에 대해서 제대로 알고 내가 원하는 것을 선택할 때 시작된다. 이렇게 바로 선 '나'들이 모여 서로 마음을 나누고 따뜻한 관계를 맺을 때 나의 몰입은 우리의 몰입으로 확장된다. 배움의 내용이 글 속에 머무르지 않고 현재 우리의 삶과 연결될 때 몰입은 증폭된다. 함께 몰입하는 우리는 어떤 고난과 역경도 이겨내는 힘이 생긴다. 몰입의 힘으로 도전을 이겨낸 우리는 내면의 희열을 느끼고 그 기쁨을 나눈다.

나는 언제나 아이들과 함께 몰입하여 교육과정을 운영하려 한다. 그러기 위해 남이 만든 교과서 대로가 아니라 나의 길에 아이들을 안내하고 싶다. 그 길에서 아이들 또한 각자 자신을 바로 세우고 자기를 깊이 탐구한 후 자기만의 길을 만든다. 존재로 바로 선 '나'들은 다양한 학급활동을 통해 서로의 존재에 감사하는 마음을 길러 우리의 교육과정을 만들어낸다.

그리고 우리의 삶과 연계한 체험과 실천으로 깊이 있는 배움을 쌓아나간다. 다소 어려운 과제를 만나더라도 함께 시너지를 내며 극복해낸다. 그 과정이 힘들기도 하지만 함께이기에 우린 해낼 것이라 믿는다. 마침내 우리가 도전을 이겨냈을 때 보람차고 뿌듯하다. 자신감을 얻은 우리는 뭐든지 할 수 있다는 도전 의식이 생긴다.

몰입한 나는, 몰입한 우리는 행복하다.

# 철학으로 바라보는 수업

"지금까지 말한 가치 중에 가장 소중하게 여기는 가치가 있다면 무엇인가요?"

인터뷰의 마지막 질문이었다. 내가 했던 최근 수업 중 기억에 남는 수업에 대한 질문들을 통해 '자주, 감사, 상상, 도전, 기쁨'이라는 다섯 개의 가치를 찾아냈다. 그런데 이 중에서 가장 소중하게 여기는 가치를 묻는 것이었다. 고민이 되었다. 뭔가 하나를 고르자니 다른 가치들이 섭섭해할 것 같았다. 그래도 어느 가치 하나만 골라볼까 싶다가도 그 정도로 핵심 가치는 아닌 느낌이었다. 침묵이 길어졌다. '이 다섯 가지 가치를 묶을 수 있는 다른 단어가 없을까?' 퍼뜩 떠오르지 않았다. 침묵은 계속되었다.

'그건 그렇고 내 수업을 되돌아보니 여러 가지 많이도 했다. 근데 이걸 어떻게 다 해냈을까? 쉽지 않았지만 다 내가 선택한 길이었고, 그때 그 아이들이랑 너무 좋았고, 어떻게든 아이들 삶에 의미 있게 해보려고 노력했고, 그 순간순간에 아이들과 함께 몰입해서 이것저것 도전적인 활동을 많이 했지. 몰입? 몰입! 그래, 그 순간에 몰입하지 않았으면 절대 못 했을 것 같아. 주제학습에 아이들을 몰입시키려고 여러 가지 노력을 기울인 것 같은데. 그 몰입을 위해서 자주, 감사, 상상의 가치를 중요하게 여기고 몰입의 힘으로 도전하고 그 결과 기쁨을 느꼈지! 근데 몰입이 가치가 될 수 있나? 내가 중요하게 생각하는 건데 뭐 어때.'

"몰입입니다."

긴 침묵 동안 마음속으로 엄청난 고민을 했던 기억이 아직도 생생하다. 온전히 나에게 집중하여 발견한 나의 철학은 '몰입'이다. 그냥 해왔던 나의 수업이 철학으로 물들어 반짝이는 빛을 가지게 되는 순간이었다.

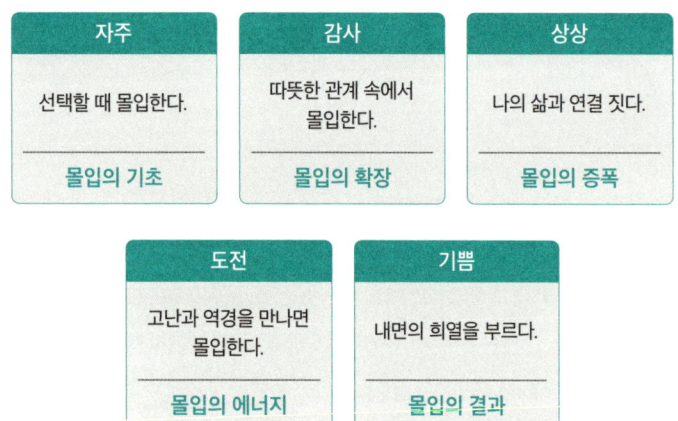

교사의 철학으로 바라본 수업 개요

### 선택할 때 몰입한다

'나'를 알아야 나의 길을 스스로 선택할 수 있다. 그래서 나는 어떤 학년을 맡든 매 학년도 초에 '나'를 주제로 한 수업을 기획한다.

내가 잘하는 것과 못하는 것, 내가 좋아하는 것과 싫어하는 것, 내가 하고 싶은 것과 하기 싫은 것 등 자기 욕구와 흥미를 찾으며 아이들은 자신에 대해 자세히 알아차리는 활동을 했다. 그리고 다양한 방법으로 나를 드러내는 표현활동을 하면서 나에 대해 인식하고 나를 점점 세워 나갔다.

나를 찾는 과정의 하나로 우리는 『슈퍼 거북』[9]을 읽고 거북의 이야기에 나의 삶을 비추어 보았다. 주변의 시선 때문에 억지로 빨라지려고 하는 거북의 거북답지 못한 모습이 꼭 나의 모습과 비슷했다. 나는 무엇을 할 때 진짜 행복한가? 나다운 모습은 뭘까? 앞서 탐구한 나의 모습을 바탕으로 나답게 살기 위해서, 내가 행복하기 위해서 무엇을 할지 스스로 선택하며 자기 삶의 방향에 대해 고민하는 시간을 가졌다.

---

9) 슈퍼 거북. 유설화. 책읽는곰. 2014

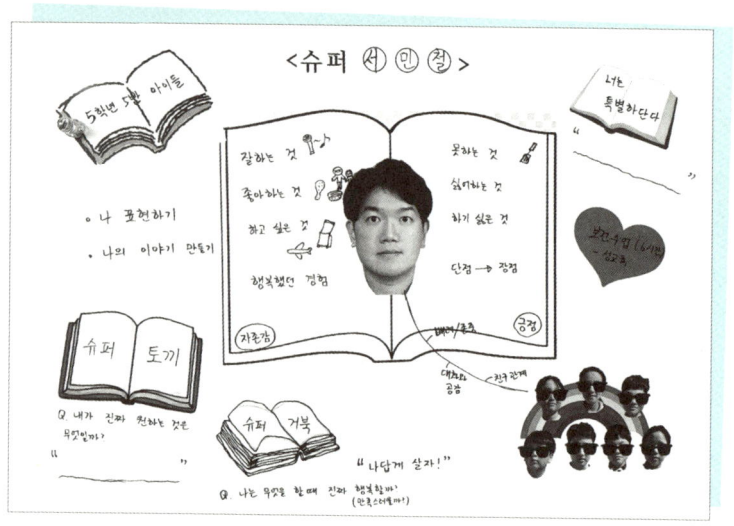

■ '나'를 탐구하는 주제 학습판

    각자가 나를 알고, 나를 바로 세웠을 때 우리는 자기뿐만 아니라 서로의 존재를 소중하게 여기며 함께 살아갈 규칙이 필요함도 느꼈다. 서로를 존중하기 위해 우리 반에 어떤 가치가 필요한지 떠올려보았다. 존중과 배려, 감사와 사과, 사랑과 우정, 신뢰와 이해 등 다양한 가치 덕목이 나왔다. 흔히 듣는 단어들이지만 우리의 입을 통해 직접 모은 말이기에 우리에게 더욱 의미가 있었다.

    우리가 모은 가치를 바탕으로 구체적인 평화의 약속을 정하였다. 교사가 일방적으로 정해주는 학급 규칙이 아니라, 자주적인 하나하나의 존재가 모인 우리가 우리의 약속을 스스로 선택한 것이다. 이 소중한 평화의 약속을 우리가 직접 정성스레 쓰고 꾸며서 학급에 게시했다. 그리고 수시로 학급 다모임을 통해 평화의 약속을 확인하고 점검해 나갔다.

지배받는 자는 규칙에 통제당하지만 지배하는 주체는 규칙을 만들고 상황을 통제한다. 평화는 상황을 지배하는 따뜻한 사람들이 만든 결과이다. 스스로 확고히 선 사람들이 살아가는 과정이며 결과이다.

학생은, 특히 초등학생은 아직 어려서 어른의 뜻에 따라 움직일 때가 많다. 아직 어리다는 이유로 아이들에게 선택권을 주지 않고 어른들, 특히 교사와 부모가 마음대로 대신 결정하는 경우가 많다. 어른들은 아이들을 위한 효율적인 선택과 안전한 선택을 한다. 하지만 이 과정이 반복되면 아이들은 스스로 생각하지 않고 누군가 대신 정해주는 삶을 살아간다. 생각할 필요가 없고, 고민할 필요가 없고, 위험이 없고, 실패가 없다. 그리고 혼자 결정하지 못하고 누군가에게 의존하는 사람으로 자란다.

나는 아이들이 대상이 아니라 각자 자기 삶의 주체로 서게 해주고 싶다. 어른이 안내하는 안전하고 효율적인 길이 아닌 아이들이 자기 길을 스스로 선택하게 하고 싶다. 그 길이 멀리 둘러 가는 길이여도 상관없다. 누구나 내가 직접 선택한 일에 더 집중하고, 내가 좋아하는 일을 더 즐기기 마련이다. 내가 하고 싶은 일을 해야 그 일이 잘되든 안되든 후회가 없다.

교사로서 나에게도 질문을 던져 본다. '나'라는 교사는 삶의 주인인가? 가르침의 길을 스스로 선택하고 있나? 교과서라는 네모난 틀이 나를 주체가 아닌 대상으로 만들고 있다는 생각이 들었다. 교사로서 주체로 서고 싶었다. 자주적인 교사로서 교과서 대로 가르치는 것이 아니라, 나의 가치를 담은 나의 길을 새긴 교육과정을 만들고 싶었다.

어울림을 위한 〈무지개 프로젝트〉, 생태의 가치를 담은 〈함께 하는 삶(3-사람, 동물, 자연)〉, 독서 습관을 길러주기 위한 〈스륵샤락 책 먹는 소리〉, 성장을 목표로 한 〈레벨업 5학년〉 등등 다양한 주제의 수업들, 나의 가치와 흥미를 담아 내가 창조해낸 나의 교육과정이다. 당시 학급의 상황을 고려하고, 교과 내용을 치열하게 분석하고, 필요한 수업자료를 직접 만드는 등 내가 나의 길을 스스로 선택했다. 그래서 내가 주체가 되어 주도적으로 운영할 수 있었다. 나의 빛깔로, 진정한 나의 모습으로 몰입하여 가르칠 수 있었다. 몰입하니 순간순간이 즐겁고 행복했다. 교사의 즐거움은 곧 아이들에게도 전해졌다.

"오늘 주제 수업 때 뭐해요?"
"다음 주제는 뭐 할 거예요?"

주제 수업을 하는 날이면 아이들은 무엇을 배울지 궁금해하고, 한 주제가 끝날 때면 가슴 설레며 다음 주제를 기다린다. 나도 주제 수업을 시작할 때 늘 설레는 마음으로 아이들에게 나의 빛깔을 안내한다.

### 따뜻한 관계 속에서 몰입한다

내가 기획한 여러 교육과정 중에 〈행복의 열쇠〉라는 주제 수업이 있다. 여기서 말하는 행복을 위한 열쇠는 바로 감사하는 마음이다. 모든 것에 감사하는 마음을 가지면 행복할 수 있다는 메시지를 담고 있다. 나는 '감사'라는 가치를 교육과정의 한 꼭지로 잡았을 만큼 중요하게 여기고 있었다.

작은학교라서, 행복학교라서 아이들에게 주어지는 것들이 많았다. 간식과 식사, 각종 준비물, 읽을 책, 여러 선생님의 관심과 애정, 심지어 그냥 주어지는 자연까지. 일상적으로 우리가 받는 것들은 당연한 것으로 무덤덤하게 넘기는 경우가 허다하다.

그래서 주변에 둘러싸고 있는 자연(생태 연계), 우리가 사용하는 한글(국어과), 함께 즐겁게 지내는 친구들과 동생들(학교폭력예방교육), 늘 보살펴주는 어른들(5월 계기교육)에 대한 감사하는 마음을 길러주는 내용으로 교육과정을 기획·운영했다.

"그런데 왜 꼭 감사해야 하나요?"

누군가 이런 질문을 나에게 했을 때 정말 당황스러웠다. 감사하는 게 당연하다고 늘 생각해왔다. 그런데 왜 감사해야 하냐니! 아마 반 아이가 물었으면 역정을 냈을 텐데, 선생님의 질문이라 그저 당황할 수밖에 없었다. '왜 감사해야 하지? 감사란 뭘까? 나는 왜 감사를 중요하게 생각하지?' 감사하다는 것은 그것들이 사라졌을 때를 상상하는 일이다. 자연, 한글, 친구, 부모님, 선생님이 사라진다면? 상상만 해도 아찔하다.

그리고 감사하다는 것은 나의 공간을 다른 존재가 채워주고 있음을 알아차리는 것이다. 나라는 존재가 부족함이 있음을 알아차리는 일이고, 너라는 존재 또한 부족함이 있다는 것을 이해하는 일이다. 존재의 부족함을 알 때 우리는 서로를 채워주는 존재가 된다. 비로소 아름다운 관계가 시작되는 것이다.

그렇다. 감사는 관계인 것이다. 감사는 혼자가 아닌 같이 사는 세상을 인정하는 나의 구체적인 행위이다. 감사하다는 표현을 통해 받는 존재에서 주는 존재로 전환된다. 주고받으며 비로소 함께하는 따뜻한 사람이 된다. 그 따뜻함에서 인간의 존재가, 사람의 품성이 닦여진다.

나는 아이들과 따뜻한 관계를 맺고 싶다. 감사 인사를 주고받으면서 서로 공간을 채워주는 존재가 되고 싶은 것이다. 아이들의 배움과 밝고 순수한 에너지가 나를 채워준 것에 감사하다. 나의 가르침과 애정 어린 관심이 아이들을 채워준 것에 감사하다. 서로 공간을 채우며 우리는 따뜻한 관계를 만들어 나간다. 그 관계 속에서 우리는 함께 몰입한다.

관계는 모든 일의 시작과 끝이다. 교실에서도 마찬가지다. 수업을 아무리 잘 준비해봤자 그것을 함께 할 아이들과의 관계가 엉망이라면 그 수업은 의미가 없다. 아이들에게 전혀 배움이 일어나지 않을 것이다. 관계가 잘 이루어져야 나의 빛깔이 우리의 빛깔이 되어 우리의 길로 나아갈 수 있다.

아이들과 관계를 맺기 위해 특별한 학급활동을 마련한다. 이달의 생일 축하, 주마다 이어지는 칭찬샤워, 수시로 하는 공동체놀이, 올해의 버킷리스트, 이벤트성 깜짝 활동(마니또, 물총놀이, 크리스마스 파티) 등등. 아이들이 무척 즐거워하고 아이들이 즐거우니 교사도 즐겁다. 함께 즐기고 축하하고 챙겨주는 활동을 자주 하다 보면 친구들끼리, 그리고 아이들과 교사의 관계가 좋아질 수밖에 없다. 자연스럽게 따뜻한 관계가 형성된다. 마치 우린 가족 같다.

우리 반에 하늘(가명)이가 경상남도 대표로 태권도 시합에 나가게 되었다. 각자 종이에 응원의 문구를 크게 적어서 사진을 찍어 메시지로 보내주었다. 우리의 응원에도 불구하고 결과는 좋지 못했다. 성과 없이 돌아온 하늘이를 위해 노란색 도넛 메달을 준비해주었다. 우리 마음속 금메달리스트였다. 도넛을 다 같이 나눠 먹으며 우리는 하하하 웃었다. 먹는 것을 정말 좋아하는 하늘이는 더할 나위 없이 즐거워했다.

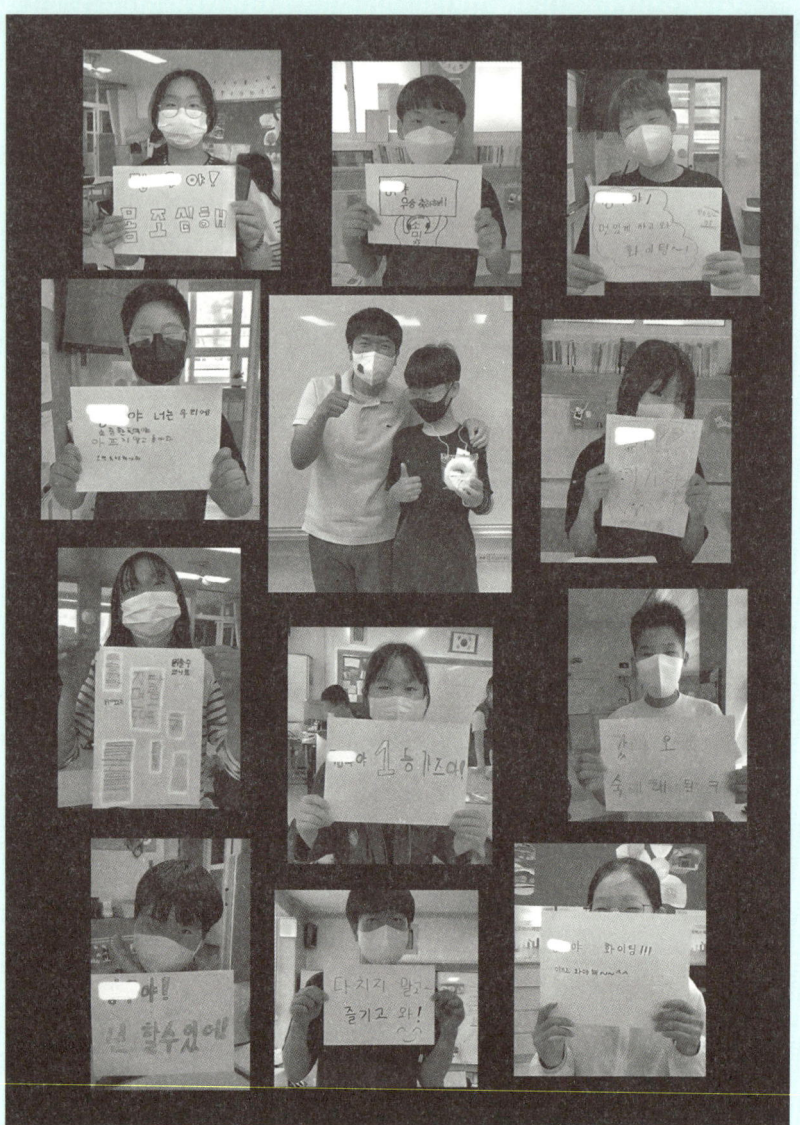

■ 응원 메시지

"선생님, 생일잔치 준비해주셔서 감사합니다!"
"준비만 하시지 말고 선생님도 생일쿠키 같이 먹어요."

그냥 매년 하던 활동을 준비했을 뿐인데 즐거운 시간에 대한 감사의 표현을 해주는 마음씨 고운 아이들이었다. 나도 모르게 아이들을 위해 준비하는 나의 수고로움을 당연히 여기고 있었다! 그런데 아이들의 감사 표현에 나도 깨닫는다. 아이들을 위해 노력하는 내가 참 괜찮은 교사라는 것을, 아이들을 생각하는 나의 마음이 참 고맙다는 것을……

나는 가족같이 지낸 이 아이들과 함께 한 시간을 자주 떠올리곤 한다. 그만큼 친근했고 따뜻했고 행복했다. 함께 감사를 나눈 아이들을 기억하고 또 그들에게 감사한다. 우리는 방학 때마다 만나고 있다. 우리는 여전히 서로의 공간을 채워주고 있다. 우리의 따뜻한 관계는 죽 이어진다.

### 나의 삶과 연결 짓다

"역사가 저절로 외워지는 것 같아요."

5학년 아이들에게 역사를 처음 가르칠 때 내가 기획했던 교육과정 〈역사를 잊은 민족에게 미래는 없다〉를 배우는 과정에서 한 아이가 내게 했던 말이다.

　보통 역사라 하면 외울 거 많고 어렵고 재미없다는 선입견이 있어서 어떻게 시작하면 좋을까 고민이 많았다. 역사는 왜 배우는 것인지 생각하게 하면서 역사에 흥미를 갖도록 하고 싶었다. 고민 끝에 교과서에 나오는 시대순이 아닌 우리나라의 아픈 역사를 먼저 가르쳐 보자는 생각이 들었다.

　과거를 이야기할 때 과거에 머물러 있다가 과거에서 끝나버리면 그것은 단지 하소연이고 미련에 지나지 않는다. 앞으로 나아가기 위해서는 과거의 역사를 나의 현재로 불러들이는 상상이 필요하다. 상상은 존재하지 않는 것을 내 속에 존재하게 하는 방법이다. 나는 우리 아픈 역사를 아이들의 현재로 불러들이고 싶었다. 나는 오래된 과거의 사건을 오늘날 아이들의 삶과 연결 지어, 역사 속 한 장면에 함께 서서 더욱 깊이 몰입하고자 했다.

　몰입은 지금, 현재, 나에게만 집중하는 것을 의미하는 것이 아니다. 공동체의 아픔을 함께 돌아보려면 상상의 힘이 필요하고, 그 힘을 통해 공동체의 아픔이 나의 아픔으로 연결되고, 과거의 이야기가 현재의 삶으로 다가온다. 그렇게 나의 몰입은 우리의 몰입으로 확장될 수 있다.

### 역사 관련 주제 수업 흐름

**임진왜란/병자호란**
- 배경지식 활용하여 임진왜란 관련된 글 읽기
- 매체에 따른 다양한 읽기 방법을 활용하여 병자호란 관련 영화 감상
- 이 사건을 통해 잊지 말아야 할 것은?

→

**일제강점기**
- 독립운동가 조사·발표, 본받을 점
- 온 작품 읽기 『너의 운명은』[10]
- 이 사건을 통해 잊지 말아야 할 것은?

↓

**6·25전쟁**
- 6·25전쟁 당시의 상황과 전개 과정
- 6·25전쟁으로 인한 피해
- 이 사건을 통해 잊지 말아야 할 것은?

←

**역사 왜곡, 국제정세**
- 일본과 중국의 역사 왜곡
- 한반도를 둘러싼 국제정세
- 역사를 배우는 이유

"내가 선조 때 통신사로 도요토미 히데요시를 보고 왔다면 어떤 의견이었을까?"

"일본으로부터 독립하지 못했다면 지금 우리는 어떻게 살고 있을까?"

"독립운동가 ○○○에게 배우고 싶은 점은?"

"6·25전쟁을 통해 우리가 잊지 말아야 할 것은?"

과거의 사건과 아이들의 삶을 연결 짓는 다양한 상상의 질문을 던졌다. 상상은 선택의 근원이다. 그 까닭을 생각하며, 결과를 상상하며 지금의 실천을 선택한다. 그 실천 속에 배움이 있고, 그 배움으로 미래의 '나'가 만들어진다. 상상은 나를 만들어가는 나의 손길이다.

---

10) 너의 운명은. 한윤섭. 푸른숲주니어. 2020.

역사뿐만 아니라 온작품읽기 수업 시간에도 상상을 활용했다. 가상의 일이 활자로 표현된 책 속 이야기가 아이들의 실제 삶에서 펼쳐졌을 때 그 몰입의 효과는 어마어마하게 커진다. 『불량한 자전거 여행』[11]을 읽고, 마지막 활동으로 섬진강 자전거길에 실제로 자전거를 타러 갔다. 등장인물의 경험을 아이들의 삶 속으로 불러들여 온몸으로 느끼게 해주고 싶었다. 책 속의 상황을 지금 우리의 삶으로 불러들였고, 책 속의 등장인물이 되어 선택을 상상했다. 아이들의 선택에는 아이들의 가치와 태도가 담겨있다. 그리고 다양한 선택을 해봄으로써 자신의 가치와 태도를 만들어간다. 그렇게 만들어진 내가 현재의 삶을 살아간다.

"너무 시원해요! 스트레스가 풀려요!"
"호진이 진짜 힘들었겠어요."
"자전거 탈 때 아무 생각도 안 났어요."

각각의 아이들은 주인공 호진이가 되어 서로 다른 상상을 했을 것이다. 그 상상은 각자의 삶을 만들어 나가는 서로 다른 재료가 될 것이다.
배움이 나의 삶과 연결될 때 그 배움은 증폭된다. 나의 배움이 다른 사람의 삶과 이어지고 우리의 삶으로 퍼져나갈 때 그 배움은 더 가치로워진다. 배움의 가치를 깨달은 아이들은 배움에 더욱 깊이 몰입한다. 진정한 배움은 지금 나의 삶과 긴밀히 연결되고 공동체의 삶으로 확장되어 깊이 몰입할 때 이루어진다.

---

11) 불량한 자전거 여행. 김남중. 창비. 2009

### 고난과 역경을 만나면 몰입한다

굳건히 바로 선 존재들이 모여 따뜻한 관계를 맺은 우리가 지금 여기, 현재의 삶에 몰입하고 있다. 우리가 함께라면 뭐든지 할 수 있다. 도전 정신이 샘솟는다.

나에게 꽤 도전적이었던 교육과정이 떠오른다. 6학년 사회과 경제 관련 내용인데, 경제에 딱히 관심이 없었던 내가 가르치기 쉽지 않은 내용이었다. 물론 교과서라는 쉬운 길이 있었다. 내 말은 앎과 삶이 일치하는, 의미 있는 교육과정을 기획하기에 경제라는 주제가 나에게 어려웠다는 뜻이다. 잘 모르겠으면 사실 교과서에 기대어 무난하게 풀어가도 아무 문제가 없었다. 교과서도 전문가들이 모여 머리를 맞대어 만든 좋은 학습자료이기 때문이다. 하지만 남이 만든 길을 가고 싶지 않았다. 자신 없는 주제였지만 관계를 잘 맺은 이 아이들과 함께라면 재미있는 길을 만들 수 있을 것 같았다. 쉬운 길이 있었지만 도전의 길로, 우리의 길로 가고 싶었다.

그렇게 자발적 고난과 역경의 경제 프로젝트가 시작되었다. 『주식회사 6학년 2반』[12] 도서로 온작품읽기를 하며 CEO와 직원 채용, 주식회사 설립, 주식 발권 및 투자, 주가 올리기 미션, 주주총회 등의 과정을 거쳤다. 하나하나가 참 쉽지 않았다. 이끌어가는 교사도, 활동을 해나가는 아이들도 말이다. 그리고 주식회사 프로젝트를 텃밭 활동과 연계하여 수박을 길러서 수박 디저트 가게를 운영하기로 했는데, 수박

---

12) 주식회사 6학년 2반. 석혜원. 다섯수레. 2020

농사를 실패하는 바람에 유기농 수박을 구입하는 데 회사 자본을 써야 했다. 그래도 전교생을 대상으로 한 가게 운영은 성공적으로 마무리했다. 이처럼 도전은 우여곡절을 겪는 일이다. 아이들은 그 우여곡절을 겪으며 자신감이 자라난다. 그 장을 펼친 교사도 아이들의 도전으로 인하여 자신감을 가진다. 학생도 교사도 함께 성장한다.

도전은 온몸으로 세상과 부딪히는 순간이다. 순간순간 몰입하여 스스로 선택하고 직접 움직이고 함께 고민하며 도전의 길을 나아간다. 선택의 원인과 결과를 상상하며 좋은 결과를 내기 위해 고민한다. 그 도전 속에서 우리는 열정을 불태운다. 우리의 열정은 시너지를 만들며 나와 너의 능력보다 더 큰 능력을 발휘하게 한다. 함께 하는 도전은 믿음을 만들어낸다.

"노력은 배신하지 않아."
"광고가 중요하다는 것을 깨달았다."
"말로만 배우지 않고 직접 체험해보며 새로운 경험을 해서 좋았다."
"회사 직원들과 주주들에게 감사할 따름이다."
"돈을 버는 게 얼마나 힘든지 알게 되었다."
"정말 힘들었는데 다시 생각하니 추억이구먼. 또 하기 싫은데 뭔가 또 하고 싶구나."

프로젝트 후에 아이들이 글로 쓴 소감 중 일부이다. 각자 생각하고 느낀 바가 다르고 자기 삶에 흡수한 정도의 차이가 있겠지만, 이번 도전이 모두의 마음에 수박같이 굵직한 믿음을 만들어냈을 것이라 믿는다. 하면 된다는 믿음.

    그리고 아이들도 교사도 다시 도전한다. 도전을 통해 서로 더 의지하고 신뢰를 쌓은 우리는 실패가 두렵지 않다. 온갖 우려가 있지만 그것은 우려일 뿐이다. 우리는 어떤 상황에서도 배운다. 심지어 실패에서도 배운다. 낯선 그 무엇을 향할 때도 두렵지 않다. 같이 노력하는 일이기 때문이다. 우리는 더 이상 혼자가 아니다.

    그 후 우리는 도전을 이어 나갔다. 성공의 경험이 자양분이 되어 도전 의식을 자라나게 했다. 15km 마을 트래킹, 수학여행 한라산 등반, 1인 1 수업 프로젝트 등 참 많이도 힘들었지만 우리는 기억한다. 트래킹 중 어느 집에 실례를 무릅쓰고 얻어 마셨던 그 달콤했던 물을. 한라산 속에서 재회했던 반가운 친구의 얼굴을. 나의 관심 분야로 친구들을 가르쳤던 나만의 수업을. 우리가 서로를 믿고 두려움을 이겨내고 같이 노력하여 우리의 길을 만들어냈음을, 우리는 기억한다.

    나의 교사 생활에도 도전 정신이 뿌리내려 이제 어려운 일에 부딪혀도 걱정은 좀 할지언정 두려움은 없다. 앞으로 아이들의 삶에서도 도전의 힘이 발휘되기를 바라고, 그들이 잘할 것이라고 믿는다.

## 내면의 희열을 부르다

"근데 이거 저 맞나요?"

자기 탐구 활동 중 평소 자존감이 낮았던 별이(가명)가 30가지 장점을 다 적고 나서 물었던 말이다. 별이는 한 칸 한 칸을 쥐어 짜내서 채워나갔고, 친구들과 선생님의 도움을 받기도 했다. 몇 날 며칠을 끙끙거리던 별이는 결국 자신의 30가지 장점을 찾아냈다. 별이는 자기 장점을 다시 읽어보고 의아해하면서도 뿌듯해했다. 또한 나를 자세히 알고 새로운 나를 발견하는 기쁨을 느꼈을 것이다. 그 이후 조금이나마 자신감 있게 행동하는 별이의 모습을 보며 교사로서 나 또한 희열을 느꼈다.

재미를 싫어하는 사람이 있을까? 특히 아이들이라면 재밌는 것에 열광한다. 게임, 영상, 놀이, 체육, 음식 등 아이들이 좋아하는 요소는 참 많다. 아이들이 재미있어하는 반응을 보면 교사도 재미있고 뿌듯하다. 그래서 신규 때부터 늘 재미있는 활동을 준비했다. 아이들이 신날 만한 수업자료를 찾아 교육 커뮤니티를 자주 뒤적였다. 애니메이션 이야기가 담긴 수학 피피티, 역사 관련 놀이 수업, 다양한 경쟁 놀이 등 재밌어 보이는 활동을 백화점에서 쇼핑하듯이 골라 여러 수업에 활용하였다. 아이들의 흥미를 고려하여 나름으로 수업 준비를 열심히 했더랬다. 그런데 해가 지날수록 뭔가 불편한 마음이 들었다. 뭔가 아쉬웠다. 아이들 반응도 좋고 재미는 있는데 그 이상의 무언가가 부족했다.

단순한 재미를 넘어설 수 없을까? 순간 재미있는 것으로 끝나는 것이 아니라 마음 깊숙한 곳에서 우러나오는, 오래오래 간직할 수 있는 마음을 느끼게 해줄 순 없을까?

나는 단순한 재미를 넘어서 기쁨으로 가고자 한다. 기쁨은 욕망을 채우는 것이 아니라 가치 있는 것을 찾아가는 일이다. 자기뿐만 아니라 사회에 긍정적인 영향을 미치는 일이 가치 있는 일이라고 생각한다. 개인적으로는 꾸준히 배우고 성장하며 성취감을 느끼는 일이다. 사회적으로는 다른 사람에게 도움이 되고 세상을 더 나은 곳으로 만드는 일이다.

텃밭에서 길러낸 감자로 요리 활동을 했는데, 생각보다 수확량이 많아서 감자가 꽤 남았던 적이 있었다. 아이들과 의논하여 당시 이슈였던 미얀마 군부 쿠데타로 인해 어려움을 겪고 있는 사람들을 지원하는 단체에 기부하기로 했다. 감자를 팔아서 돈을 모으는 취지에 대해 각반에 돌아다니며 설명했는데, 특히 동생들에게 쉬운 말로 바꿔가며 이해시키느라 진땀을 뺐다. 랜덤 간식도 섞어 주고, 환경을 위해 신문지를 재활용하여 봉투를 만들고, 겉에 미얀마 후원 관련 문구도 새겼다. 더운 여름날이라 포장하고 배달하며 작업하는 일이 만만치 않았다. 그렇게 텃밭 활동부터 깜짝 감자 장사까지, 아이들이 흘린 땀의 결실로 모은 기부금은 185,280원. 그리 큰돈은 아니었지만 어려움에 처한 사람들에게 조금이나마 도움이 되었고 더 나은 세상을 만들기 위해 노력했다는 보람이 있었다. 우리는 함께 기쁨을 나눴다.

"선생님, 미얀마는 요즘 어때요?"

그 후 한참이 지났을 때 평소 천방지축이던 남자아이가 나에게 물었다. 부끄럽게도 나는 미얀마 군부 쿠데타에 대해 까맣게 잊고 있었는데, 아이의 마음속에는 여전히 남아있었다. 그렇게 함께 기쁨을 나눈 순간은 오래오래 간직되는 것이다.

스스로 주인이 되고, 감사하고, 상상하며 도전하여 나의 길을 찾아가는 그 성공의 경험은 인간 내면의 희열을 불러온다. 개인의 쾌락이 아닌 이타적인 마음, 경쟁이 아닌 협동, 단지 지식을 외우는 것이 아니라 온몸으로 도전하며 온몸으로 도전하며 얻은 깨달음, 혼자의 만족이 아니라 모두의 충족에서 희열을 불러오는 일이다. 나는 아이들이 자기 자신의 내면에서 우러나는 기쁨을 느끼길 원한다.

## 철학과 성장

교사가 된 지 10년이 지났다. 뭔가 학교생활이 즐겁지 않고 교사로서 열정이 식었다는 느낌을 받았다. 이게 바로 말로만 듣던 매너리즘에 빠진 건가 싶었다. 그러던 중 교사로서 나의 삶을 되돌아보는 기회가 생겼다. 바로 교사의 철학을 이야기하는 인터뷰와 수업 세미나였다.

세미나 준비 과정을 통해 교육과정에 몰입하여 다양한 주제학습을 디자인하고 운영해나갔던 나의 모습을 떠올려보았다. 나 자신을 탐구하는 〈슈퍼 ○○○〉, 감사의 가치를 길러주기 위한 〈행복의 열쇠〉, 역사를 배우는 까닭과 역사 공부의 흥미를 돋우기 위한 〈역사를 잊은 민족에게 미래는 없다〉, 실제 경험을 통해 경제를 배우는 〈캥거루 주식회사〉, 졸업 전 마지막 추억 쌓기 프로젝트 〈SUGOK 11〉, 생태·환경 공부 〈우리의 지구를 위하여〉 등등 나의 빛깔이 담긴 교육과정들이다. 열거해보니 참 많이도 했다! 지금 돌이켜보면 저걸 다 어떻게 했는지 새삼 놀랍다.

이 모든 과정이 나에게 쉽지 않은 도전이었다. 교육과정을 자주적으로 이끌어가고자 했다. 상상을 통해 더 나은 선택을 하면서 교사로서의 나를 다듬었다. 그 과정에서 아이들과 내가 함께 성장해 가는 모습에 기쁨을 느꼈다. 이는 내가 그 순간마다 몰입했기에 가능한 일이었다. 주도적으로 교육과정을 운영했기에 몰입할 수 있었고, 몰입했기에 힘들어도 즐길 수 있었고, 순간순간을 즐겼기에 행복하게 학급살이를 해나갈 수 있었다.

나의 철학을 디자인한 교육과정으로 아이들과 만났다. 그 몰입의 순간을 함께 했던 아이들을 잊을 수 없다. 스승의 날에 졸업생 산이(가명)에게 문자를 받았다. 나는 행복한 마음으로 답장을 했다.

"선생님! 오늘 스승의 날인데 조금 늦게 메시지 드리네요. 요즘 잘 지내시죠? 저 이번 시험에서 등수 많이 올랐어요!! 학생회 임원 역할도 하고 뭔가 많이 성장하고 있는데 확실히 수곡초 교육의 영향이 많은 것 같아서 자부심을 가지고 생활합니다. 초등학교 때 감사했습니다! 이번 여름방학에도 재밌게 계획 한 번 짜볼게요!"

"오오오오 가슴이 웅장해진다! 꾸준히 성장하는 산이의 모습 기대하고 계속 응원할게! 연락해줘서 고맙고 리더십 넘치는 산이가 너무 자랑스러워^^"

기억 속에 아이들도 나도 자랑으로 남아있다. 아이들도 나도 각자 자기 자신을 굳건히 세우며 자존감을 키웠다. 아이들은 아이들의 빛깔을, 나는 나의 빛깔을 뿜어냈다. 우리의 빛깔이 어우러져 우리는 우리의 길을 나아갔다. 우리는 그 속에서 함께 행복했다. 몰입의 경험에서 쌓은 그 행복은 계속해서 우리를 연결하고 있고, 각자의 길을 살아가게 하는 원동력이 되고 있다.

아이들뿐만 아니라 학부모와도 몰입의 즐거움을 함께 느꼈다. 주제 수업이나 프로젝트 활동을 SNS로 소통하며 소식을 전했고, 한 주제가 끝날 때마다 그 주제의 포트폴리오를 가정에 보내 아이들의 배움을 나누며 학부모의 피드백을 받았다.

"이번 배움의 시간이 아이들에게 든든한 바탕이 되어 줄 거라 믿습니다."
"이번 기회에 아이와 함께 지구를 위한 실천을 해보았습니다. 뜻깊은 기회를 주셔서 감사합니다."
"절약 캠페인이 지속적으로 이어지지 않아서 아쉬웠습니다."

대부분 감사를 표하며 긍정적인 반응을 해주었다. 학생뿐만 아니라 학부모의 몰입과 참여를 이끌어냈다는 뿌듯한 마음이 들었다. 아쉬움이나 불만의 이야기도 간혹 나왔다. 처음엔 당황스러운 마음이 있었지만, 이 또한 학부모의 관심이라 생각했다. 학부모의 지지와 응원의 힘을 받아 나의 교육에 대한 자신감을 가질 수 있었고, 부정적인 의견도 참고해서 더 세심하고 단단한 교육과정을 세우고자 했다. 교사의 철학은 나를 바꾸고 아이들을 바꾼다. 여기서 더 나아가 학부모도 바꿀 수 있다는 것을 깨달았다. 교육은 교실 안만 성장시키는 것이 아니다. 온 세상을 성장시키는 일이다. 철학을 통해 교사-학생-학부모가 교육공동체로서 함께 빛을 내며 우리의 길로 나아갈 수 있다.

그동안 수업은 열심히 했는데 내 수업의 가치가 무엇인지 인지하지 못했다. 나의 행위를 성찰하며 암묵지 상태였던 내 수업은 가치를 부여받았고, 평범했던 그 수업은 사실 오색빛깔 가치가 녹아든 보석이라는 것을 발견하게 되었다. 내가 나의 철학을 만나는 순간, 내가 추구하는 가치와 철학에 대한 확신이 생겼고 다시 내 마음속에 열정의 불꽃이 일렁이는 게 느껴졌다.

인터뷰 당시 1학년 담임을 맡고 있었는데 통합교육과정 중 기차 안전과 관련된 내용이 있었다. 철학 이야기를 통해 발견한 나의 도전 정신을 발휘하여 계획에 없던 기차여행을 기획해서 떠났다. 교과서 내용을 실제 삶과 연결 짓고 싶은 의도 또한 담고 싶었다. 그 더운 여름날 1학년 아이들을 데리고, 아무도 시키지 않은 체험학습을 어째서 가게 되었을까? 철학으로 나를 바라본다는 것은 나의 행위에 의미를 부여하는 일이다. 그 가치는 내면의 동기를 일으켜 자신을 행위의 주체로 만들어 힘든 것도 힘들지 않게 하고, 어려운 것도 두렵지 않게 한다. 철학이 바로 선 나는 즐겁다.

나의 작은 불꽃은 새로운 바람을 타고 수곡초등학교 동료 교사에게 옮겨붙어 우리의 불꽃이 되었다. 내가 철학을 가진다는 것은 나 혼자 닦는 것이 아니다. 우리 수곡 공동체 전체를 닦는 일이다. 나를 시작으로 우리 교사들은 철학을 나누기 시작했다. 서로 다른 우리는 철학을 나누며 존재와 존재가 만나는 경험을 했다. 철학을 통하여 우리는 더욱 굳건해졌다. 우리의 작은 불꽃이 또 다른 바람을 타고 지친 누군가의 마음에도 전달되길 바란다.

"선생님도 선생님의 철학에 몰입해 본 경험이 있나요?"

# 자연과 함께하는
# '자연스러운 배움'

화제초등학교 김희선

## 교사의 철학

"선생님, 이게 뭐예요?"
"저기 나뭇가지들 좀 봐. 보송보송한 털옷을 입고 있는 작은 아기 꽃눈들이 보이지?"
"아하!"

날씨를 관찰하던 아이가 목련 나무 아래 떨어진 겨울눈 껍질을 주워와 물었다. 아이는 나의 설명을 듣고 고개를 끄덕이더니, 신기한 듯 한참 동안 목련 나무를 올려다보았다. 배우려는 마음은 사람의 자연스러운 본성이다. 자연의 뭇 생명들이 삶과 죽음이라는 순환을 거치며 진화해 왔듯이, 사람들은 자연의 순환 속에서 경이로움을 느끼고 본능적 호기심으로 자연을 배우며 삶의 지평을 넓혀왔다. 사람의 자연스러운 본성을 믿고 자연의 흐름을 따라가면서, 자연 속에서 얻는 건강한 감각과 경험을 통해 배우고 성장하는 것, 그것을 나는 '자연스러운 배움'이라고 말한다.

> "우리는 아이들을 볼 때 눈앞의 아이 그 이상, 그 너머의 존재를 바라볼 수 있어야 합니다."

25년 전, 영국에서 오신 나이 지긋한 교수님은 이 첫마디로 슈타이너Steiner의 발도르프 교육 강의를 시작하였다. 발도르프 교육은 '인간에 대한 깊이 있는 이해'를 바탕으로 하고 있음을 상기시켜 준 첫마디였다. 발도르프 교육이 가진 특별한 교육 방법에 매몰되려 할 때마다 '발도르프 교육' 자체가 목적이 아닌, 내가 만나는 아이들 한 명 한 명에 집중하면서 교육의 본질로 다가서도록 도와준 가르침이다. 그 가르침은 지금까지 내 가슴에 등불로 남아, 아이들 내면에 빛나는 배움의 힘을 바라보며 나아갈 수 있도록 이끌어 준다.

우리 모두의 내면에 빛나는 배움의 힘이 있다는 믿음. 이것이 내가 아이들과 함께하는 배움의 바탕이다. 교육은 아이들이 자기 안의 그 힘을 알아차리고, 삶에서 자신의 가치를 꽃피우도록 돕는 과정이다. 이를 통해 아이들은 자연과 교감하고 사람들과 소통하며 함께 성장한다. 이는 주어진 기준에 아이들을 억지로 맞추는 것이 아니라 저마다의 고유한 빠르기와 빛깔로 피어날 수 있도록 믿고 기다리는 것을 의미한다. 작은 씨앗이 싹을 틔우고 풍성한 열매를 맺기까지 오랜 기다림이 필요하듯이, 지금 당장 눈앞에서 어떤 결과를 얻어내려는 조급함을 내려놓을 수 있어야 한다. 그 기다림은 아이들을 향한 교사의 흔들림 없는 믿음이며, 교육을 바라보는 긴 안목이다. 그것은 시시때때로 흔들리는 나를 일으켜 세우는 가장 근본적인 힘이자 교사교육과정을 엮어가는 바탕이 된다. 그 속에서 교사 또한 아이들의 배움과 더불어 성장하게 된다.

아이들을 성장으로 이끄는 자연스러운 배움은 자연과 더불어 자연의 흐름을 따라가는 삶 속에서 이루어진다. 내가 근무하는 학교는 신도시에서 통학버스로 고개를 넘어 들어오는 시골에 있다. 시내 학교에서 어려움을 겪던 아이들이 전학 와서 몇 년 지나면 날 선 각이 둥글둥글 무뎌지면서 표정이 순하게 바뀌고 편안해지는 것을 지난 8년간 지켜보았다. 학교의 교육과정 이전에 아이를 온몸으로 안아주는 자연의 품이 있었다. 마을 길을 걸으며 나무와 풀을 만나고 흙을 만지면서 아이들은 스스로 치유되고 맑아지고 자신의 선한 본성을 되찾았다. 자연의 큰 흐름 속에서 한 생명체로 살아가면서 안정감을 갖게 된 아이들은 자연스럽게 호기심이 싹 트고 배우고자 하는 마음이 일어났다. 그러한 아이들을 돕기 위해 '절기 교육의 중요성'을 강조하셨던 통전교육연구소장 김희동 선생님과 공부를 하게 되었다. 이를 바탕으로 자연의 흐름에 맞는 절기교육과정을 고민하고 실천하였으며 퍼머컬처 Permaculture 생태전환교육으로 이어지고 확장되었다. 자연과 더불어 살아가는 삶의 기술을 배우고 자연의 흐름에 배움의 흐름을 맞추면서 아이들은 자연스럽게 성장하였다.

아이들은 건강한 감각과 경험을 통해 배우는 것이 가장 자연스럽다. 감각은 사람이 세상에 태어나 자신을 이해하고 외부 세계를 경험하는 도구이다. 아이들의 배움과 관계 형성은 '감각'이라는 문을 통해 이루어진다. 여러 해 동안 1학년 담임을 하며 해가 갈수록 배움과 관계 형성에 어려움을 겪는 아이들을 많이 만나게 되었다. 충분히 기기 전에 서둘러 걷기를 배우고, 몸으로 자유롭게 탐색하기 전에 머리로 먼저 깨우치게 되는 현대 사회에서 우리 아이들은 감각을 충분히 경험할 기회를 누리지 못한 채 서둘러 자라고 있다. 범람하는 미디어는 아이들을 지나친 시각적 자극에 매달리게 하고 다른 감각들은 건강하게 자리 잡을 기회를 놓치고 있다. 그러한 아이들을 돕기 위해 발도르프 교육을 공부하며, 다양한 감각을 충분히 경험하게 하는 것이 얼마나 중요한지 알게 되었다. 특히 배움의 첫발을 내딛는 초등학교 저학년은 어린 시절 부족한 감각경험을 보충할 수 있는 중요한 시기이다. 몸으로 직접 탐색하고 경험하며 다양한 감각을 통해 배울 때 아이들은 세상을 건강하게 만나고 받아들이게 된다. 감각의 문을 활짝 열고 세상으로 나아가는 아이들은 호기심을 갖고 배움의 경이로움을 발견하게 된다.

# 철학으로 바라보는 수업

교실에서 이루어지는 모든 교육활동의 바탕은 아이들 내면에 배움의 힘이 있다는 믿음이다. 이러한 바탕 위에서 아이들의 발달에 맞춰 날마다 이어지는 배움 활동을 조직하고자 했다. 코로나19처럼 예상치 못한 상황으로 인해 원격으로 배움을 이어가야 했던 단절 속에서도 이러한 교육 원칙을 놓치지 않았다. 날마다 서로를 축복하며 아침을 여는 우리의 의식을 지속했고, 자연과의 만남도 꾸준히 이어갔다. 배움의 힘은 서로가 연결되어 있다는 안정감과 자연과의 만남을 통해 더 잘 성장하기 때문이다.

자연의 흐름에 따라 살아가는 삶은 끊임없이 변화하는 자연과 만나는 것이다. 태양의 24절기에 발맞춰 사계절의 순환을 따라 살아가면서 자연과 깊이 교감하고 삶과 배움을 하나로 엮어갈 수 있었다. 이렇게 자연과 함께 성장하며 아이들은 철모르는 철부지가 아니라 자연의 역동적인 변화를 이해하는 '철든' 삶을 배우게 된다. 언제나 적당한 온도와 물로 최적의 환경을 제공받는 온실 속 화초와 달리, 아이들은 삶의 장면 속에서 마주하게 되는 힘겨움을 성장의 기회로 삼아 들풀 같은 생명력을 키워갈 수 있었다. 자연과 함께하며 자연처럼 자연스럽게 자라난다.

또한 몸으로 직접 탐색하고 다양한 감각으로 경험하며 배우는 과정에서 아이들은 배움의 경이로움과 기쁨을 가슴에 깊이 품고 세상으로 나아가게 되었다. 우리는 대상을 통해 비로소 자신을 의식한다. '너'가 있어야 '나'가 존재하고, '낮'이 있기에 '밤'을 알며 '추위'가 있기에 '따뜻함'을 느끼듯, 수많은 대상, 곧 자연을 만나며 자신을 발견한다. 그렇기에 온 세상, 온 자연을 몸으로 직접 탐색하고 다채로운 감각으로 만나면서 진정한 자신을 찾아가는 것이다. 자연에서 마주하는 수많은 경이로움은 바로 자신을 향한 경이로움이다. 자연을 향한 감탄과 애정은 곧 자신을 향한 감탄과 애정으로 귀결된다. 아이들은 자연 속에서 경이로움과 기쁨을 온전히 느끼고 그 감정을 가슴에 품은 채 세상으로 당당히 나아가는 것이다.

### 교사의 철학으로 바라본 수업 개요

#### 자연과 함께하는 자연스러운 배움

| 내면에 배움의 힘을 가지고 있다는 믿음 | 자연의 흐름에 따라 살아가는 삶 | 경험과 감각을 통해 만나는 세상 |
|---|---|---|
| • 날마다 아침을 여는 배움<br>• 스스로 배움의 힘을 키워가는 아이들 | • 자연과 더불어 살아가는 배움<br>• 들풀처럼 자라는 아이들 | • 감각의 문을 활짝 여는 배움<br>• 경이로움을 마주하는 아이들 |

## 내면에 배움의 힘을 가지고 있다는 믿음

**날마다 아침을 여는 배움**

> 하늘엔 해와 달과 별이 빛나고
> 땅에선 잎이 나고 꽃이 피며 열매가 열립니다.
> 그 속에서 온갖 생명들이 사랑을 나누고
> 부모님과 선생님, 친구와 이웃들의 사랑 가운데
> 나는 내 안에 환한 빛을 바라봅니다.
> 그 빛은 내게 배움의 기쁨을 알게 하고
> 나를 바른길로 이끌어 줍니다. [13]

우리 아이들과 날마다 낭송하는 '아침을 여는 배움의 시'이다. 특히 마지막 세 줄은 아이들도 나도 진정 그러하다는 기도의 마음을 담고 있다.

날마다 아침 열기 리듬 활동으로 하루를 시작한다. 통합교과와 국어, 수학을 통합적으로 재구성하여 매일 1차시에 반복적인 리듬 활동을 진행한다. 1년 동안 변함없이 반복되는 시가 있고 한 학기에 한 번, 사계절에 한 번, 한 달에 한 번, 15일 절기에 한 번, 1주일에 한 번 바뀌는

---

[13] 슈타이너(Steiner)의 시 '나는 세계를 바라본다'에서 영감을 얻어 새롭게 바꾸어 쓴 시

노래와 활동이 있다. 순차적인 리듬에 따라 늘 같은 듯 조금씩 달라지기 때문에 아이들은 지루하지 않으면서도 자연스럽게 반복하게 된다.

통학버스가 도착하면 아이들은 교실로 들어와 교사와 악수를 하며 눈을 맞추고 가방을 정리한다. 1교시가 시작될 즈음, 내가 먼저 "동그라미 만들자, 만들자~" 노래를 부르며 한 아이의 손을 잡고 교실 가운데 놓인 둥근 카펫 주변을 따라 걷기 시작하면 등교 직후 부산하던 아이들이 한 명씩 친구의 손을 따라잡으며 모이기 시작한다. 그렇게 둥글게 모여서 '아침을 여는 배움의 시'를 낭송하고 인사를 한다.

"아침 햇살 활짝~ 온 누리 가득~" 몸과 마음을 깨우는 아침 노래를 부르고, "꽃 피는 봄이 왔어요~", "입춘 우수 경칩 춘분~" 계절과 절기에 맞는 노래가 이어진다.

다음 시간 수업 내용에 따라 한글 모음 시나 자음 시를 낭송하고 수 세기 리듬 박수 활동을 한다. 보자기를 휘날리며 교실을 날아다니기도 하고 콩 주머니를 주고받는 간단한 리듬 활동을 한다. 마지막으로 콩 주머니를 머리 위에 왕관처럼 올린 후 왕이 된 듯 반듯한 자세로 눈을 감고 교사가 들려주는 음악 소리에 맞춰 숨을 들이쉬고 내쉬며 아침 활동을 마무리한다.

아침 열기 리듬 활동을 하면서 아이들은 반복을 통한 안정감을 느낀다. 바른 몸가짐으로 시를 낭송하고 노래에 맞춰 활동하면서 동그란 원으로 모였다가 펼쳐지고, 숨을 쉬듯 이어지는 들숨과 날숨의 리듬 속에 질서와 조화의 아름다움을 몸으로 익힌다. 잔잔하게 시작하여 활기차게 뻗어나갔다가 다시 차분하게 모여 자신에게 집중하는 법을 배운다. 아침마다 반복하는 배움의 시와 아침 노래에 담긴 메시지를 자기도 모르게 입으로 외고 몸으로 기억하게 된다.

저 하늘에 빛나는 밝은 해처럼
내 맘에도 빛나네 착한 마음이[14]

잘못을 저지르고 핑계를 찾는 아이에게 "네 마음속 빛에게 물어보렴."이라고 묻고 기다려주면, 아이는 "사실은, 제가 그랬어요."라며 솔직하게 자기 잘못을 인정한다. "하기 싫어요. 어려워요."라며 어려운 일을 피하고 싶어 하는 아이에게 "네 마음속 빛이 너를 도와줄 거야."라고 말하고 기다려주면 아이는 조금 후 "한번 해볼게요."라며 용기를 낸다.

깊은 사랑을 받아 본 사람만이 다른 이를 사랑할 수 있고, 자신에 대한 다른 이의 깊은 신뢰를 경험해 본 사람만이 자기 자신과 다른 사람을 신뢰할 수 있다. 나 자신과 아이들 내면에 빛나고 있는 배움의 힘을 깊이 신뢰하고, 그러한 신뢰와 사랑이 숨을 쉬듯 반복되는 일상의 리듬으로 아이들 속에 스며들 때, 아이들은 몸으로, 가슴으로 먼저 배움을 받아들이게 된다. 날마다 둥글게 아침을 열며 시작하는 배움을 통해 아이들은 자연스럽게 자란다.

1학년 때 한 공간에서 함께 했던 아침 열기 리듬 활동을 2학년 코로나가 지속되는 동안에도 멈추지 않았다. 원격 수업에서도, 등교하는 동

---

14) 곱기도 해라 노래집. 김희동. 통전교육연구소. 2011.

안에도, 내내 일관되게 진행했다. 이러한 반복적인 활동은 '하나로 연결된 우리 반'임을 확인하게 했고, 심리적인 안정감을 가져다주었다.

몸으로 스며들어 습관이 되면 아이들은 별다른 도움 없이도 저절로 몸이 반응하게 된다. 리듬을 가진 반복을 통해 배움의 흐름이 자연스럽게 익혀진 아이들은 아침이면 스스로 아침 시를 낭송하며 배움을 시작했다. 몸으로 익히는 배움이란 그런 것이다. 애쓰지 않아도 저절로 너와 내가 이어지고, 삶과 배움이 연결되는 것이다.

**스스로 배움의 힘을 키워가는 아이들**

아이들은 하루하루 새롭게 자란다. 아이들은 저마다 다르고 자람의 속도도 제각각이지만 모든 생명이 그러하듯 자람은 일정한 방향과 흐름을 갖고 있다. 시기마다 꼭 필요한 배움이 있고 배움의 폭과 깊이는 조금씩 달라진다. 발달에 맞춰 배운다는 건 아이들을 정해진 발달 단계에 가두고 끼워 넣기 위함이 아니다. 저마다 자라고 있는 아이들이 무엇을 필요로 하는지, 어디로 어떻게 나아가고 있는지 더 깊이 들여다본다는 뜻이다. 아이들이 자기 리듬에 맞춰 잘 자랄 수 있도록 다양한 배움이 흐름을 갖고 꾸준히 이루어질 때 아이들은 스스로 배움의 힘을 키워 저마다의 고운 빛깔로 활짝 꽃필 수 있다.

2020년 코로나로 인한 원격 교육이 진행되던 해, 1학년 때 가르쳤던 아이들을 그대로 다시 2학년에서 맡게 되었다. 학부모들은 나의 교육관을 잘 알고 있었고, 원격 교육 방향에도 금방 공감했다. 그래서 교육과정을 재구성하여 직접 만든 '절기 교과서'와 꾸러미로 진행하는 우리만의 원격 교육에 적극적으로 동참해 주었다.

  2학년 교육과정을 절기에 따른 활동으로 재구성하여, 아침 열기 활동으로 시작하는 1학년 때의 수업 흐름을 이어갔다. 월·목요일에는 온작품읽기, 화·금요일에는 통합교과와 연결된 절기 활동, 수요일에는 여러 가지 조작 활동으로 하는 수학, 모든 요일의 오후 시간에는 수공예와 다양한 몸 활동을 할 수 있도록 배움의 흐름을 만들었다. 교과서 단원 중심의 학습을 넘어, 절기에 따라 꾸준히 배움을 이어가면서 아이들은 주변을 관찰하고 표현하는 능력이 더욱 섬세해졌다.

  이러한 경험은 코로나 상황 속에서 아이들에게 특별한 자극이 되었고, 아이들이 배움의 의지를 키워가는 데 도움이 되었다는 것을 부모님들의 피드백을 통해 확인할 수 있었다.

> 아침잠 많은 아이가 알람 소리에 맞춰 아침 열기 리듬 활동을 하고 스스로 하루 과제를 즐겁게 하던 모습, 절기와 자연에 관심을 가지고 좋아하던 일상이 기억에 남습니다. 부모님이 말하지 않아도 스스로 무엇이든 해낼 수 있다는 내면의 자신감이 생긴 아이의 모습을 발견할 수 있었습니다.
>
>                                               - 2020년 1학기 돌아보기 학부모 설문에서 -

  반복되는 배움의 흐름을 통해 안정감을 가지게 된 아이들은 이를 바탕으로 새로운 것을 도전하는 힘을 갖게 되었다.

온작품읽기 본문을 국어 칸 공책 한 바닥씩 바른 글씨로 옮겨 적는 매일 과제를 꾸준히 해나가던 아이들은 점차 자신의 속도와 상황에 따라 스스로 하루에 서너 바닥씩 옮겨 적기도 하였다. 마을 길을 걸으며 익숙하고 편한 길보다는 좀 어려워도 새로운 길로 도전하려는 마음을 내는 아이들이 되었다.

> "우리, 저쪽에도 한번 가봐요."
>
> 나의 망설임과는 달리 아이들은 '도전'을 택한다. 자기들 스스로 편안함보다는 새로운 도전을 선택하는 아이들 모습이 예쁘다. 경사가 높은 고갯길을 숨차게 지나며 아이들은
>
> "이렇게 고개를 지나다닌다고 '지나 마을'인 갑다."
>
> 자기들끼리 재잘거리며 참 잘 걸어왔다. 학교에 입학하고 제일 먼 길을 걸었던 하루다. 길바닥에 떨어진 호스를 주우면 '아나콘다'가 되고, 꼬부라진 나뭇가지는 '마술지팡이'가 된다.
>
> "지난번 모험 때보다 별로 힘든지 모르겠어요."
> "정말? 와 이제 3학년 올라가도 되겠네. 자격인증! 다음에 6학년 되면 지리산 둘레길도 걸을 수 있겠다."
> "백두산도 갈 수 있어요."
>
> 정말 그럴 수 있을 것 같다. 연필 대신에 발걸음으로 단단하게 배움의 힘을 길러가고 있는 아이들을 보며, 우리 아이들은 정말로 편안함에 안주하지 않고 새로운 도전을 겁내지 않으며 용감하게 새로운 길을 내디딜 수 있을 것 같다.
>
> - 2020년 수업 에세이 중에서 -

아이들을 어떤 존재로 바라보는가에 따라 배움을 이끌어가는 교사의 모습은 달라진다. 아이들의 부족함과 문제에 집중했을 때는 외적 동기와 자극을 활용하며 빈틈없이 촘촘한 배움의 구조를 짜려고 노력했다. 예외적인 상황을 최소화하기 위해 컨베이어 벨트처럼 돌아가는 루틴을 만들었고 이 구조를 벗어나는 아이들은 통제해야 할 대상에 불과했다. 하지만 아이들 내면에 빛나는 배움의 힘을 신뢰하게 되면서, 배움의 구조는 여유를 갖게 되었고 아이들의 반응과 상황에 따라 다양한 변형을 허용하게 되었다. 숨 쉬듯 자연스럽게 흐르는 배움은 매일 같은 리듬 속에서도 조금씩 다른 물결을 만들어낸다. 의도하지 않았던 그 다양한 변형의 과정을 통해 아이들도, 나도 더 큰 배움을 얻을 수 있었다. 아이들과 내 안에 빛나는 배움의 힘이 우리를 하나로 이어주며 더 큰 성장으로 이끌었다.

## 자연의 흐름에 따라 살아가는 삶

**자연과 더불어 살아가는 배움**

24절기는 봄, 여름, 가을, 겨울 계절의 변화와 더불어 모든 생명이 하나로 연결되어 있음을 몸으로 느끼게 해준다. 절기에 따른 자연의 변화를 알아차리고 땅을 일구며 살아가는 삶을 경험하면서 퍼머컬처 원리를 적용해보는 절기생태수업은 기후 위기 시대를 살아가는 우리 아이들과 희망을 찾아가는 과정이었다.

인류의 계절은 풍족하게 성장하던 양적 팽창의 시대, 여름의 시대를 넘어섰다. 이제 열매를 맺고, 씨앗을 보듬어 혹한의 추위를 견디며 다음 해 봄을 맞이할 힘을 길러야 하는 가을과 겨울의 시대로 기울어 가고 있다. 겨울을 앞두고 나무들은 더 이상 가지려고 하지 않는다. 최소한만 남기고 다 떨구어낸다. '씨앗'이라는 가장 작은 알갱이 하나에 자신의 모든 기억과 정보(의미)를 담는다. 사람들은 혼자서 살아갈 수 없다. 퍼머컬처는 이러한 기후 위기 시대에 "땅을 돌보라, 사람을 돌보라, 공평하게 분배하라, 영혼을 돌보라"라는 4가지 윤리 원칙을 바탕으로 하여 전 세계적 네트워크로 연결된 생태 전환 실천 활동이다. 퍼머컬처는 다양성을 인정하고 단절보다는 연결을, 분절보다는 통합과 조화를 추구한다. 자연에너지를 효과적으로 활용하고 기후 위기 시대를 살아갈 생존 기술을 익히며 삶의 전환을 실천하는 배움의 장이다.

자연과 더불어 살아가면서 아이들은 함께 겨울을 견디는 법을 배운다. 많이 누리는 것에서 행복을 찾는 것이 아니라 적은 것을 나누면서도 그것의 '의미'를 찾고 행복을 느낄 수 있는 능력을 길러가고 있다. 먹고 먹히는 관계가 아니라 모든 게 연결되어 있음을 알고, 서로를 살리는 관계를 경험하고 있다.

청명(清明) 절기에 텃밭과 주변 들판은 쑥을 비롯한 온갖 봄나물이 파릇파릇 돋아난다. 이 시기 텃밭 주변에 돋아난 어린 풀들은 대부분 생명 기운을 가득 품은 훌륭한 먹거리들이다. 텃밭 주변 봄나물을 캐며 봄까치꽃, 광대나물, 환삼덩굴 어린잎을 비롯해 그저 쓸모없는 잡초인 줄 알았던 이름 모를 풀들이 모두 나름의 영양적 가치와 쓸모를 지닌 나물이자 약재라는 걸 알게 된다. 지난 가을, 미처 갈무리하지 못했던 유채와 배추, 무가 겨울을 견뎌내고 꽃을 피워낸 모습도 보게 된다. 아이들은 유채꽃을 꺾어 한 잎 맛보며 달큰하다고 말하기도 하고, 알싸하고 쌉싸름한 낯선 맛에 얼굴을 찌푸리기도 한다. 요즘 아이들은 갈수록 편식이 심해져서 익숙한 맛 외에는 어떤 것도 새롭게 먹어보려 하지 않지만, 함께 들판을 둘러보며 마요네즈나 꼬깔콘에 끼워 먹는 봄꽃과 나물 맛에 차차 적응하면서 좀 더 다채로운 미각을 즐길 수 있게 된다.

온 세상이 푸르름으로 가득 찬 소만(小滿)에는 내가 심은 채소만 자라는 것이 아니라 내가 심지 않은 온갖 풀들도 쑥쑥 자라 어느새 텃밭을 가득 채운다. 내가 의도하지 않은 것들도 귀한 선물로 받아 안는 지혜가 필요한 때이다.

아이들은 절기생태수업 시간에 텃밭에서 스스로 자라난 생명력 강한 풀들을 잡초라며 뽑아서 버리는 것이 아니라 하나로 연결된 생명임을 인정하며, 그것이 가진 쓸모를 찾아 풀 페스토를 만들고 풀 발효액을 만들었다. 풀 페스토는 먹을 수 있는 여러 가지 풀(환삼덩굴, 별꽃, 개망초 등)과 견과류를 잘게 썰어 올리브유에 재워두었다가 파스타를 만들 때 사용하거나 빵이나 과자에 쨈 대신 발라먹는다. 7월 여름학교 살림장터에서 1학년 아이들이 상품으로 팔았는데 큰 인기를 끌었다. 쇠뜨기가 온 밭을 뒤덮는 6월이면 쇠뜨기를 뜯어서 페트병에 담아 물을 채워둔다. 여름방학을 지나고 오면 가을 김장배추에 뿌려 벌레를 쫓을 때 요긴하게 쓸 수 있다. 내가 심지 않은 생명이라 할지라도 서로의 곁을 조금씩 내어주며 하나의 종류가 독점해 버리지 않도록 조화로운 삶을 추구하는 방법을 찾고 배워간다.

이른 봄, 아이들은 탄소를 저장하는 땅을 살리고자 지렁이 타워를 만들고 달걀과 과일 껍질을 모았다. 여름학교 기간 살림 장터에서는 고사리손으로 직접 생산한 먹거리로 나눔을 실천하며 소비가 아닌 생산과 창조, 나눔의 기쁨을 먼저 배운다. 찬 바람이 불기 시작할 무렵, 곤충들의 겨울나기를 돕기 위해 주변의 자연물과 폐자재로 곤충 호텔을 만든다. 얼기설기 지어진 곤충 호텔에 거미들이 찾아들고, 아이들은 텃밭에 갈 때마다 이곳을 찾아온 작은 생명들을 관찰하며 즐거워한다. 이처럼 텃밭은 아이들의 스승이 되어 온 지구를 느끼고 배우는 경험을 선물한다.

자연은 또한 수학을 배우는 살아있는 교실이 된다. 아이들은 숫자 '1'을 배우며 세상에 하나뿐인 가족과 지구의 소중함을 이야기한다. 민들레를 보면서 무수히 많은 씨앗이 모여 아름다운 하나를 이루고, 그 하나가 다시 수많은 씨앗으로 퍼져나가는 생명의 순환을 배운다. 이렇게 아이들은 '1'이라는 숫자를 통해 세상을 만나는 것이다. 푸딩처럼 질퍽한 논바닥을 맨발로 밟으며 모내기하던 아이들이 가을이 되면 미로를 누비듯 벼를 추수하며 쌀 한 톨의 소중함을 배운다. 추수한 벼 이삭을 세면서 열, 스물……, 큰 수를 실수 없이 세려면 묶음이 필요하다는 것을 덤으로 경험한다.

**들풀처럼 자라는 아이들**

　자연의 흐름을 따라가는 배움은 머리에 머물지 않고 몸으로 스며든다. 몸으로 스며들면 마음을 적시고 몸과 마음은 하나가 된다. 몸과 마음이 한 통인 것처럼, 배움도 한 통이다. 교과의 분절도, 단원의 분절도 넘어 자연처럼 그렇게 한 통으로 배우며 자연스럽게 흘러가는 삶이 배움이 된다. 몸속 깊이 차곡차곡 쌓인 배움을 통해 아이들은 저마다 자신의 때에 든든하게 뿌리 내린 배움의 꽃을 피워낸다.

　새 생명이 깨어나는 경칩에 아이들을 만나 마을 길을 걸으며 모음으로 한글 공부를 시작한다. **강**낭콩 씨앗을 심어 새싹이 **고**개를 내밀고 쑥쑥 자라기 시작하는 곡우 穀雨에 [ㄱ]을 배운다. 강낭콩 새싹이 쏘옥 올라온 모양에서 글자의 모양을 찾고, 흙을 뚫고 올라온 새싹의 씩씩함을 여물고 단단한 어금니 소리의 느낌과 연결해본다. 강낭콩이 **키**가 **커**서 콩**깍**지를 맺는 모습을 관찰하여 글자의 이미지와 연결하며 [ㄱ, ㅋ, ㄲ]을 배운다.

　**나**비가 팔랑거릴 즈음, 나비를 따라가며 나비 날개 모양에서 높이 오르는 혓소리 [ㄴ]을 찾아 시작한 혓소리 공부는 여름방학까지 이어진다. **돌**멩이가 **뜨**거워질 때 돌멩이를 두드리며 닿는 혓소리 [ㄷ]과 [ㄸ]을 배운다. 텃밭에 **토**마토가 익어갈 때 텃밭에서 [ㅌ]의 모양을 찾고 잘 익어 톡톡 터지는 토마토 열매로 글자를 만들며 터지는 혓소리를 배운다. 뭉게구름 피어오르는 여름에 즐거운 **물**놀이를 하며 활발하게 구르는 반혓소리 [ㄹ] 공부로 끝을 맺는다.

　방학이 끝난 후, 다시 만난 8월 늦여름에 **문**을 열고 **바**람결에 **팔**랑

거리는 **잎**들을 보며 문과 연못에서 머금은 입술소리 [ㅁ]의 모양을 찾아 배우고 입술 사이로 번져 나오는 바람으로 풀피리를 불며 번지는 입술소리 [ㅂ]과 퍼지는 입술소리 [ㅍ]을 배운다.

가을 녘 **산**이 물들고 이슬 젖은 **잔**디밭에 **찬**바람이 불 때 [ㅅ, ㅈ, ㅊ]을 배우고, 겨울에 마지막으로 **하**얀 눈을 기원하며 할머니 소리 [ㅎ]으로 한글 공부를 마무리 짓는다.

교과서를 덮고 교실을 벗어나 자연과 마을 속에서 아이들의 배움은 더욱 생생하게 살아난다. 절기에 따라 달라지는 자연의 모습에서 글자의 모양과 소리의 느낌을 연결하고, 돌멩이, 나뭇가지, 꽃과 풀 같은 자연물로 획순에 맞게 글자를 만들며 몸으로 표현한다. 마을 길을 걸으면서 만나는 마을 사람들과 동물들, 그리고 절기마다 달라지는 풍경들을 아이들은 재잘재잘 말로 표현하고 글로 쓴다. 이렇게 아이들의 말은 자연스럽게 글이 되고 삶이 된다.

이러한 과정은 단순히 한글을 배우는 것을 넘어선다. 아이들은 한글을 배우면서 몸을 바르게 가누고 손의 힘을 기르며, 절기에 따른 자연의 섭리를 체득하는 통합적인 배움을 얻는다. 자연의 흐름 속에서 아이들의 배움은 싹을 틔우고, 키가 자라며, 열매를 맺고, 내면으로 깊어진다. 이처럼 내면에 뿌리내린 배움은 아이들이 어려움을 이겨내고 성장하는 강한 생명력이 된다.

[ㅏ], 밝은 빛은 내 몸을 자라게 하고
[ㅓ], 어려운 일들은 내 마음을 자라게 합니다

모음 공부를 마무리할 때 함께 읽는 구절이다. 이후로 아이들에게 도전이 필요한 순간이면 늘 이 구절을 떠올리게 한다. 주어진 과제를 중간에 포기하고 싶어 하는 아이에게 "어렵고 힘든 일을 이겨내면 네 마음의 키가 쑥 자라겠지?"라고 하면 마법의 주문처럼 아이들은 멋진 어른이 되고 싶어 용기를 낸다. 물론 단번에 되는 일은 아니다. 놀이터에서 놀다가 넘어져 울먹이는 아이에게 말한다.

"와, 엄청 아팠을 건데 언니처럼 힘겨운 일도 잘 참는구나. 마음의 키가 쑥 자랐겠는걸!"

하나가 어렵게 식판을 비워낸 자신의 변화가 뿌듯한지, "전에는 싫으면 아예 안 했는데, 이제는 싫은 것도 참고 할 수 있어요."라고 자랑스럽게 말한다. 그렇게 고집스럽게, 싫어하는 음식 먹기를 거부하던 하나도 실은 자기 한계를 넘어서고 싶은 열망이 누구보다 컸다는 것을 느낄 수 있었다. 말이 아니라 몸으로, 밥으로 익히는 배움이기에 더 강력하게 아이들 내면의 힘으로 자리 잡게 된다.

온실 속에서 자란 화초는 온실 밖으로 나오면 뜨거운 햇빛, 몰아치는 비바람, 몰려드는 벌레에 금방 생명의 기운이 꺾이고 만다. 반면 들판에서 자란 풀꽃은 매 순간 어려움을 마주하고 그것을 견뎌내면서 더 강한 생명력을 기른다.

아이들 또한 마찬가지다. 어른들의 지나친 보호와 불규칙한 생활 습관 속에서 조금이라도 낯선 경험이나 하기 싫은 일을 만나면, 시도

조차 하지 않으려는 아이들이 늘고 있다. 아이들이 지닌 본래의 생명력을 잃어 가는 모습이다. 자연 속에서 몸으로 부딪치며 도전하고 생명 감각을 기를 수 있도록 아이들에게 안정감과 용기를 주고 자신의 한계를 넘어서는 경험을 주고자 노력하고 있다.

불편함을 견뎌내는 힘, 싫은 것을 받아들이는 마음. 그것을 연습함으로써 아이들은 마주하는 힘겨운 상황을 자기 성장의 기회로 받아들이고 새롭게 도전할 힘을 갖게 된다. 들풀처럼 강인한 생명력을 지닌 아이들로 자라나는 것이다. 자연의 흐름을 따라가는 배움을 통해 자연스럽게 성장하는 아이들의 모습이다.

## 경험과 감각을 통해 만나는 세상

**감각의 문을 활짝 여는 배움**

자연 속에서 아이들의 감각은 세상을 향해 더욱 활짝 열린다. 비가 오면 놀이터는 워터파크가 되고, 그네 아래 고인 자그만 물웅덩이에 풍덩풍덩 몸을 적시며 온몸에 흙탕물을 뒤집어쓰면서 논다. 맨발로 운동장을 돌며 오돌토돌한 모래알의 느낌과 까끌까끌한 잔디밭의 감촉을 느낀다. 텃밭에서 포실한 흙을 만지고 꼬물꼬물 기어가는 애벌레를 잡는다. 통학버스에서 내리면 텃밭에 들러 새콤한 히비스커스 이파리를 하나 따 물고 교실로 간다. 매화꽃 차의 달큰한 향기를 맡고, 거름의 구린 냄새도 텃밭을 위해 건강한 흙을 만드는 과정임을 받아들인다. 쇠뜨기 풀약의 고약한 냄새에 코를 쥐면서도 건강한 배추를 위해 풀약을 뿌려줄 줄 안다.

> **2024년 12월 18일 수요일, '대설 12일째'**
> 학교버스 타러 가는 길에 나뭇잎을 밟았는데 바사락바사락 소리가 났어요. (찬)
> 날씨 관찰하면서 학교로 왔어요. 땅바닥에 아기 쥐가 죽어 있었어요. (솔아)
> 목련나무 꽃눈을 봤어요. 그늘진 곳은 까맣고 해가 비치는 곳은 하얗게 보여요. (래아)
> 하늘에 구름이 백조가 둥둥 떠다니면서 발레하는 것 같아요. (경아)
> 하늘이 산으로 가까워지면서 점점 연해져요. (은아)
> 전기줄에 까마귀가 앉아 있으니까 하늘에 무늬가 생겼어요. (시아)
>
> - 아침 날씨 일기 나눔 중에서 -

매일 아침 날씨를 관찰하며 처음엔 '하늘이 맑아요.', '더워요.', '바람이 불어요.' 단순하던 눈길이 점점 더 섬세해진다. 눈에 보이는 것에서, 손과 얼굴에 느껴지는 감촉, 귀에 들리는 소리, 코에 들어오는 냄새와 맛까지 아이들은 자연 속에서 더 다양한 감각을 경험한다.

책과 화면이 아니라 자연 속에서 살아있는 생명들을 만나면서 뾰족하고 예민하던 아이들의 몸짓이 자연스럽게 편안해지고 눈빛이 순해진다. 친구들과 관계도 여유가 생기고 세상을 받아들이는 폭이 넓어진다. 자연이 지닌 치유의 힘은 아이들의 감각을 건강하게 되살려주고 관계의 편안함을 가져다준다.

자연의 흐름은 봄, 여름, 가을, 겨울로 끝나지 않는다. 삶은 죽음을 향해 나아가고 죽음은 또 다른 삶으로 이어진다. 1학년을 맡을 때마다 입학식 선물로 수선화 화분을 준비했다. 교실에 화분을 두고 꽃을 보다가 꽃이 지고 잎이 시들어 갈 때쯤 화단으로 수선화 뿌리를 옮겨 심는다.

"지금은 죽고 사라지는 것처럼 보여도 땅 어머니 품속에서 쉬고 있다가 내년 봄이 되면 새 옷을 지어 입고 우리가 심은 이 자리에 다시 예쁜 꽃을 피울 거예요. 잘 자고 내년에 보자고 인사해 주세요."

아이들은 "안녕, 내년에 보자"라고 인사를 하며 화분을 옮겨 심었다. 그리고 다음 해 봄, 2학년이 된 아이들이 흥분해서 달려왔다.

"선생님, 선생님! 정말이에요. 작년에 보내준 수선화가 정말 다시 올라왔어요!"
"그럼, 선생님이 그랬잖아. 우리 눈에 안 보인다고 사라지는 게 아니라고."

우리는 늘 가장 화려하고 빛나는 순간에 집중했다가 그것이 저무는 순간엔 또 다른 화려한 것을 향해 눈길을 돌린다. 그래서인지 마지막 모습을 대하는 것을 낯설어하고 두려워하기도 한다. 죽어가는 모습을 좀 더 깊이 들여다보면서 죽음 너머를 바라볼 수 있었으면 하는 마음이 내 안에 있지만, 그것을 직접 언급하지 않아도 자연의 순환은 자연스럽게 아이들에게 삶의 신비를 넌지시 알려준다. 겨울 절기가 되자 아이들은 겨울을 맞이한 나무를 보며 다음 해 봄을 내다볼 수 있게 되었다. 그리고 그 마음을 절기 공책에 다음과 같이 담았다.

"꽃눈을 봤다. 목련이 봄을 준비하고 있다. 멋지다. 부드럽다."
"이제 가을 끝나고 겨울 오네. 봄이 올 때까지 모두 안녕. 이제 우리 즐겁게 봄에 보자."

**경이로움을 마주하는 아이들**

한글 자음 공부를 앞두고 아이들과 강낭콩을 심는다.

강낭콩 새싹 고개 쏘옥
키가 크면 콩잎 쑤욱
콩꼬투리 콩알 꼭꼭
씩씩한 ㄱ 가족

글자시를 낭송하고 노래를 부르며 몸놀이를 한다. 강낭콩으로 필순에 따라 글자를 만들어 보고 강낭콩 싹이 올라온 그림으로 글자 카드를 만든다. 그렇게 글자로 다양한 활동을 하다 드디어 강낭콩을 심은 화분에서 새싹이 올라왔다.

"와아~ 정말로 [ㄱ]이 올라왔어요. [ㄱ]이 쏘옥 올라왔어요."
"나는 진짜 [ㄱ]이 올라올 줄 몰랐는데."
"어디? 어디?"

이렇게 배운 아이들에게 글자의 소리와 이미지는 아주 강력하게 남는다. 글자를 하나도 모르고 들어온 아이들도, 이미 다 읽고 쓸 줄 아는 아이들도 새롭게 배우며 배움의 기쁨을 함께 느끼게 된다.

▨ 강낭콩 새싹과 [ㄱ] 공책 그림

배움의 내용을 삶의 현장에서, 특히 자연 속에서 경험을 통해 다양한 감각으로 다시 만나게 될 때 아이들은 자기도 모르게 탄성을 지르며 경이로움을 느낀다. 배움이라는 경험 자체가 실은 얼마나 경이로운 일인가. 배움의 첫발을 내딛는 아이들이 그러한 배움의 참맛을 맛봄으로써 그 경험이 씨앗이 되어 점수를 따기 위한 공부가 아니라 진리를 탐구하는 배움의 본래 의미를 찾아갈 수 있게 되기를 바란다. 그렇게 찾아가는 진리 탐구의 과정에서 자연의 경이로움을 더 깊이 느낄 수 있게 될 것이라 믿는다.

## 철학과 성장, 철학으로 함께 피어난 배움의 꽃

수업 철학에 대한 인터뷰와 세미나는 나의 교육과 삶을 명료하게 했다. 이번 인터뷰를 통해 내가 아이들과 함께 걸어온 배움의 길에 관통하고 있는 핵심적인 가치가 무엇이었는지 확인할 수 있었다. '자연스러운 배움'이라는 열쇠 말을 찾고 나니 한결 편하게 다른 이들과 내 수업 이야기를 나눌 수 있게 되었다. 특히 그동안 동료 교사들과 함께 나눠왔던 무수히 많은 대화 속에 얼마나 깊은 철학적 대화가 포함되어 있었는지, 그것이 우리를 어디로 이끌어왔는지 확인할 수 있었다. 미처 깨닫지 못했으나 철학적 대화를 통해 각자의 빛깔로 뿌리내리고 함께 어우러져 피어날 수 있었던 지난 시간이 얼마나 고마운 일인지 비로소 그 진정한 가치를 느끼게 되었다.

8년 전, 우리 학교에 부임하여 새 학년 맞이 워크숍에 참여했던 첫날이 기억난다. 그날의 워크숍 주제는 '교과란 무엇인가'였다. 그전까지 근무하던 그 어떤 학교에서도 나누지 못했던 주제였다. '교과를 잘 가르치는 교사'가 아니라 '교과를 통해 삶을 가르치는 교사'가 되기 위한 고민을 나누며 교육의 본질에 대해 서로의 교육철학을 나눌 수 있었다. 전문적학습공동체에서 아이들 이야기를 함께 나누며 자기 반 아이뿐 아니라 '우리 아이들'이 성장하는 모습을 확인하게 되었다. 아이들 성장에 대한 믿음. 그것은 나 혼자의 노력으로 만들어진 게 아니라 긴 시간 동료 교사들과 함께 나누었던 대화를 통해 더 단단하게 내 안에 다져질 수 있었다. 그렇게 개인의 철학은 공동체의 철학으로 이어져 더욱 풍성한 배움을 펼쳐낼 수 있었다.

자연 속에서 절기를 따라 살아가며 우리의 작은 활동이 흙을 살리고 풀을 살리고 서로를 살리고 뭇 생명들과 지구를 보살피는 귀한 실천임을 경험하였다. 등대지기 선배들의 도움을 받으며 신나게 학교생활을 시작한 1, 2학년 아이들. 그 아이들은 3, 4학년이 되면 천방지축 마음껏 학교를 뛰어다니다가 5, 6학년이 되면 자연스럽게 배려와 책임을 실천하는 의젓한 선배가 된다. 학교를 졸업한 후에도 행사가 있을 때마다 학교를 찾아오는 아이들은 그렇게 자연스럽게 서로 이어져 있다.

퇴직한 선배 교사는 학교 옆에 집을 얻어 마을 사람들과 학부모, 아이들이 마음껏 들락거릴 수 있는 '꼬방'이라는 책방을 준비 하고 있다. 아이들이 졸업한 학부모들은 마을 교사로 남아 다른 아이들의 배움을 돕고 마을 배움터를 이어가고 있다. 함께 책을 읽고 텃밭을 가꾸고 수다를 떨며 자신이 살고 싶은 삶을 꿈꾸고 그러한 삶을 실현해 볼 수 있는 용기를 얻게 되는 곳. 바로 '철학적 대화가 가능한 학교'에서 일어나는 일들이다. 철학은 가르침을 삶으로 전환 시키는 힘이 있다.

"우리는 학교에 살러 오는 거야."

아이들도, 교사도, 부모도, 우리는 그렇게 학교에 살러 온다. 함께 어울려 살면서 수다처럼 나누는 대화 속에 '나는 어떻게 살고 싶은지, 나에게 중요한 가치는 무엇인지, 우리는 어떻게 살아가야 할 것인지' 자연스럽게 철학적 대화가 녹아들어 있다. 공동체의 철학 속에서 우리는 더욱 성장할 수 있었고 나는 교사로서 살아가는 삶의 기쁨을 누릴 수 있었다.

나에게 있어 교사교육과정은 나의 철학을 바탕으로 내 안에서 새로운 창조의 기쁨을 길어 올려 아이들과 함께 길을 찾아가는 여정이었다. 아이들과 함께 걷는 길이 너무 멀리 돌아서 가지 않도록 기본적인 방향을 잡아주는 교사 안내서가 필요했다. 그래서 나의 철학을 담아 1학년 한글 길잡이 교재인 『하늘이 품어주는 꽃나루 아이들』을 만들었고, 이어서 수공부 교재와 절기 교과서도 개발했다. 첫해에 만든 교재들도 해가 바뀌면서 내용과 구성이 계속 변화하고 발전했다. 같은 학년을 맡아도 새로운 아이들과 함께 읽는 한글 시는 해마다 조금씩 달라진다. 이는 만나는 아이들이 다르기 때문이며, 무엇보다 그 아이들을 통해 나 자신이 성장하고 변화하기 때문이다.

정식 출판된 교재는 아니지만, 같은 학교 동료 교사가 내가 만든 교재에 자기만의 빛깔을 입혀 새롭게 재창조하여 사용하는 모습을 볼 때면 뿌듯함과 동시에 고마움을 느낀다. 저마다 나름의 철학을 갖고 각자 다른 빛깔로 교육과정을 펼치면서도 철학적 대화를 통해 서로의 교육과정 속에 담긴 의미를 공유하고 그 교육과정을 통해 성장하는 아이들의 모습을 곁에서 지켜보았기에 저마다의 교사교육과정이 개인의 성과물로 머물지 않고 서로를 성장시키는 자양분이 될 수 있었던 것이리라.

철학적 대화가 가능한 공동체 속에서 나는 나의 꽃을 피워낼 수 있었다. 봄, 여름, 가을, 겨울 자연의 끊임없는 변화를 따라가며 나의 생명력은 더욱 강해졌다. 철학이라는 뿌리를 깊이 내리며, 나는 밟혀도 꺾이지 않고 추위를 견뎌내고 다시 피어나는 들꽃이 됐다. 우리는 그렇게 풀꽃으로 함께 피어나 아름드리나무로 자라나는 아이들과 함께 숲을 이루어 가고 있다.

# 두려움을 넘어 '새로움'으로

밀주초등학교 배병기

## 교사의 철학

### 딱히 다를 것 없는 나

나는 특별할 것이 없다. 평범한 집안에서 태어나 유치원, 초등, 중등 교육을 넘치지도, 부족하지도 않을 만큼 받으면서 자랐다. 꾸준히 교사의 신임도 얻고 친구들의 신뢰도 받으며 반장이라는 대표의 자리에도 종종 올라가는 것이, 어찌 보면 특별하다고 할 수 있다. 하지만 이것 역시 도드라지는 것은 아니다. 나와 비슷한 삶을 살아온 많은 사람들을 보았고, 나 역시 그 사람들을 그렇게 특별하다는 시선으로 바라보진 않았다. 굳이 표현하자면 무난하다, 일반적이다, 혹은 이렇게도 표현할 필요성도 느껴지지 않는 정말 '딱히 다를 것 없는 존재'가 바로 나다.

하지만 이러한 것이 나에게 너무나 소중한 것들을 많이 안겨줬다. 평범한 성격은 무난한 교우관계를 유지할 수 있게 해주었고, 나를 지도한 모든 교사는 믿고 맡길 수 있는 한 학생으로서 나를 대우해 주었다. 교과서적인 지도 방식을 잘 따라왔던 나는 다방면에서 기본 이상의 모습을 보여주었고 딱 상대방이 좋아할 만한, 민폐 끼치지 않을 정도의 교양과 능력을 갖추게 되었다. 계획적인 삶은 나를 안정적으로 만들며 순조로운 결과를 이끄는 밑바탕이 되었다. 이런 생활 방식은 나의 유년 시절을 흔들림 없이 안정적으로 유지해 주었다. 모두 공감할 수 있을 것이다. 이 잔잔하고 평온하며 무난한 삶이 주는 안정감을……. 나는 성인이 될 때까지 물에 물 탄 듯 술에 술 탄 듯 살아왔다. 잘 섞이고 잘 녹아들어 큰 파동을 일으키지 않는 무난한 사람이었다.

그렇게 나는 평범한 교사가 되었다. 예로부터 교사는 우리 사회의 정규교육과정을 모범적으로 이수하여 사회적으로 인정과 존경을 받아왔다. 특별한 것이 없는 평범한 나는 하루 하루 묵묵히, 그리고 충실히 살아온 덕에 교사가 된 것이다. 부모님은 그런 나를 자랑스러워하셨고, 나 또한 그 사랑과 보살핌에 보답한 것이라 여겼다. 사회적 덕망이 높은 교사가 되는 것이 내가 부모님께 드릴 수 있는 가장 큰 보은이라고 믿었다. 학교에서는 나와 같이 순탄한 길을 걸어온 동료 교사들이 많았다. 모두 한결같이 무난한 성격과 성실함을 지닌 사람들이었다. 나는 자랑스러웠다. 나 자신도 매우 만족했고 지금도 이 자리가 주는 행복은 이루 말로 표현하기 힘들 정도로 크다.

### 변화를 향한 떨림

학생이었을 때는 주어진 길을 잘 걸어만 가면 되었는데, 교사가 되고 나서는 달라졌다. 교사는 다양한 사람을 만나야 한다는 점 때문이었다. 혹자들은 사람을 '소우주'라고 표현하기도 한다. 사람을 끝이 없고 예측할 수 없는 우주에 빗대어 표현한 것이다. 매년 우리는 많은 소우주를 넘나들어야 하고 탐험을 멈출 수 없다. 사람은 가늠할 수 없고, 가늠해서도 안 되는 존재인 것이다. 교사는 항상 사람을 대상으로 복잡 미묘한 줄타기를 계속해야 한다.

교사는 끊임없이 고민하는 사람이다. '이것은 하는 것이 맞을까? 하지 않는다면 어떤 일이 생길까? 안 하느니만 못한 것은 아닐까?' 하루에도 수십 번 생각속에서만 머무는 사고실험에 부딪힌다. 문제는 교육적 효과만 따질 수 없다는 점에 있다. 모든 활동에는 안전을 최우선으로 해야 하고, 그 모든 결정의 책임은 교사가 지게 되어 있다. 고민하고 선택해야 하는 자리인 것이다.

순탄한 길만을 걸어온 내 인생에 교사라는 직업을 택함으로써 받아들여야 하는 변수들이 너무나 많았다. 나는 일방통행만 하면 되는 길을 걸어와서 목적지에 다 왔구나 싶었는데, 도착하고 보니 갈림길이 수없이 뻗어 내려가는 길이 나타난 것이다.

여기서 내가 선택할 수 있는 행동 방식은 무엇일까? 바로 사고실험을 통한 다른 사람의 비판을 피해가는 가장 일반적인 길을 선택하는 것이었다. 책임의 자리에서 교육적으로 제일 나은 방법을 찾아야 한다는 막중한 임무가 있기에 사고실험은 필수적이었다. 내가 어렸을 때부터 걸어왔던, 기성세대들이 모두 인정하는, 대한민국 사회에서 가장 일반적인 모습을 추구하고자 했다. 앞에서 말한 조건들에 부합하지 않는다면 고민조차 하지 않았다.

하지만 그것은 내 삶의 방식이었을 뿐, 교육자로서 만족스러운 방법은 아니었다. 아이들은 모두 특성이 달랐고 교육을 받아들이는 방식과 정도도 모두 달랐다. 다양한 경험을 해보는 것이 필요하다고 느꼈다. 일방통행이 아닌 다양한 길을 모두 경험해 볼 수 있게 하는 것이 더 좋은 방법이라는 생각이 점점 강해졌다. 기존의 '나'에서 멈춰있으면 획일화된 교육만 할 것이고, 시대의 변화에 유연하지 못할 것이다. 따라오는 아이들은 잘하는 존재, 못 따라오는 아이들은 못하는 존재가 되는 것은 아니지 않은가. 그래서 기존의 나를 바꾸자는 생각을 했다.

교사로서의 나는 조금씩 변화하기 시작했다. 아니, 변화해야만 했다. 삶의 전환점을 가져다준 사람은 아내였다. 아내와의 삶은 지극히 개인 삶의 영역이지만 이 부분이 나의 교직 생활에도 많은 영향을 준 것은 확실하다. 나는 아내를 만나면서 처음으로 즉흥적인 것이, 계획대로 되지 않아도 된다는 것이 충분히 즐겁고 행복할 수 있다는 것을 깨달았다. 계획되지 않으면 불안하고 초조했던 모습을 많이 없애준 것도 아내였다.

"그럴 수 있어! 후회하면 뭐 해, 스트레스만 받는데! 훌훌 털어버려."

아내는 모든 일을 즐길 줄 알았다. 하고 싶으면 해보는 것이고, 그것이 실패하더라도 해본 것에 의미를 둘 줄 아는 사람이었다. 사고실험에 얽매여 있는 사람이 아니었다. 일단 해보는 사람이었다.

그리고 또 다른 변화의 계기를 만들어 준 것은 동료 교사들이었다. 항상 잘 되어야만 한다는 강박에 매여 끙끙대고 있는 나에게 많은 선생님들이 해준 조언들이 있다.

"선생님! 일단 해보세요. 다섯 발짝이 목표였지 꼭 다섯 발짝을 다 걸을 필요는 없잖아요. 한 발짝도 결국은 전진한 것이고 오늘보다 발전한 것이니까요!"
"오늘 생각했던 수업, 실패해도 괜찮아요! 다음에는 이번보다 덜 실패할 겁니다."

추진력 있는 말들이었다. 그리고 내가 아이들에게 해주고 싶은 말이었다. 나처럼 주저하고 있는 아이들에게는 더더욱 그러했다. 이런 말들은 나를 도전할 수 있게 했다.

### 도전의 바다, 행복학교

하지만 내가 생각한 교육철학을 펼칠 공간과 장소, 여건이 마련되지 않는다면 무슨 소용이 있을까? 현재 교육 체제에서는 제한사항이 많고, 남들과 다르게 살기보다는 남들과 발맞춰 가는 것에 더 중점을 두고, 남들과 다르게 생각하기보다는 튀지 않게 생각하는 것이 중요했다. 시나리오가 중요하고, 예상되지 않는 것에 접근하는 것은 최대한 자제할 필요가 있으며, 모두가 '예'라고 하면 그것이 정답이 되는 경우가 많았다. 예전의 나라면 당연히 기존 시스템을 당연하게 여기고 조금이라도 엇나가는 것에 대해서 주저했을 것이다. 하지만 지금의 나는 도전이 필요하고, 삐딱해도 괜찮으며 모두가 '예' 할 때 '아니'라고 대답할 수 있는 사람이고 싶다. 기본은 지키되 각본 없이 자유로워지고 싶다. 조금은 튀고 싶다. 요즘 표현으로 하면 '관종'이 되고 싶다.

이런 나에게 행복학교는 무대였다. 그 시작은 함께 시작한 선배 동료 교사들이 나에게 넌지시 던진 몇 마디에서부터였다.

"혹시 네가 생각하는 교육철학을 마음껏 펼쳐보지 않을래?!"
"생각한 대로 해볼 수 있을지도 모르잖아!?"
"하고 싶은 것 마음껏 할 수 있게 도와줄게."

이 얼마나 달콤한 말인가. 한 학교에서 5년의 만기를 채우고 떠나야 할 때, 어떤 학교를 가야 할지 고민이 되던 시점에 솔직히 솔깃하면서도 허무맹랑하게 들렸다. 그런 학교가 가능하기나 한가? 이제 30대 초중반을 넘어서는 교사의 입장에서 보면 이상적인 말로밖에 들리지 않았다. 한편으로는 이 이야기를 해준 선배 교사들이 모두 교육에 열정과 성의가 한가득인 것을 알고 있었기에 단순히 던지는 감언이설은 아닐 것 같았다. 그래도 함께 하자는 제안을 해주는 것이 얼마나 감사하고 뜻깊은 일인지 알기에 반신반의하는 마음으로 행복학교를 찾아가게 되었다.

정말 말한 대로였다. 교사 개개인의 개성 넘치는 교육철학을 존중해주었다. 해보고자 하는 것은 최대한 지원해 주었기에 하고자 하는 의지만 있으면 가능했다. 만들어 놓은 교육과정보다 만들어가는 교육과정의 중요성을 항상 강조하면서 유연함을 추구했다. 내가 나만의 교육철학을 실현할 수 있는 최적의 시스템이었다. 나는 이곳에서 어설프게나마 나의 교육철학을 펼치기 시작했고, 해가 거듭될수록 어설픔은 단단해지고 있음을 느꼈다. 아마도 내 교육철학을 견고하게 함에 있어서 행복학교라는 시스템이 없었다면 불가능했을지도 모를 일이다.

### 이것이 바로 나

교육철학을 펼칠 무대도 마련되고 나라는 사람에 대한 변화의 떨림도 느꼈다. 이젠 움직일 때였다. 도전과는 거리가 멀었던 사람에게 도전 의식을 일으킬 방법이 필요했다.

그래서 가장 먼저 공언했다. "이것을 하겠다!", "이것은 언제까지 꼭 이루겠다." 같은 다짐을 학생들에게, 지인들에게, 나의 아이에게 내질렀고 어떤 식으로든 책임을 지기 위해 최선을 다했다. 대신 과업의 성사 여부는 크게 신경 쓰지 않기로 했다. 일단 공언을 했으니 하는 것이 중요하다는 생각을 했다.

그리고 후회하지 않으려 최선을 다했다. 나는 늘 후회를 많이 하던 사람이다. '왜 그랬을까? 괜히 했네. 이랬다면 어땠을까? 조금 더 꼼꼼히 챙겨볼걸.' 이런 생각에 늘 고개를 떨구는 일이 잦았던 사람이다. 하지만 엎질러진 물은 다시 되돌릴 수 없다. 주워 담으려 하지 않는다. 주워 담다가 더 어설프고 지저분해질 뿐이다. 이번을 계기로 좋은 경험치를 쌓게 되었다고 생각하면 된다. 후회해 봤자 마음의 병만 쌓이고 자존감만 낮아질 뿐이다. 후회할 시간에 보다 나은 다음을 위해 어떻게 할지 고민하는 것이 더 생산적이다.

마지막으로 일단 하게 된다면 그것이 무엇이든 간에 의미가 있다는 것에 주목하기로 했다. 최선의 선택을 찾기 위해 많은 고민을 하지만, 반드시 최고의 결과가 나오지 않을 수 있다는 것을 인정하기로 했다. 그래서 내가 선택한 것에 후회하지 않고, 좋은 선택이 될 수 있게 최선을 다하는 것에 집중하였다. 이는 어떤 선택의 갈림길에서도 주저하지 않고 거침없이 나아갈 수 있는 추진력을 만들어 주었다. 이 도전은 어떤 의미로든 가치가 있을 것이라는 긍정적인 생각도 품을 수 있게 되었다. 그것이 무엇인들 쓸모없고 가치 있지 않은 것은 없다는 생각의 전환을 이룬 것이다.

10년 전 나와 지금의 나를 비교해 보면 지금의 나는 내가 원하는 모습으로 변화한 것이라고 표현해야 할까? 결론은 나는 원하는 모습으로 바뀌지 않았다는 것이다. 지금의 모습이 내 본연의 모습이다. 즐거웠다. 설렜다. 그래서 행복했다. 원래 나는 무난하고 평범하며 뻔한 것을 좋아하는 사람이 아니었나 보다. 그러나 기성세대의 프레임과 나를 교육해 주었던 커리큘럼은 나를 무난하고 평범하고 계획적인, 뻔한 존재로 만들었다고 생각한다. 이것이 마음에 들지 않는다거나 잘못되었다는 뜻은 분명 아니다. 다만 뜻대로 되지 않는 상황에 질색한다고 스스로 여겨 왔던 내가 이렇게 도전을 즐기고, 새로운 것에 대한 갈망이 넘치며, 무턱대고 부딪히고 넘어져 보려는 것을 보면 스스로도 신기할 따름이다. 호기심 가득한 눈빛으로 꾸준히 새로운 것을 찾으려는 내 모습이 설레는 존재라면, 나는 애초부터 그런 사람이었을 것이다. 이제 그 모습을 찾았고 그것이 나를 존재하게 한다.

## 철학으로 바라보는 수업

세상에 존재하는 수많은 틀은 무언가를 규정하고 가두고 제한하는 장벽이다. 그 장벽을 넘기 위해 나는 새로운 경험과 과감한 도전을 지향한다. 두려움과 새로움의 경계에서 새로움으로 나를 던져본다. 그렇게 던지면 새로운 세상을 만날 수 있다고 본다. 내 생각 속에 없던 새로운 세상을 만나고 싶다. 나는 그 세상에 없던 길을 만들어가고자 한다.

▨ 교사의 철학으로 바라본 수업 개요

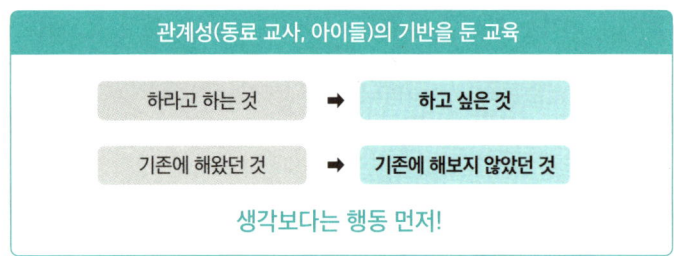

- 하고 싶으면 하는 **자전거 라이딩**과 **노래방 원정대**
- 동료 교사와 함께, **캠핑**
- 몸으로 체득하는 생태 전환교육, **민물고기 프로젝트**
- 해보지 않았던 방식으로, **야외 팝스 측정**


### 도전을 위한 신뢰 관계 쌓기

도전은 내 마음을 설레게 하는 소중한 가치다. 하지만 도전을 말하기 전에 반드시 전제해 두어야 할 것이 있다. 바로 관계이다. 도전하기 위해서 나는 늘 관계를 정립하는 것에 무게추를 먼저 두었다. 교사에게 있어 '관계'라 함은 크게 두 가지 사이에서 이루어진다. 바로 아이들과 동료 교사들이다.

교사에게 최우선은 학생과의 관계다. 이는 필수 불가결인 관계이고 교사의 존재 이유이기도 하다. 나는 항상 아이들과 대화하려고 했다. 바쁘다는 핑계를 대고, 대화를 대충 얼버무리면서 관계를 단절하지 않으려 노력했다. 모든 대화에서 아이들을 나와 동등한 입장에서 편안하게 이야기할 수 있도록 유도했다. 그렇게 하기 위해서는 항상 아이들과 관계가 유연해야 했고, 아이들이 경계를 내려놓을 수 있는 장치가 필요했다.

학기 초 나는 늘 '관종 선생님'이었다. 이는 새 학기를 시작할 때 늘 공언하는 말이기도 하다. 속칭 '관심 종자'라는 의미는 의도적으로 관심을 끌기 위해 자극적으로 언행을 하는 것인데 이때 이루어지는 소통은 대부분이 일방통행이다. 관심만 끌고 상대방의 감정은 중요치 않고 대화도 이루어지지 않는 경우가 많다. 하지만 나는 긍정적인 의미를 크게 부각하고자 했다.

"선생님은 관종 선생님입니다. 관심을 많이 가져주세요. 관심을 받기 위해 여러분에게 많이 다가갈 겁니다. 그때 어떤 말도 좋으니 많이 해주세요."

처음엔 얼어있던 아이들이 한 선생님의 끊임없는 시도(?)에 반응하기 시작했고 나 역시 그 반응에 충분한 보답을 해주었다. 이는 아이들 입이 언제나 서슴없이 열릴 수 있는 분위기를 만들었고 언제나 서슴없이 다가올 수 있는 토대가 되었다.

학기 초 아이들에게 올해 하고 싶은 활동이 무엇인지 항상 물어본다. 모든 교과서를 책상 위에 꺼내놓고 한 권 한 권 꼼꼼히 어떤 활동들이 있는지 살펴본다. 올해 해볼 것들을 미리 파악하고 도전하고 싶은 것들이 있는지도 찾아본다. 누가 봐도 말도 안 되는 활동, 말해봤자

소용없을 것 같은 활동, 그 어떤 것도 상관없다. 정말 있는 그대로 아이디어로 쏟아낸다. 그리고 찾은 활동들을 다모임 토의를 통해 추리고 올해 해볼 활동을 정리하여 학급 목표에 반영한다. 이는 학생들에게 공언하는 과정이다. 나는 아이들의 의견을 경청하고 그것을 어떤 식으로든 실현하고자 하는 교사로서 1년을 살아간다.

### 자전거 라이딩

한번은 아이들이 자전거를 타보고 싶다고 한 적이 있었다. 생각보다 자전거 경험이 많지 않았고 못 타는 아이들이 절반이 넘었다. 해보지 않았으니 해볼 생각도 없는 경우가 많아서 꼭 그 경험을 시켜주고 싶었다. 보통 자전거 라이딩은 장기 프로젝트 활동으로 학교 특색 활동 형태로 이루어지는 경우가 많다. 하지만 나에게는 시간이 부족했다. 안 해봐서 못 한다고 생각하는 친구들이 언제든 쉽게 우리 생활 속에서 자전거를 접할 수 있다는 생각을 갖게 할 방법이 필요했다.

때마침 우연히 지나가다 보게 된 캠핑장 자전거 대여소가 기억났고, 이곳을 통해 시청과 연계한 자전거 프로그램을 예약할 수 있게 되었다. 우리 학교가 이 사업을 처음으로 개시하게 해준 고객이었고, 본인들의 자전거 사업에도 큰 도움이 될 것이라고 고마워했다. 나는 매번 예전에 했던 활동에 준해서 프로그램을 짜는 관습에 불편함을 느꼈다. 아이들의 말을 경청하면서 시작된 일이 새로운 길을 열게 해준 셈이 되어 매우 뜻깊게 생각한다.

### 노래방 원정대

우리 학교에서는 한 울타리 활동 주간에 아이들이 도전, 협력, 행복이라는 가치를 중심으로 다양한 활동을 직접 기획하고 운영한다. 이 활동을 준비하는 과정에서 도전의 의미로 아이들이 노래방을 가보자고 한 적이 있었다. 노래방은 유흥시설로 구분되기 때문에 학교 예산을 사용하기에 어려움이 있었고 불가능할 것 같았다.

"선생님, 코인 노래방은 되지 않을까요?"

순간 번쩍하는 기분이 들었다. 모든 경우의 수를 따져보았다. 출입이 가능한지, 일과시간에 이용할 수 있는지가 가장 중요했다. 충분히 일과시간에 이용할 수 있고 청소년 출입은 전혀 문제가 없다는 것도 알게 되었다. 생각보다 노래방 경험이 없던 아이들에겐 신선한 추억을 줄 수 있는 기회였다.

"좋아! 그러면 그 과정도 모두 우리가 준비해 보자."

시작은 단순히 즐겨보러 갈 생각이었다. 하지만 그 과정을 모두 준비해야 한다면 말이 달라진다. 이번에는 인솔 차량을 편안하게 타고 가는 것 말고 우리가 직접 찾아가는 방법을 고민해 보자고 했다. 아이들은 멈칫했지만, 동기부여가 확실했으니 자연스레 몸과 마음이 움직였다. 지도 앱으로 동선을 찾는 활동을 해보았는데, 스마트폰을 스마트하게 이용하는 실제적인 경험을 처음 해보는 아이들도 많았다. 어떤 아이는 매번 짜준 활동만 하다가 직접 기획하는 활동이 처음이란다. 덕분에 나는 아이들이 짠 동선대로 하되 최대한 안전에 신경을 썼고, 아이들의 인솔을 받으며 활동에 참여했다.

"선생님, 말하는 대로 되네요?!"
"선생님, 밀양 어디든 이렇게 가봐도 되겠는데요?!"

미소가 저절로 나오는 말이었다. 한번이 어렵지, 두 번 세 번은 쉽다는 말이 절로 나왔다. 아이들도 하고자 하면 어떤 방법으로든 할 수 있다는 것을 느꼈다. 내가 하는 말은 단, 한마디다.

"안되는 것이 어딨어? 해보고 싶으면 하면 되지."

▨ 해보고 싶다면 하면 된다: 노래방 원정대

### 동료 교사와 함께, 캠핑

아이들만큼 중요한 존재가 바로 동료 교사들이다. 나는 동료 교사들을 교사 이전에 직장동료로 본다. 학교도 결국은 직장이다. 우리에게 학교는 근로의 현장이고 하루 중 대부분의 시간을 보내는 곳이다. 이곳에서 우리는 스트레스 받지 않고 즐겁게 일을 마무리하고 따스한 가정으로 돌아갈 수 있어야 한다. 그러기 위해서는 직장동료와 관계가 좋고 웃으면서 일할 수 있는 분위기가 꼭 필요하다.

나는 모든 활동들을 동료 교사들과 의논하고 조율하려 했다. 특히 기획하는 활동이 있다면 더더욱 그랬다. 누구나 다 하는 과정이라고 말할 수도 있지만 도전적인 활동에 초점을 둔 나로서는 동료 교사에게는 부담을 줄 수 있는 부분이 많으므로 그 과정은 더 중요했다. 무턱대고 아이들의 말에만 귀 기울이다가 동료 교사들이 힘든지도 모르고 일을 벌이는 대책 없는 교사로 생각할 수도 있겠지만, 이 과정 안에 동료 교사들의 조언과 동의, 협력이 있었다는 점을 말해두고 싶다. 동료와의 관계를 저버리면서까지 과한 활동을 하고 싶지 않다.

한 번은 캠핑프로그램을 야간까지 하자고 아이들이 요구했고, 이를 들어주고 싶은 마음에 선생님과 활동 계획을 논의했다. 하지만 야간까지 캠핑하는 것에 대한 부담과 우려가 있었고 난색을 표하는 선생님들이 많았다. 캠핑 활동의 필요성을 모두가 공감해야 했고 가정과의 연계와 협조도 구해야 하는 등 현실적인 문제가 많았다. 나는 내가 아이들과 캠핑을 하고 싶어서 아이들의 의견을 들어주고 싶다고 솔직하게 말했다. 어쭙잖게 교육적 효과 같은 이야기는 하지 않았다. 다른 선생님들은 피식 웃으면서 내가 솔직해서 좋다고 했다. 아이들이 말하는 것을 다 들어주어야 한다는 교사로서의 과한 책임감으로 포장하지 않아서 좋다고 했다. 또, 하지 않으려는 교사가 이상해지는 분위기를 만들지 않아서 고맙다고도 했다. 결국 야간까지 프로그램을 계획할 수는 없었지만, 아이들이 원하는 '테마'가 있는 캠핑을 할 수 있었고 아이들은 즐거워했다.

이런 경험은 동료 교사와의 관계가 얼마나 중요한지 깨닫게 해주었다. 관계를 위해서는 나를 솔직하게 보여주어 포장하지 않는 것이 중요하다는 것을 알게 되었다. 그것이 모두를 스트레스받지 않고 즐거운 직장생활을 할 수 있게 하는 밑바탕이 되었다.

### 민물고기 프로젝트

민물고기 프로젝트는 색다른 접근이었다. 생태전환교육의 일환으로 시작된 이 활동은 조금 다르게 하고 싶다는 욕심에서 시작했다. 보통 생태전환교육으로 에너지 절약, 분리수거, 재활용 등의 활동을 많이 하는데, 어떤 환경에서든 접근하기 쉽고 실생활과 연계할 수 있기 때문이다.

"선생님, 작년에 그거 해봤어요."
"또, 그거 해요?"

바쁜 일상이었지만 아이들의 말을 그냥 얼버무리고 싶지 않았다. 아이들의 욕구도 만족시키면서 효과적인 교육 형태를 찾고 싶었다. 남들이 잘 해보지 않는 활동에 도전해 보고 싶은 개인적인 욕심도 있었다. 이때 문득 민물고기 전문가를 소개받았던 기억이 났고, 그 전문가를 통해 아이들에게 이론이 아닌 활동 중심의 '민물고기 생태교육'을 하면 좋겠다고 생각했다.

아이들은 색다른 교육에 감응했다. 요즘은 좀처럼 보기 힘든 족대로 직접 채집을 하며 수업을 했는데 아이들에게는 이 모든 과정이 신선한 경험이었다. 돌고기, 수수미꾸리, 낙동납자루 등 이름도 생소한 토종 물고기를 직접 만날 수 있었고, 멸종위기 종은 어떤 물고기이고, 생태계를 위협하는 외래종은 무엇인지 배우며 민물고기의 생태 위기도 직접 경험했다. 우리는 어린이 과학자로서 민물고기의 데이터를 꾸준히 모았고, 이것들을 민물고기의 빅데이터로 환경 관련 앱에 남겼다. 앱을 통해 물고기의 현주소도 자주 찾아보고, 우리 지역 강의 생태 지도를 제작해 보기도 했다. 실제 홍보 활동으로 진행한 민물고기의 현주소를 알리는 캠페인은 우리 지역 플리마켓에 활용되기도 했다.

낯선 시도는 부담으로 다가오기도 했지만 새로운 모험을 떠나는 탐험가가 된 마냥 모든 것이 즐거웠다. 아이들은 족대질도 어려워하고 물고기를 직접 만질 때면 기겁하기도 했지만, 곧 적응하여 인간 본성을 찾은 듯 채집을 진심으로 즐겼다. 때로는 자발적으로 창의적인 부가 활동을 하려는 의지도 보였다. 도전이 창의력을 자극한 것이다.

생태전환교육: 민물고기 탐방대

### 해보지 않았던 방식으로, 팝스 측정

"선생님, 꼭 해야 해요?"

팝스 측정할 때마다 듣는 소리다. 체력 측정은 언제든 고된 과정인데, 코로나를 겪고 있는 아이들에게는 부담을 더 줄 수밖에 없었다. 마스크를 쓴 채 측정은 해야 하니 말이다.

"선생님이 조금이라도 부담을 덜 수 있게 해볼게."

아이들은 하라고 하면 한다. 그것이 불합리하고 불편하더라도. 하지만 그렇게 아무 생각없이 활동하게 하고 싶진 않았다. 분명히 더 좋은 방법이 있을 텐데, 고민하지 않고 기존의 방식을 고집하는 것은 아이들에게도 앞으로 부딪칠 문제 상황을 아무 고민 없이, 아무 발전 없이 하려는 태도를 조장하는 것 같았다. 관성을 깼으면 했다.

사방이 닫힌 강당을 벗어났다. 마스크를 쓰지 않아도 되는 탁 트인 야외가 필요했고 과감히 강변으로 걸어 나갔다. 때는 바야흐로 벚꽃의 계절이었다. 벚꽃의 낙하 속도 초속 5cm의 감성을 듬뿍 담은 장소에서 아이들은 달렸다.

"선생님, 사진 찍고 가요."
"팝스 측정하고 간식 먹어도 되죠?"
"친구들하고 뛰어놀아도 되죠?"

당연했다. 자연스레 현장체험학습이 되었고 체육이 되었고 친교 활동도 되었다. 봄날의 기운을 느끼며 달리는 강변은 아이들에게 활력이었고 흩날리는 벚꽃은 아이들에게는 싱그러움이었다. 해보지 않았던 방식은 신선했고 아이들은 더 즐거워했다. 했던 활동이 몸과 마음을 씻어주었다.

## 철학과 성장

### 모두에게 찾아온 성장

아이들은 나의 교육철학 속에 성장하고 있었다. 떠오르는 대로 하는 선생님 덕에 아이들은 색다른 즐거움을 느꼈다. 노래방을 가고 싶다고 했더니 현실이 되고, 캠핑을 하자고 하니 그것이 교육과정에 반영되었다. 아이들은 스스로 안된다고 주저하지 않았다. 하고 싶으면 말했다. 조용했던 아이도 자기 생각을 현실로 만들 수 있도록 도와주는 선생님을 만나 편안하게 말을 할 수 있게 되었다.

기존에 해보지 않았던 것을 찾아서 하는 선생님을 만난 아이들은 상상의 나래를 펼쳤다. '해도 돼요?'라는 말은 아이들의 유행어지만, 우리 반은 아니었다. 아이들은 해도 되는지 나에게 묻지 않았다. 스스로 판단하고 행동했다. 나는 안전이 보장되고 남에게 피해만 주지 않는다면 모든 것을 해보아도 되는 선생님이었기에, 사소한 것까지 묻던 아이들도 스스로 문제를 해결하기 위해 과감해졌다.

해보고 싶은 것이 많은 아이들에게 나는 최적이었다. 해보라고, 해보자고 늘 이야기해 주는 선생님은 기대감을 심어주는 존재였다. 제한은 최소화하고 가능성은 최대화했다. 다만, 하고 싶은 대로 하는 자유는 책임감이 동반되어야 한다는 것을 알려주고 싶었다. 노래방을 가고 캠핑을 해보고 싶다는 아이들에게 일단 해보고 싶으면 계획을 스스로 짜게 했다. 계획의 빈틈을 채우기 위한 질문을 계속했고 아이들은 생각보다 생각할 거리가 많다는 것에 지쳐갔다. 선생님은 '다시 해보자!'라는 말을 반복했고 불친절한 안내는 기본, 불편함은 상수였다.

"와. 그것도 알아봐야 하나요?"
"이렇게 할 것들이 많아요? 몰랐어요."

하고 싶기에 책임감 있게 준비하는 과정, 그 과정의 모든 힘겨움을 아이들은 이겨냈다. 인고의 시간은 더 달콤한 열매를 주는 법이다. 아이들은 즐겁게 힘든 경험을 한다. 고진감래를 몸소 느꼈다. 나를 거쳐 간 아이들이 가장 많이 했던 말이 있다.

"선생님, 이렇게 해도 되는 거예요?"
"이상하잖아요?"
"선생님은 왜 그래요?"

그럴 때마다 나는 항상 이렇게 이야기한다.

"일단 해보면 생각이 달라질 거야."

일단 해보는 도전은 나에게는 자유로움을 주었다. 과감히 도전하니 생각에 얽매였을 때 느끼는 걱정과 두려움이 사라졌다. 당연히 결과를 먼저 가정하지 않게 되었다. 자연스레 과정에 더 주목하게 되었고, 실패는 당연히 겪는 과정이었다. 모든 것을 빨리, 정확하게 하려는 조바심도 내려놓게 되었다. 이렇게 일단 해보는 것은 나를 비로소 자유롭게 만들었다.

### 새 시대를 위한 가치, 도전

나는 교사로서 많이 고민하고 있다. 엘리트를 양성하기 위해 정해진 틀 속에 집어넣고 끊임없이 경쟁을 부추기는 교육이 바람직할까? 모두가 하나의 정상을 위해 달려가는 삶이 가치있을까? 나란 사람은 어찌 보면 그 틀 속에서 살아 남았고, 무난하고 평범한 삶을 살면서 무사히 성공했는지도 모른다. 아니면 그 우물 속에서 그냥 만족하고 사는 개구리일지도 모른다. 비난받지 않는 평범함을 최우선인 삶을 살아오다가 도전의 맛을 알게 된, 두 가지의 감정을 모두 갖게 된 나로서는 어떤 교육철학에 더 주목해야 하는 것일까?

나는 도전에 초점을 두기로 했다. 이렇게 생각한 기저에는 시대적인 흐름이 한몫했다. 시대의 흐름은 빨리 변해가고 있고, 유행은 하루에도 수십 번 바뀔 수 있으며, 특별하고 독특한 개성이 시대를 이끄는 중요한 가치로 평가받는 때이다. 예전에는 특이하다 하면 이상하게 보는 시선이 많았지만, 이젠 그것이 경쟁력인 시대가 되었다. 그럴 수 없다고 생각했던 것이 그럴 수 있게 된 시대이다. 이런 시대일수록 도전은 큰 의미가 될 수 있다고 생각했다. 도전은 내가 진정으로 원하는 것이 무엇인지 찾는 힘이고, 개성을 가장 잘 발휘할 수 있는 원동력이며, 나의 경쟁력을 키워줄 수 있는 핵심 가치가 될 것이라고 봤다. 도전의 방법은 단순했다. 일단 저지르는 것이고 익숙하지 않은 것에 끊임없이 다가서는 것이었다.

　나는 나의 두려움 앞에서 먼저 도전한다. 익숙한 것이 아니라 익숙하지 않은 길로 끊임없이 나아가려 한다. 새로운 경험에 두려워하지 않고 일단 나서고 모르는 것은 배우려 애쓴다. 그래야 나도 발전한다. 수업에서도 아이들의 욕구를 반영한다. 사람마다 모두 다른 그의 빛깔과 향기를 교육과정에 반영한다. '이것이 교육과정의 큰 철학에 맞는가? 곁가지만 하는 것은 아닌가?' 하는 두려움도 있지만 교육과정보다 더 큰 '아이'라는 존재를 바라본다. 교사가 가두어버리고, 교과서에서 놓쳐버린 아이들의 자유를 위해서 불나방같이 달려든다. 늘 새로운 나와 세상의 문을 여는 주체적인 행위, 그것이 도전이다.

　그래서 나는 일단 한번 해보려 한다. 안 되는 것은 없다. 안 하는 것일 뿐이다. 사람들은 여러 가지 명분을 앞세워서 해보려 하지 않는다. 위험하다고 하지 않고, 어울리지 않는다고 하지 않고, 가정법에 갇혀서 하지 않는다. 이유도 다양하다. 스스로 매너리즘을 만든다. 나는 그러고 싶지 않다. 재미없다. 가슴이 떨리지 않는다. 아이들을 설레게 하고 싶고 심장이 뛰고 있음을 느끼게 하고 싶다. 그러기 위해서는 일단 해보는 것이다. 그래야만 내가 해보지 않고 놓쳐버릴 수 있는 것들을 만날 수 있다. 그래야 내 삶을 내가 주도할 힘이 생긴다. 내가 주도해야 진정한 '나'를 만날 것이다.

    다른 사람의 관점이나 시선에 나를 가두지 말자. 나의 가치에 따라 겁먹지 말고 그 일을 해보자. 틀을 벗어날 수 있다는 도전은 제한된 삶을 더 자유롭게 한다. 잠깐의 두려움과 낯섦을 이겨내면 나를 설레게 하는 새로움이 다가올 것이다.

4장.

삶,

다시 돌아보다

삶,

다시
돌아보다

양재욱 선생님은 좋은 인터뷰어입니다. 2024년 한 해 동안 11번의 인터뷰를 진행했습니다. 이 장에서는 그 과정에서 있었던 감동적인 이야기와 여러 선생님의 철학을 선생님의 삶으로 품어냅니다. 그렇습니다. 미래 교육이란 사람을 향하는 그리움입니다.

# 교사의 눈물

　철학으로 수업을 해석하는 세미나에 참석한 한 선생님이 크게 울었다. 그날도 우리는 초승달과 반달의 중간 모양으로, 웃음 짓는 눈의 곡선으로 둘러앉아 서로를 바라보며 세미나를 열었다. 발표자는 자신의 철학, 소중히 여기는 가치들을 수업으로 풀어내는 이야기를 했고, 모두가 경청하고 몰입했다. 그렇게 이야기가 한 참 진행되는 중에 한 선생님이 눈물을 보이기 시작했고, 그 울음은 시간이 지날수록 깊어졌다.

　발표가 끝나면 참여자의 시간이다. 질문도 하고, 공감도 하고, 칭찬도 하고, 부러워도 하고, 깨달음을 나누기도 한다. 우리는 눈물을 흘리는 선생님의 이야기가 궁금하여 마이크를 넘겼으나 선생님은 울먹임으로 말문을 열지 못하였다. 다른 참여자들의 이야기를 들으며 한 참 감정을 다스린 후에야 간신히 그 눈물에 대해 말할 수 있었다.

> "이 세미나에 저는 오고 싶지 않았습니다. 그냥 학교 전체 선생님이 참여하기로 하였기에 아무 기대도 없이 끌려왔습니다. 저는 단지 직장인에 지나지 않습니다. 좋은 선생님이 되고 싶었던 저의 꿈은 벌써 사라지고 없습니다. 저는 고작 2년 차인데, 저는 고작 2년도 채 안된 교사인데. 그러나 제가 꿈꾸던 아름다운 선생님이 실제로 여기 존재하고 있는 것을 발견하여 감동하여 웁니다. 고작 2년 차가 벌써 직장인으로 살아간다는 것이 서글퍼서 웁니다. 선생님 그렇게 좋은 선배로 살아주셔서 고맙습니다."

**"이 세미나에 저는 오고 싶지 않았습니다. 그냥 학교 전체 선생님이 참여하기로 하였기에 아무 기대도 없이 끌려왔습니다."**

나도 그렇다. 그 기대 없음은 나도 그렇다. 누군가의 이야기는 나의 가슴에 다가오지 못한 단지 물리적인 떨림에 지나지 않았다. 수많은 연수를 받았지만, 그 이야기들이 나의 삶으로 다가오지 못한, 그냥 인간의 입에서 시작된 공기의 떨림에 지나지 않았다. 내 가슴을 울리지 못했고, 내 이성을 두드리지 못했다. 그냥 귀를 스치는 공기의 떨림에 지나지 않은 것이다. 그러나 길을 찾지 못한 두려움이 그 기대 없음을 넘어서기에, 나도 누군가의 가르침에 끌려서 가듯 억지로 그렇게 간다. 지금 여기서 가슴 저 깊은 곳에서 북받치는 눈물을 주체하지 못하는 당신처럼 나도 그렇다.

**"저는 단지 직장인에 지나지 않습니다. 좋은 선생님이 되고 싶었던 저의 꿈은 벌써 사라지고 없습니다."**

나도 그렇다. 편안하게 그냥 왔다 가고 싶다. '사명감'이란 말이 무겁고, '교사가 그래서야' 하는 윤리의 강요가 숨통을 누른다. '아동학대' 아이를 지키자는 아름다운 뜻을 품은 그 말은 교사를 겨누는 칼이 되어서 훈육조차 할 수 없는 교실의 무법지대를 만들었다. 아이들의 성장통인 갈등과 다툼은 교육의 기회가 아니라 '학교폭력 예방 및 대책에 관한 법률'에 따라 하나의 법적인 사건이 되어 교사의 손을 벗어난다. 교사는 아이들의 삶에 개입할 수 없다. 그러나 '신적인 능력으로 예측하고 개입해서 예방했어야 했다'는 학부모의 분노의 말에 나는 자괴감에 빠진다. 약물의 도움을 받아야 오늘을 살 수 있다. 그래서 오늘 하루 살아서 집으로 돌아가고 싶다. 나도 그렇다.

아이들의 눈빛을 마주하며 나도 해맑게 웃고 싶은데, 아픈 세상에서 상처받은 우리는 서로에게 의도하지 않은 칼날이 되어 서로를 상처 낸다. 고통은 사명감도, 윤리도, 사랑마저도 가식으로 몰아낸다. 마음이 두려움으로 덮이니 뜻을 정성스럽게 닦을 여력이 없다. 교실은 나를 지켜야만 하는 전장이 되어버렸다. 사회 속에서 살아남기 위해 어쩔 수 없이 견뎌내야 하는 고통이 되어버렸다. 혹시나 아이들에게 너무 다가가 인간적인 관계가 맺어질까 봐 멈칫거린다. 학부모는 이미 교사를 '서비스를 제공하고 돈을 버는 직장인'으로 대하는데, 그 선을 넘어 지나친 개입을 할까 봐 늘 경계를 세운다. 적당한 거리를 유지하기 위해 신경을 곤두세운다. 좋은 선생님이 아니라 무사히 오늘 하루, 올 한해를 버티는 것이 꿈이 되었다. 선생님의 꿈이 사라졌다. 꿈이 사라진 슬픔으로 주체하지 못하는 당신처럼 나도 그렇다.

　학교에서 사라진 나의 꿈을 위해 나는 학교를 떠난다. 연가를 세고, 시간을 계산하고, 노동조합의 지침을 살펴보고, SNS의 바다를 탐색하고, 관리자의 눈치를 살피며 나의 삶을 찾아 학교를 떠나는 명분을 찾는다. 일과 삶의 균형을 찾아 떠난다. 워라밸을 꾹꾹 눌러 말하며, 소확행을 속삭이며 학교로부터 일터로부터의 자유를 취한다. 나는 행복해지고 싶다. 그러나 내일은 금방 오고 떠났던 일터는 다시 나를 구속한다. 학교는 끊임없이 일탈과 구속의 밸런스를 유지한다. 일탈은 잠시 벗어나게는 하지만 나를 자유롭게는 하지 못한다는 것을 알아간다. 그 일탈 속에는 늘 두려움이 함께 하고 있음을 알게 된다. 해결하지 못한 문제는 마음의 짐이 되고, 해결할 수 없다는 절망감은 나의 마음을 갉아 먹는다. 혼자 차 안에서 비명을 질러 보지만 그 기억은 도망치지 않았고, OTT에 기대어 잠시 잊어보지만 잃어버릴 수는 없는 일이었다.

　내 마음을 흔들 행복을 추구할 수 없다는 현실을 마주하며 나는 나를 살릴 작은 행복이라도 확실히 챙겨야 했다. 꽉 막힌 방안에서 작은 창구멍 하나를 내는 것처럼, 꽉 막힌 삶에 숨구멍 하나라도 내고 싶다. 한 줄기 햇살이라도 확인하고 싶고, 한 줌 상큼한 공기라도 들이마셔야 내가 사람이란 걸, 추구하는 것이 있는 존엄한 사람이란 걸 잠시라도 확인할 수 있기 때문이다. 그래서 온 세상에 알리고 싶다. 내가 여기 존엄하게 있다고. 여행 사진도 올리고, 유명한 카페 사진도 올리고, 유명한 음식점의 음식도 먹기 전에 찍어서 SNS의 문간에 걸어둔다. 나도 당신들처럼 행복하다고 알린다. 행복하지 않은 일상이 너무 많아, 일탈하여 작은 행복이라도 찾아야 하는 그 절박함에 서러운 것은 나도 마찬가지다. 명퇴하고 정퇴하는 그들의 해방된 미소를 보며 부러운 것은 나도 마찬가지다.

**"저는 고작 2년 차인데, 저는 고작 2년도 채 안 된 교사인데"**

30년이 넘은 나도 마찬가지다. 20년이 넘은 옆 반 부장교사도 마찬가지다. 돈 잘 버는 남편을 만나서 학교에 나와서 일하지 않고 직장에 나가지 않고 살아간다는 친구가 부럽고, 연금 나올 때 되었다며 명퇴하는 친구가 부럽다. 20년 30년이 되었지만 그냥 직장에 다니는 직장인이다. 2년 차 후배에게 뭐라 할 말이 없는 나이 든 교사가 되었다. 지혜로움과 경륜이 있는 선배가 아니라, 그냥 많은 시간 직장을 다닌 나이 든 교사가 되었다. 오히려 젊은 교사들의 디지털 세상을 따라가지 못해 거꾸로 배워야 하는 구시대의 교사가 되었다. 고작 2년 차인 당신처럼 30년을 넘긴 나는 더 그렇다.

그런데 나는 울 수도 없다. 운다는 것은 내 마음 깊은 곳을 내가 흔들어 깨워 나를 바꿀 용기를 낸 것이니. 나는 절망하여 용기를 낼 수도 없다. 나를 바꿀 수 없는 수많은 나의 경험이 나를 가두었기에 나는 두려워 애써 외면한다. 변해도 변하지 않을 것이라는 30년의 경험을 핑계 삼아 두려움을 덮고 변화를 외면한다. 고작 2년 차인 당신이 직장인인 것처럼 나도 그렇다. 내가 그렇기에 당신이 또한 그러함을 알지만 나는 울 수 없다. 내가 책임질 수 없는 눈물이기 때문이다. 당신은 감동받을 장면에서 감동받지만, 나는 감동받을 장면에서 감동받을 것이 두렵다. 그래서 고작 2년 차라 말하며 감동에 눈물을 흘릴 수 있는 당신이 부럽다. 그러나 나도 당신처럼 갈망한다. 좋은 교사, 존경받는 교사, 존중받는 교사가 되고 싶다. 그러니 나도 운다. 소리 없이, 다른 사람에게 들키지 않게 운다. 당신의 눈물이 꿈을 꾸던 젊은 나를 불러와 저 깊은 곳에서 흐느끼게 한다. 흔들어 깨워 보란 듯 울지 못하고 숨어서 운다. 새로워지고 싶어서 울고, 새롭게 되지 못할 그 무기력에 또 운다.

"내가 꿈꾸던 아름다운 선생님이 실제로 여기 존재하고 있는 것을 발견하여 감동하여 웁니다. 고작 2년 차가 벌써 직장인으로 살아간다는 것이 서글퍼서 웁니다."

나도 그렇다. 내가 무엇을 갈망하는지 알게 되었을 때, 그 존재의 욕구를 발견하였을 때 감동하였다. 아무도 물어주지 않던 질문 '당신은 누구입니까?', '당신의 철학은 무엇입니까?', '당신은 이 세상에 어떤 영향을 끼쳤습니까?' 그 질문에 나는 내가 꿈꾸던 나를 내 속에서 발견했다. 나의 일상에 숨어있던 나를 발견했다. 나의 배려가 사랑에 이르는 문임을 깨닫고, 사랑하며 살아가는 나를 발견하고 가슴이 먹먹했다. 내가 직관적으로 선택한 그 가치가 다른 가치와 연결되어 나의 존재가 됨을 발견하고, 나와 너가 연결됨을 발견하니 기쁨이 눈물처럼 내 속에 가득 차올랐다.

나도 그렇다. 인정받지 못하는 자신이 그냥 단지 직장에 다니는, 그냥 그런 사람이라 여겨질 때, 선생님이 되고 싶은데 선생님인 나를 발견하지 못했을 때 가슴이 아렸다. 이렇게도 해보고 저렇게도 해보았지만, 그것의 의미가 무엇인지 몰라 헤맬 때 쪼그라들었고 행복하지 않았다. 작은 핀잔이라도 받으면 상처가 되었다. 직장인이 되고 싶지 않았다. 먹고 살기 위해 억지로 일하는 일꾼이 아니라 사랑이 가득한 선생님이 되고 싶었다.

**울었다.**

잔잔하게 자신의 철학을 해설하고, 철학으로 빚은 수업을 이야기하고, 그 수업으로 삶을 살아가는 10년 차 선배 교사의 이야기를 듣다가 울었다. 교사가 당당히 서서 길을 밝히고 아이들을 당당히 세워 함께 살아가며 사랑하는 그 수업은 길을 찾아 헤매는 한 선생님의 가슴 깊은 곳에 가 닿았다.

까닭을 알 수 없는 눈물은 잠시 말문을 잃게 했다. 갈망했으나 잃어버린 갈망을 찾지 못해 잠시 말문을 잃었다. 말문을 열고 마음을 밝히는 시간은 길게 걸리지 않았다. 그는 갈망했기에 갈망을 잃어버린 자신을 바라볼 수 있었고, 자신을 깨달을 수 있었다. 그리고 슬픔과 기쁨이 함께 만든 눈물을 해석할 수 있었다.

철학은 교사를 눈물짓게 한다. 철학은 자신을 바라보는 일이며 나와 너를 사상으로 연결하는 일이다. 나를 바라보는 일은 나를 해방하는 일이며 나를 해방하는 일은 너에게 다가가는 일이다. 철학을 나누며 우리는 연대감을 느끼고 연결감을 느낀다. 단순한 손잡음이 아니라 깊은 내면이 만나는 희열이다. 그러니 그 눈물은 미소이다. 그 슬픔은 기쁨이다. 그 좌절은 희망이다. 그 울먹임은 노래다.

# 가르침으로부터의 자유

## 성찰에 대하여

성찰(省察)은 '살피다, 깨닫다'라는 뜻을 가진 성(省)과 '살피다, 알다'라는 뜻을 가진 찰(察)로 이루어져 있다. '살피고 살피다, 살피는 나를 다시 살피다, 살피는 나를 다시 살피며 깨닫다'로 해석할 수 있다. 곧, 내가 나를 바라보는 일이다. 나를 바라보는 나를 또 바라보는 일이다.

성찰은 내 실천을 메타적으로 바라보는 일이다. 그 낱낱의 체험에 어떤 의미가 있는지 살펴보는 일이다. 체험에 의미가 생기면 경험이 되고, 경험은 내 삶의 맥락을 만드는 역사가 된다. 맥락과 역사는 단순한 체험에 동원되는 수동성을 극복하고, 체험을 생산하거나 체험에 자신의 역사적 맥락을 만들며 적극적인 참여와 자신만의 가치를 생산하는 동력이 된다.

성찰은 내 생각을 생각하는 일이며, 그 생각을 다시 생각하는 일이다. 성찰은 감정을 이성으로 바라보는 일이며, 그 감정의 근원과 그 근원의 근원을 생각하는 일이다. 성찰은 그렇게 나를 밝혀가는 생각이며, 그렇게 밝혀가며 밝혀낸 생각이 철학이다.

성찰은 바깥으로부터 주어진 의무나, 윤리를 주입하는 '강힘'에서 나 자신의 발견을 통하여 내면이 성장하는 '열림'으로 교사와 학생을 자유롭게 한다. 다음은 가르침과 배움이 아니라 성찰을 통하여 내면의 성장이 일어난 사례이다. 이 학생은 학년이 바뀐 후 친구들에게 말했다.

"나, ○○○ 선생님 때문에 사람 됐다."

시하(가명)는 힘이 세고, 화가 나면 어른, 아이 가리지 않고 성질을 부린다. 집어 던지기도 하고 주먹질을 하기도 한다. 분노를 참을 수 없을 땐 교실을 박차고 뛰어나가 버리기도 했다. 분노가 자주 폭발하는 시하지만, 마음이 잔잔해지면 대화가 된다. 경청과 나 전달법으로 대화해 나가면 잘못을 반성하고 저지른 일을 수습하기 위해 애를 쓴다. 그렇게 여러 사고를 수습하면서 화가 나면 교실 앞으로 나와 교사 옆에 서 있기로 미리 약속해 두었다. 어느 날 친구와 또 다투고 폭발하였고, 자리에 있으면 무슨 일-의자를 던지거나, 물건을 던지거나-을 할지 몰라 이번에도 앞으로 불러내어 감정이 좀 가라앉기를 기다렸다. 그런데 이번에는 감정이 가라앉기 전에 선생님이 서둘러 말을 걸었다.

> "시하야, 혹시 지금 화가 많이 나 있는 너 자신을 볼 수 있겠니?"
> "예, 보여요."
> "그럼, 화가 나 있는 너에게 이젠 화를 좀 가라앉히라고 토닥여 보겠니?"
> "시하야 어때?"
> "예, 화가 많이 가라앉았어요."
>
> 시하는 그 이후 많은 변화가 일어났다. 빠르게 바뀌어 갔다.
>
> - 교사의 교단 일기 -

    교사는 먼저 자신의 욕구를 바라보았다. 평가하려 들지 않고, 재판하려 들지 않고, 자신이 무엇을 원하는지 그 깊은 내면의 바람을 바라보았다. 그것은 아이가 스스로 자신을 다스려 평화롭게 되는 일이었다. 교사는 그 순간 성찰하였고, 교사 자신의 내면에 있는 철학으로 실천의 길을 잡았다. 그리고 아이에게 성찰이 일어나게 했다. 감정과 이성을 분리시켜 본 것이다. 분노에 찬 아이는 감정의 격정에서 자신의 이성을 분리하였고 그 이성으로 감정을 다스렸다. 교사는 가르침을 내려놓았고, 학생은 배움에서 벗어났다. 그저 아이 자신의 내면을 바라보는 순간을 만들었고 그렇게 교사와 학생은 믿음으로 연결되었다.

    성찰은 철학을 불러오고, 철학은 단순한 지식 전수의 기능인 가르침과 배움을 성찰로 전환하였다. 성찰은 주어지는 지식으로부터 강요

되는 윤리나 도덕적 의무로부터 나를 자유롭게 한다. 그래서 있는 그대로의 나를 바라볼 수 있고, 있는 그대로의 너를 바라볼 수 있다. 가르치려 들지 않고 훈계받는 대상에서 벗어나며 나를 사랑할 수 있고 너를 사랑할 수 있게 된다.

　나는 나를 사랑하기 위해 성찰한다. 나의 감정을 바라보고, 나의 생각을 바라보기를 반복하며 나의 내면 깊은 곳의 욕구를 만난다. 그 욕구는 단순한 탐욕이 아니다. 사람으로서 타고난 선한 품성이다. 그 선함을 향하여 삶의 방향을 잡는다. 나는 그것을 '나의 철학'이라 부른다. 철학은 내가 살아가는 길이다. 그 길이 있기에 나는 나의 삶이 앞으로 나아갈 수 있다고 믿는다.

　교사의 철학을 찾아가는 인터뷰에 참여한 김미현 선생님은 '1학년 학생은 어떤 욕구를 가지고 있을까? 교사로서 나의 욕구는 무엇일까?' 하는 성찰을 통하여 아이들 욕구의 흐름 위에 배움을 올려놓았다. 아이들이 지닌 '즐거움'이라는 욕구에 기반하여 수업을 디자인하였고, 아이들이 즐겁길 바라는, 수업이 즐겁길 바라는 교사의 욕구는 충족되었다. 가르침의 내용이 주인이 아니라 아이들의 존재가 주인이 되는 수업이 된 것이다. 교사는 단순히 지식을 전달하는 역할을 넘어 아이들의 존재를 바라보고, 그들의 바람을 반영한 놀이가 많은 수업을 창조하는 예술가가 된 것이다. 그렇게 김미현 선생님은 아이들과 더불어 앞으로 또 한 걸음 나아갔다.

## 사랑에 대하여

행복은 사랑하는 관계 속에서, 서로 아끼고 귀중하게 여기는 관계 속에서 느끼는 깊은 내면의 만족이다. 사랑은 평등한 관계 속에서 이루어지는 존중의 깊은 교감이다.

교감한다는 것은, 마음으로 바라본다는 것이다. 마음으로 바라본다는 것은 그 행위의 깊은 곳에 깔린 슬픔을 바라본다는 것이다. 측은지심을 내며 너를 만나고, 측은지심으로 자신의 선함과 만나는 것이다. 욕망하는 것을 내려놓고, 해야 한다는 사명감을 내려놓고 자연 그대로의 너를 바라본다는 것이다.

학교에 지각하거나, 수업 시간에 참여하지 않거나, 심지어 잠을 잔다면 교사는 매우 분노할 수 있다. 그런 감정의 원인은 무시당하는 기분일 수도 있고, 가르쳐야 한다는 의무감의 좌절 때문일 수도 있고, 학생이 본분을 망각했다고 여기기 때문일 수도 있다. 그래서 '어찌 날마다 그렇게 지각하니? 수업 시간에 잠을 잔다는 것이 말이 되니? 수업 시간에 공부 안 하고 도대체 뭐 하는 거니?' 그렇게 화난 목소리로 책망하거나 훈육할 수 있다. 교사는 그것이 학생을 사랑하는 일이라 생각하고 자신의 의무라 여길 수도 있다. 그러나 학생이 그러한 말을 듣고 사랑을 받는 느낌이 들지는 않을 것이다. 오히려 자신을 나쁜 아이라 여긴다고 생각할 것이다. 교사는 '가르쳐야 하는 존재'라는 틀에 갇했고, 학생은 '배워야 하는 존재'라는 틀을 강요받으며 갇힌 존재가 되었다.

다음은 '학생은 이래야 하는데'라는 당위를 내려놓고, 존중의 마음으로 다가간 사례이다. 미워하는 마음이 아니라 안타까워하는 마음으로 바라보았고, 훈계가 아니라 도움을 줄 방법을 찾아간 이야기이다.

---

시하는 2학년이다. 개학 첫날부터 지각이다. 매일 늦고 어떤 날은 1교시 후에 등교하기도 했다. 그리고 바로 엎드려 깊은 잠에 빠져버린다. 깨워도 보고, 세수도 시켜보고 했지만 잠을 이기지 못한다. 2교시를 마치고 놀이시간이 되어서야 깬다. 억지로 깨워서 운동장으로 내보낸다. 3교시부터는 잠들진 않지만, 공부에 의욕이 없다. 느릿느릿 움직이고 시간을 보내다 대충 흉내를 낸다. 질문도 대답도 없다. 내가 알지 못하는 사연이 있겠지 생각하고 좀 천천히 기다려보기로 했다.

첫 주도 매일 지각하고 자며 보냈다. 둘째 주가 되었지만 아이의 행동은 달라지지 않았다. 오히려 수요일엔 아침 산책을 다녀오니 지우개에 연필을 꽂고 연필 꽁지에 종이를 붙여 '깨우지 마셈'이라 적어놓고 잠들어있었다. 아이들과 오늘은 2교시 끝날 때까지 깨우지 말자고 속삭였다.

그날 오후, 작년 1학년 담임선생님을 찾아가 의논했다.

"엄마랑 단둘이 학교에서 좀 떨어진 곳에 살아요. 엄마가 새벽까지 일하고 들어오면 어린아이가 혼자서 무서움에 떨며 기다리다가 엄마 품에 잠들어요. 저는 아이가 학교에 오는 것만으로 감사하게 생각했습니다. 학교에 오면 보살필 수 있잖아요. 그냥 따뜻하게 안아주면 되는 아이라고 저는 생각했답니다."

나는 지난 학년 담임선생님의 이야기에 감동받고, 그날 오후 학부모에게 전화를 걸었다. 자초지종을 말하고 이야기를 나누고 다음과 같이 마무리했다.

"시하에겐 어머니가 세상 전부입니다. 새벽까지 일한다고 들었습니다. 늘 건강 잘 챙기십시오. 학교에서도 시하 잘 안아 보살피겠습니다."

다음 날 기적 같은 일이 일어났다. 시하는 제시간에 학교에 왔고, 누구보다 먼저 책을 펴고 수업을 기다렸다. 손을 들어 발표하고 질문하기도 했다. 그리고 며칠 지나자 교실 문 앞에서 선생님을 기다렸다. 선생님이 나타나면 뒤뚱뒤뚱 달려와 허리를 안고 말했다.

"선생님!"

- 교사의 교단 일기 -

배운다는 것이 아이의 의무일까? 의무이니 배우라고 강요해야 할 것인가? 아니면 아이가 배울 수 있도록 공동체가, 국가가 그 조건을 잘 만들어 주는 것이 의무일까? 의무이니 그 배움을 강요하는 것이 사랑하는 것일까? 교사는 가르치는 의무가 본질일까? 아이의 존재를 발견하는 것이 본질일까? 아이는 공부하는 존재이니 무리해서라도 그 본질에 충실하도록 자는 아이를 깨워서 수동적으로라도 참여하게 하는 것이 아이를 사랑하는 것일까? '공부하는 존재'가 아이의 본질일까? 그것은 누가 정한 것인가?

학생이라는 본질 이전의 사람이라는 존재로 다가가는 것이 사랑하는 마음이다. 가르치는 교사라는 본질 이전의 사람이라는 존재로 아이에게 다가가는 것이 사랑하는 마음이다. 아픈 아이에게는 지워진 의무보다는 겪고 있는 아픔에 대한 공감이 먼저이다. 그러니 아이에게 지워진 의무를 내려주고, 교사가 짊어진 가르쳐야 한다는 사명감을 내려놓을 필요가 있다. 배움으로부터의 자유, 가르침으로부터의 자유가 사람과 사람을 만나게 한다. 그 만남 속에서 비로소 인간의 존엄성이 존재한다. 그렇게 존엄한 존재는 스스로 선택한다. 사랑도 선택하고 배움도 선택한다. 의무에 대한 존중이 아니라 사람에 대한 존중을 선택한다.

교사의 철학을 찾아가는 인터뷰에서 진해 제황초등학교 이정우 선생님은 '공을 들인다'라는 표현을 했다. 무엇을 하는 방법론이 아니라 아이들을 환대하는 마음가짐이었다.

"우리가 헤어질 때 이전에 해보지 못한 것 하나 할 수 있게 된다면 좋겠어. 함께 있는 동안 실컷 시도해 보고 많이 연습해 보렴."

교사가 원하는 것이 아니라 학생이 원하는 것을 할 수 있게 지지하고 도와주겠다는 마음이다. 학생 각각의 빛깔로 다가가려는 마음 자세이다.

이정우 선생님은 이미 경험으로 교사의 수업에 아이들을 동원하는 것이 아이들을 위하는 것이 아님을 알고 있었다.

'한때, 나는 많은 시간을 들여 좋다는 자료를 찾아 수업 준비를 하였고 열심히 가르쳤다. 노력한 만큼 아이들도 열심히 해주기를 바랐고 만족할 만한 결과가 있기를 기대하였다. 하지만 결과는 기대처럼 되지 않았다. 우리 반 아이들은 왜 안되는지 화가 났고 스스로를 자책하며 좌절했다. 더 애쓰고 노력하여 준비할수록 아이들과의 사이는 나빠지고 자존감은 바닥을 쳤다. 무엇이 잘못되었을까?'

수업에 공을 들였지만, 실패한 것이다. 교사의 입장에서 디자인한 수업은 교사의 몸에 맞는 옷과 같다. 교사의 수업에 동원된 학생은 자신의 몸에 맞지 않은 옷을 입은 것과 같다. 그래서 교사의 생각과 달리 아이들에게는 불편하고 힘들었던 것이다.

"너의 생각은 무엇이니?"

"너는 무엇을 해보고 싶니?"

그렇게 물어주며 존중의 관계가 시작된다.

'아이들마다 배우고 성장하는 각자의 속도가 있으며 세상을 바라보고 생각하는 나름의 방식이 있다. 그 모든 것은 존중받아야 하며 귀한 가치를 지닌다. 그것을 발견하고 알아차릴 수 있도록 도와주는 사람이 교사이다.'

그렇게 생각하고 실천하면 더 이상 아이들은 동원되지 않는다. 주인으로 참여한다. 주인으로 대접받으며 존중의 관계는 사랑의 관계로, 상호 존중의 관계로 나아간다. 그 관계 속에서 교사도 학생도 행복해진다. 교육의 본질은 그렇게 존중과 사랑의 관계 속에 존재한다.

교사의 철학을 찾아가는 인터뷰에서 만난, 남해 해양초등학교 박소연 선생님은 외할머니 같은 선생님이다. 아이들이 늘 행복하길 바라며 아이들을 사랑스러워한다. 그래서 어디서든 즐겁게 사랑하며 살길 바란다. 그래서 당장 여기서 행복하길 바라고 아이들의 마을이 그들에게 소중한 경험이 되길 바란다.

"내가 사는 마을을 사랑하게 된다면, 이 아이들이 세상 어느 곳에 살든, 자기가 사는 마을을 사랑하게 되지 않을까요? 어느 곳에 살든 자기의 마을을 만들지 않을까요? 그래서 지금 우리 마을을 사랑하게 하고 싶어요."

사랑은 만나는 것에서 출발하고, 재미를 느끼는 것에서 지속된다. 배움은 지식을 외우는 것이 아니라, 지식을 발견해 나가는 과정이며, 만들어진 것을 수용하는 것을 넘어 내가 만들고 향유하는 것이다. 그래서 온 마을로 씨앗을 찾아다니고, 마을의 이야기를 담아 그림책을 만들고 함께 서로의 작품을 읽고 즐긴다.

　사랑한다는 것은 쓸모없음 속에서 쓸모를 찾아내는 기쁨을 누리는 일이다. 소중하지 않은 것, 쓸모없는 것이란 편견을 벗고 그 다양함을 환대하는 일이다. 그리하여 자신의 소중함을 깊이 아는 것, 그것이 박소연 선생님이 사랑하는 방법이다.

## 자유에 대하여

　나를 지배하는 것으로부터 나는 자유롭고 싶다. 교과서를 가르쳐야, 역량을 가르쳐야, 시험 칠 내용을 가르쳐야, 교육과정을 가르쳐야 하는 그 틀로부터 자유롭고 싶다. 그 틀은 끊임없이 교사를 가두고 제시한 가치를 전달하라 요청한다. 나는 단지 무엇을 전달하는 전달자가 아니라 나의 사상을 창조하고, 그 창조로 아이들 또한 배움으로부터 삶이 자유롭길 바란다. 아이들의 자유를 위해 내가 먼저 자유로워져야 한다. 그것은 철학을 가지는 것에서 출발한다. 지배받지 않는 방법, 그

것은 사람이라는 가치를 소유하는 것이다. 철학하는 사람은 지배받지 않는다.

우리 반의 답사 보고서는 형식이 없다. 영역을 정하고 내용을 채우게 하는 수동적인 표가 아니라 그냥 텅 빈 공간을 꺼내놓는다. 하고 싶은 대로 각자의 방법으로 체험을 기록하는 것이다. 보고서가 아니라 성찰서이다. 정보가 아니라 상상 속의 이야기가 전개된다. 사실을 전달하는 것을 넘어 창조의 과정이 된다. 어떤 아이는 그림을 그리고, 어떤 아이는 짧은 이야기를 여러 편 쓰고, 어떤 아이는 긴 이야기를 만든다. 각자에게 의미 있었던 것을 기록하니 소재도 다양하다. 모든 것을 기록하는 것이 아니라 내 마음에 가장 잘 와닿았던 것을 기록한다. 외부의 대상을 아는 것이 목표가 아니라, 외부의 대상을 통해 나의 내부를 발현하는 것이 목표가 된다. 주어진 형식의 빈 공간을 채우는 것이 아니라, 상상하고 창조하는 인간의 본능이 작동하게 하는 것이다.

탈곡기 등 박물관에서 만난 것들을 기록한 가람이는 순간을 포착했다. 대신 여러 대상들을 만났다. 대상의 본질이 무엇인지 알려주고, 그가 그 본질을 통해 나와 같은 사람과 어떻게 만나고 있는지 이야기하고 있다. 기쁨과 사랑과 슬픔 그리고 아쉬움과 때로는 질투심까지, 가람이는 다양한 사람의 감정, 그 희로애락을 답사 보고서에 담았다. 가람이는 자기의 글에 빠져들어 몰입해서 시간이 어떻게 흐르는지 잊었다. 다음은 3학년 가람이가 답사보고서에 실은 사진을 설명한 글의 일부이다.

**이름: 탈곡기**

난 익은 곡식 낟알을 떨어뜨리는 기계야. 40년 전에 나는 소사마을 농부 집에 팔려 왔어. 하루종일 빙빙 돌며 추수를 했어. 멀미가 났어, 하지만 많은 곡식을 거둔 농부가 기뻐해서 나도 기뻤어.

**이름: 재봉틀**

난 옷을 꿰매는 기계야. 나는 소사마을 제일 부잣집에 살았어. 하루는 부잣집 아내의 옷을 꿰맸지. 난 힘들었지만 아내가 날 사랑해 주어서 난 매일 일을 해도 힘들지 않았어.

**이름: 전화기**

난 음성을 전기신호로 바꾸어 통화를 할 수 있는 기계야. 난 나연이의 집에서 살았어. 어떤 날은 나연이의 큰아빠께서 전화를 했어. 큰아빠께서 할머니께서 돌아가셨다고 해서 나연이는 울었어. 그래서 나도 슬펐어. 그리고 안쓰러웠지.

**이름: 테레비**

안녕? 난 옛날 테레비야. 난 소사마을 2번째 부잣집에 살았어. 부잣집 남편이 날 아주 많이 사용해 주었지. 그런데 어느 날 남편이 밖으로 나갔다 들어오는데 나보다 더 큰 텔레비전을 들고 오는 거야. 그러면서 날 밀어내고 그 큰 텔레비전을 내 자리에 놔두었지. 난 너무 슬펐어. 그렇지만 그 큰 텔레비전은 날 안쓰러워하는 것 같지 않았어. 난 너무 화가 나고 그 텔레비전이 미웠지.

- 3학년 가람이의 답사보고서 중 -

이 보고서를 쓰는 날 가람이는 선생님의 다음 시간 안내에 다음과 같이 말했다.

"선생님, 체육 수업 대신 계속 글을 쓰면 좋지 않을까요?"

시하는 도지미의 삶을 길게 담았다. 하나의 대상을 통하여 여러 가지 역사나 사실들을 엮었다. 도지미의 아래쪽이 왜 비스듬한지, 도자기를 굽는 과정은 어떠한지, 임진왜란을 겪으며 무슨 일들을 보았는지, 발굴되고 전시관에 놓이기까지 그 긴 여정을 글에 담았다. 영역과 내용 등 칸을 채우는 보고서에는 담기 힘든 자신의 힘을 풀어 놓았다. 다음은 3학년 시하가 사진과 함께 실은 답사 보고서 일부이다.

**이름: 도지미**

나는 도지미야. 나는 '가마터'라는 곳에서 살아. 나의 몸의 아랫부분은 평평하지 않고 비스듬해. 왜냐하면 가마터가 산비탈에 만들어져 있거든. 대신 윗부분은 평평하지. 그래서 내 위에 얹은 도자기들이 쏟아지지 않고 잘 놓여있지. 내 몸의 아랫부분이 비스듬하지 않으면 큰일 나겠지?

도자기를 구울 때는 대단했어. 내 위에는 어린 도자기들이 있고, 가마 안은 엄청 뜨거워. 그래서 나는 내 몸이 활활 타 버리는 줄만 알았어. 그리고 아침이 돼 가면서 나는 서서히 식혀져. 그러면 나는 시원해지지. 나는 그때 너무너무 신이 나고 또 기뻐. 나는 처음 일을 할 때 너무 들떠서 쏟을 뻔한 적도 있었어.

도자기들이 구워져서 떠나면 나는 슬퍼져. 난 외톨이가 되지. 하지만 난 괜찮아 조금만 기다리면 도자기들이 다시 나에게 올 거니까. 나는 그렇게 매일매일 기다렸어. 나는 일을 할 때가 너무 그리웠어. 나는 정말 슬펐지. 나는 빨리 어린 도자기들을 만나고 싶었어. 너무 쓸쓸했지.

그리고, 나는 슬픈 일도 겪었어. 나의 친구 도자기를 만드는 도공들을 왜군들이 잡아갔지. 나는 그렇게 쓸쓸하게 땅속에 묻어졌어. 땅속에서도 너무 분하고 슬펐지.

나는 그렇게 땅속에 묻어있었어. 나는 깜짝 놀랐어! 어떤 사람이 나를 땅 속에서 꺼내주었어. 나는 정말 기뻤지. 꿈이 이루어진 기분이랑 똑같았어.

나는 그 사람 덕분에 땅 밖으로 나왔지. 정말 좋은 사람이었어. 그래서 난 도요지 전시관에 전시되어 있지. 난 지금도 그 사람을 기억하고 있어. 너무 고마워서 영원히 기억할 거야.

나는 너무 설레고 긴장도 됐어. 그래서 식은땀을 뻘뻘 흘렸지. 그리고 나는 인기가 많아진 기분이었어. 아기와 학생 심지어 어른들까지 날 볼 수 있어서 정말 뿌듯했어. 나는 정말 기뻤어. 그리고 나는 이제 도요지 전시관에서 전시되고, 살게 되었지. 난 정말 행복했어.

- 3학년 시하의 답사보고서 일부 -

시하는 자기가 쓴 글을 매우 자랑스럽게 여겼다. 여러 번 고치고 다듬으며 자신의 예술 작품을 탄생시킨 것이다. 6월에 프로젝트 결과물을 학급문집으로 엮기 위해 각자의 글을 살펴보는 과정에서 시하와 아이들은 희열에 차서 말했다.

"선생님, 이 글 언제 책으로 만들어서 나눠주나요? 오늘 나눠준 이 글 가져가서 먼저 부모님께 보여드리면 좋겠어요."

'무엇으로부터의 자유, 무엇을 향하는 자유'로부터도 자유로웠다. 여기 그냥 나를 즐기는 자유다. 탈출도 지향도 아닌, 그냥 나를 즐기는 자유가 상상과 창조 속에 있다. 그냥 여기 자유가 있었다. 몰입이 있었다.
가르침으로부터 자유롭고 싶은 철학, 가치를 향하고 싶은 철학, 그 교사의 철학은 삶 속에서, 실천 속에서 또 다른 깨달음을 하나 얻는다. 여기 그냥 탈출도, 지향도 없는 자유가 있음을. 그래서 나에게 묻는다. 무엇을 하고 싶은지, 무엇을 갈망하는지, 마음속에 무엇이 있는지 묻고 발견하며 자신을 알아간다. 철학이란 나를 이해하는 것이다. 나에게 빠지는 것이다. 그러니 철학은 얽매임 없는 자유다.
가르침으로부터의 자유는 평가를 할 때 편안함의 여력을 생성한다. 그 여력은 다시 사람을 예쁘게 봐주는 여유로움으로 나아간다. 못하는 것이 아니라, 낮은 것이 아니라, 단지 도움과 시간이 필요하다고 생각하면 예쁜 새싹이 된다. 우리 모두가 함께 도와주자는 약속이 그 속에 가치로 자리하고 있다. 썩 잘하지 못함이라 생각하지 않는다. 보통이라고도 생각하지 않는다. 서로 경쟁하지 않고, 고립시키지 않고 함께 문제를 해결해보자는 약속이 그 속에 들어있다. 우리는 서로에게 꽃이 되는 것이다. 서로에게 벌이 되고 나비가 되는 것이다. 열매는 최상이 아니다. 열매는 누군가의 음식이 되어 삶을 풍요롭게 해주는 가치가 내재되어 있으니 그 이룸을 나누어주자는 약속이다. 그 나눔을 통해 열매보다 더 아름다운 그리고 사람다운 사람이 되는 것이다. 그렇게 새로운 세상이 열리는 것이다. 다음은 그런 철학을 담은 평가교육과정의 일부이다.

**동면초등학교 평가교육과정 일부**

| 글 | 새싹 | 꽃 | 열매 |
|---|---|---|---|
| 그림 | | | |
| 각 단계의 해석 | • 새싹 속에 다 들어있다. 온 세상이. 시간이 지나면 다 드러난다.<br>• 꽃 속에 다 들어있다. 벗이 날아오면 온 우주가 다 드러난다.<br>• 열매 속에 다 들어있다. 누군가의 밑거름이 되면 새로운 싹으로 피우나니 | | |
| 전 단계의 관점 | 다 삶의 과정이며 다 변하고 성장하는 과정이며 다 아름다운 존재다.<br>그렇게 바라보자, 그러면 그렇게 자랄 것이니.<br>각자의 씨앗 속에 담긴 세상으로 그렇게 자연처럼 자랄 것이니. | | |

가르침에서 자유로워지면 사람이 보인다. 바깥의 잣대로 줄 세우고 등급 매기는 인적자원이 아니라, 내면의 빛을 발현하여 세상의 희망이 될 존엄한 사람을 만나게 된다. 그러면 생활기록부나 성장통지문의 기록이 달라진다. 잘하고 못함, 강점과 단점이 아니라 각자의 빛깔과 향기가 무엇인지를 살펴보게 되는 것이다.

사람은 자기 자신을 어떻게 인식하느냐에 따라 삶의 길이 달라진다. 유리 천장에 갇힌 벼룩이 스스로를 가두듯, 아기 코끼리 발목의 쇠고리가 어른이 된 코끼리를 묶어버리듯, 자신에 대한 인식이 그 내재된 힘을 제한해 버린다. 나는 유리 천장과 쇠고리를 없애버리려 했다. 길게 쓰지는 않았지만, 그 방향을 바꾸었다. 단점이나 부족함에 대한 말과 글은 부정적인 자아감을 형성하는 유리 천장이나 아기 코끼리 발목의 쇠사슬이 되고, 장점과 강점과 아름다운 모습들이 아이들의 정체성이라 생각했다. 아이들의 빛나는 모습에 관심을 가지고, 그 빛남을 말하고 기록하고 학습활동에서 드러나게 했다. 그러자 아이가 더 예쁜 존재가 되었다. 다음은 그렇게 수업에서 드러나고, 교사가 말로 칭찬하고, 다시 글로 지지하는 아이들의 성장이 담긴 '성장통지문'의 일부이다.

☐ 5월 성장통지문

○○을 오를 때 정말 길이 험했다. 그런데도 두려워하지 않고 도전했고, 땀을 뻘뻘 흘리면서도 그 길을 무사히 가주어서 고맙기도 했고, 자랑스럽기도 했다. 불편한 한쪽 팔을 단 한 번도 핑계 삼지 않고 뭐든 해내는 ○○는 누구보다 강한 아이라고 생각한다. 난 너를 보며 깜짝깜짝 놀랐다. 정말 파이팅이다. 멋지다.

☐ 7월 성장통지문

○○을 오를 때 정말 길이 험했으나 두려워하지 않고 도전했고, 땀을 뻘뻘 흘리면서 끝까지 포기하지 않고 성공해 냄. 불편한 한쪽 팔을 단 한 번도 핑계 삼지 않고 뭐든 스스로 해내는 강한 마음을 가지고 있음. 텃밭에 거름을 섞는 활동에서 땀을 뻘뻘 흘리며 거름을 섞고 땅을 팠음. 긴 시간 성실하고 즐겁게 일을 함. 가족을 행복하게 하는 프로젝트 활동에서 자기 방을 청소하는 계획을 세워 실천했으며 더불어 다른 집안일까지 하고 실천 보고서를 작성하였으며 처음부터 끝까지 인내심을 발휘하고 자신과의 약속을 지켰고 그 결과 보람을 느낌.

- 성장통지문 일부 -

이 글은 우리 반에서 딱 이 아이에게만 줄 수 있는 글이다. 일반화된 글이 아니라 주관적인 글이다. 나의 주관과 아이의 주관이 만나서 만들어진 글이다. 그러하기에 이 학생과 교사의 관계는 특별하다. 아이에게 교사는 특별한 존재다. 1년이 지난 다음 그는 아래와 같은 글을 나에게 보냈다. 의무에서 벗어나면 존재가 보인다. 존재와 존재가 만나면 자유롭다. 자유롭다는 것은 의무가 아니라 존재를 만난다는 것이다.

▨ 학생의 편지글

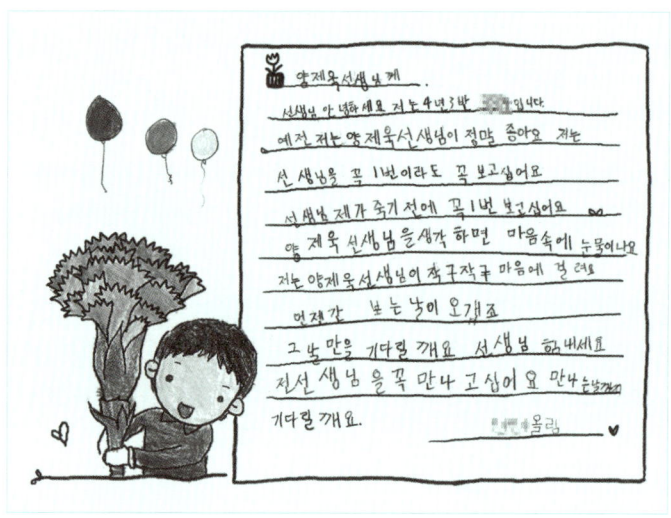

양제욱 선생님께

선생님 안녕하세요? 저는 4학년 3 반 000입니다.
예전 저는 양제욱 선생님이 정말 좋아요. 저는 선생님을 꼭 1번 이라도 보고 싶어요. 선생님 제가 죽기전에 꼭 1번 보고싶어요. 양제욱 선생님을 생각하면 마음속에 눈물이 나요. 저는 양제욱 선생님이 작구작구 마음에 걸려요. 언젠간 보는 날이 오겠죠? 그날 만을 기다릴깨요. 선생님 힘내세요. 전 선생님을 꼭 만나고 싶어요. 만나는 날까지 기다릴깨요.

○ ○ ○ 올림

교사의 철학을 찾아가는 인터뷰에서 만난 배병기 선생님도 기존의 습관이나 관습들이 교사 자신과 아이들을 가둘 수 있다는 점을 염려하고 있었다. 교사가 되기까지 기존의 틀에 순종하고 살았고, 그래서 교대에 들어갈 성적을 얻을 수 있었지만, 어느 순간 그것이 자신을 가두는 틀이 됨을 알게 되었다고 했다. 그리고 '도전'이라는 철학으로 자신을 바꾸고, 아이들의 수업에 도전을 디자인하게 되었다고 했다.

"저는 아이들이 마구 도전했으면 좋겠어요. 이런 걸 해도 돼? 하는 것도 해요. 안될 것 같은 것은 되게 만들어서 해요. 남들이 하니까 하는 것, 작년에 해서 하는 것, 이런 것이 아니라 늘 새로운 것을 하고 싶어요."

틀에 갇히지 않으려는 그 자유에 대한 추구는 교사를 특별하게 했고, 아이들에게도 신명 나는 수업이 되었다.

교사의 철학을 찾아가는 인터뷰에서 만난 안현정 선생님은 과학 전담 수업에서 주어진 틀을 해체하고 만들어가는 교육과정을 실천하고 있었다.

"배워야 하는 것을 배우는 것이 아니라 배우고 싶은 것을 배우고 싶어요. 그래서 아이들에게 무엇을 배우고 싶은지 물어봅니다. 배우는 순서도 교과서 대로가 아니라 우리가 정하고 싶어요. 그래서 아이들과 함께 배우는 순서를 정합니다. 배우는 방법도 우리가 정하고 싶어요. 그래서 저는 저만의 수업이 있어요."

선생님을 부르는 호칭에서도 '선생님'이란 말이 권위적이어서 아이들을 억압할 수 있다고 염려하여 별칭을 부르게 하였다. 수업의 내용이나 형식에 내재 된 권위뿐만 아니라 기존 사회에 내재 된 권위마저 해체하고 아이들과 평등하게 만나고자 했다. 그렇게 평등해야 자유로울 수 있기 때문이다.

안현정 선생님은 철학을 찾아가는 인터뷰를 통해 자신을 더 자세히 바라볼 수 있었고, 영화 <빠삐용>을 떠올리며 자신의 정체성을 자유를 찾아 날아가는 나비로 굳건히 하였다. 그리고 드러내기 두려워 '꽁꽁 싸매 두었던' 자신의 수업을 여러 사람 앞에서 자신 있게 드러냈다. 나아가 자신의 경험을 나누기 위해 동료에게 철학을 묻는 자유까지 나비가 되어 날아갔다.

철학을 가진다는 것은, 나의 철학을 발견하는 일은, 틀 속에 갇힌 나를 해방시키는 일이다. 가르치는 일의 좁은 틀을 벗어나-주어진 가르침의 사슬과 유리 천장을 걷어내고-나를 발견하는 역동적인 삶으로 나아가는 일이다.

# 미래, 사람을 향하는 교육

大學之道 在明明德 在親民 在止於至善

(대학지도 재명명덕 재친민 재지어지선)

군자가 배워서 나아가고자 하는 길은, 밝은 덕을 밝히는 데 있으며,
백성을 새롭게 하는(아끼는) 데 있으며, 지극한 선에 머물러 사는 데 있다.

- 대학大學 -

유교 경전인 『대학(大學)』에서는 사람들이 배워서 나아가고자 하는 길은(大學之道), 사람의 선함이 밝게 드러나 세상에 선한 영향을 끼치게 하고(在明明德), 사람들이 서로 존중하고 아끼며 살아가게 하고(在親民), 물질과 정신이 모두 풍요로운 좋은 세상에 머물러 살게 하는 것(在止於至善)이라 말하고 있다. 교육은 개인의 출세를 위한 도구가 아니라 한 사람 한 사람을 빛나게 하는 것이며, 공동체 모두가 함께 행복한 세상을 위한 것이다.

교육이란 함께 행복한 세상을 만드는 것을 꿈꾸는 것이다. 2500년 전 공자의 꿈도, 맹자의 꿈도, 동학을 일으킨 최제우의 꿈도, 그리고 지금 내가 꾸는 꿈도 사람이 존중받는 세상으로, 사람이 행복한 세상으로 나아가는 것이다. 공자와 맹자는 엘리트 교육을 통하여 세상을 바꾸려 하였다. 학습은 온 세상을 평화롭게 하는 정치이며 자신을 닦는 과정이었다. 공자와 맹자의 꿈이 좌절당하자, 최제우는 동학으로 모두가 배우고 세상의 주인이 되어 귀천 없는 세상을 세우려 했다. 그 꿈은 목숨과 함께 좌절되었지만, 사람마다 가슴속에 품은 꿈마저 앗을 수는 없는 일이다. 그 꿈은 여전히 사람의 가슴속에 있으며, 교육은 또 그 꿈을 지향하고 있다. 교육은 세상을 바꾸는 꿈을 포기하지 않는다. 그러니 교육은 정치다. 학습은 세상을 바꾸는 행동이다.

미래 교육은 시간의 문제가 아니다. 오지 않은 세상에 대한 그리움이다. 우리가 기대하는 그 세상, 사람이 사람답게 사는 세상이 미래 교육의 꿈이다. 미래 교육은 사람을 향하는 것이다. 2500년 전 공자가 그랬던 것처럼, 200년 전 최제우가 일어선 것처럼, 200년 후에도 2500년 후에도 사람을 향할 것이다. 그래서 우리는 교방초등학교에서 사람을 향하는 교육을 꿈꾸었다. 비전을 세우고 철학을 세우고 그 방향으로 함께 나아가고자 했다.

우리는 3년의 탐색 끝에 '다른 우리가 모여 함께 빛나는 학교'라는 비전을 세웠고, 다시 3년의 탐색으로 '환대-공존-민주시민'의 학년 간 철학의 맥락을 잡았다. 비전과 철학을 연결하고 우리의 생각과 행동의 방향을 잡기 위해 유학의 덕목과 마음, 그리고 우리가 소중하게 여기는 가치와 중점적으로 함께 실천하는 교육과정의 핵심 활동을 표로 만들어 정리하고 해석하여 학교의 교육과정에 실었다. 철학을 점선으로 나눈 것은 실천하고 함께 이야기 나누고 글을 써 보니 모두가 같은 의미임을 깨달았기 때문이다. 환대, 공존, 민주시민은 다른 말, 같은 뜻이었다.

### 교방초등학교 비전과 철학

| 비전 | 덕목 | 마음 | 가치 | 교육과정 | 철학 |
|---|---|---|---|---|---|
| 다른 | 인 仁 | 측은지심 惻隱之心 | 연민 | 생활교육 | 환대 1-2 |
| 우리가 | 의 義 | 수오지심 羞惡之心 | 협력 | 교육과정재구성 | |
| 모여 | 예 禮 | 사양지심 辭讓之心 | 감사 | 더불어숲 | 공존 3-4 |
| 함께 | 지 智 | 시비지심 是非之心 | 공유 | 전문적학습공동체 | |
| 빛나는 | 신 信 | 광명지심 光名之心 | 도전 | 행복나눔학교 | 민주시민 5-6 |
| 학교 | 시민 | 인내천 人乃天 | 평화 | 성장중심평가 | |

환대는 존재 그 자체를 존중하는 마음가짐이며 행위다. 사랑의 발로인 '인仁-측은지심'으로, 공동체 모두의 행복, 각자가 누릴 것을 누리는 '의義-수오지심'으로 연결 하였다. 모든 차이와 다름을 넘어 함께 살아가는 공존은 내 것을 내어주고, 작은 것도 나누는 '예禮-사양지심'으로, 함께 학습하며 옳음을 따르는 철학을 세우는 '지智-시비지심'으로 연결하였다. 이 세상의 주인으로 살아가는 민주시민은 이 세상에 선한 영향력을 끼치는 '신信-광명지심'으로, 모든 사람이 존중받는 차별 없는 평화의 세상으로 나아가는 '인내천人乃天'으로 연결하였다.

측은지심(惻隱之心)은 가엾은 것을 가엾게 여기는 마음이다. 가엾게 여긴다는 것은 손해와 이익의 계산이 아니라, 그저 인간 존재의 근원인 사랑이 작동하는 것이다. 우물에 빠지려는 아이를 달려들어 구하는 것처럼 사람은 다른 사람의 불행을 그냥 보아넘길 수 없는 존재이다. 교육이란, 정치란 그러한 인의 마음, 사람을 사랑하고 소중히 여기고 아끼는 마음이 드러나도록 하는 것이다.

그러니 생활교육은 훈계와 통제가 아니라 아이들을 아끼는 마음에서 출발한다. 생활교육과정은 '비스듬히'란 이름으로 만들어지며 철학과 더불어 구체적인 실천 사례를 실어 함께 공유한다.

수오지심(羞惡之心)은 부끄러워하고 성내는 마음이다. 사사로운 이익이 정도를 넘고, 자신의 이익을 위해 다른 사람의 이익을 침범하는 탐욕에 스스로 부끄러워하고, 나서서 멈추라 소리치는 그 성냄이 나와 우리를 정의롭게 하는 일이다. 지금 세상이 우리의 부끄러움과 성냄을 억누르고 있다면 교육은 없다. 그러니 교사는 가르침과 정치로 부끄러움과 성냄이 있는 좋은 세상을 만들어야 한다.

교육과정 재구성은 단지 창의적인 재구성을 넘어 윤리적인 가치를 담는다. 그러한 교육과정은 '뭇별'이란 이름으로 학교의 철학과 교사의 실천을 엮어 만들고, 함께 공유하고, 함께 길을 찾는다. 교방초의 교육과정은 캐비닛에 보관하는 교육과정이 아니라 함께 읽고 이야기 나누어야 하는 공동체의 길이다. 1년에 몇 번을 모두가 함께 읽는 교육과정이다. 각자의 이야기가 담긴, 모두의 성과가 담긴 이야기 책이다.

사양지심(辭讓之心)은 나눌 줄 아는 마음이다. 양보할 줄 아는 마음이다. 가진 것이 적어도 나눌 줄 알며, 가진 것이 많으면 더 많이 나눌 줄 아는 것이다. 나의 잘남이, 나의 재주가, 나의 부유함이 나의 노력이 아니라 우연히 얻은 것이라 여기고, 노력하지 않고 얻게 된 행운이라 여기는 그 겸손함이다. 공정이란 이름으로, 경쟁에서 이긴 학력의 증거를 들이대며 독차지해도 부끄러움을 모르는 비인간의 세상에 양심을 찾을 철학을 들어야 한다.

나 혼자 잘하면 되는 것이 아니라, 나와 우리가 서로에게 기대며 함께 성장하는 학교가 되어야 하는 것이다. 매달 전 구성원이 함께 모여 학교의 모든 일을 함께 만들어간다. 사적인 이익이 아니라 공적인 이익을 추구하는 과정이다. 함께 학습하고 함께 공동체의 성장을 고민하며 머리는 맞대는 그 공동체의 다모임을 '더불어숲'이라고 부른다.

시비지심(是非之心)은 옳고 그름을 아는 마음이다. 옳고 그름은 인간의 단초-맹자는 측은지심, 수오지심, 사양지심, 시비지심은 사람이라면 누구나 가진 마음이라 말하며 사람의 단초가 된다고 여겨 4단(四端)이라 말했다-에 나를 비추는 일이다. 내 마음을 내가 살펴보고, 내 행위를 내가 살펴보고, 그것이 인을 향하는지, 의를 향하는지, 예를 향하는지를 미루어 알아보는 마음이다. 곧 성찰하는 마음이다. 자신을 바라보고, 그러한 자신을 또 바라보고 그러한 자신을 다시 바라보는 것을 반복할 수 있는 것이 사람이다. 성찰을 성찰하는 것이 사람이다.

성찰은 학습을 통하여 확장된다. 그 학습은 실천을 통하여 더 깊은 깨달음이 된다. '발-가슴-머리'로의 학습 여정은 교방초에서 깨달아가는 우리의 철학이다. 아는 것을 실천하는 것보다 실천을 통하여 깨달아가자는 선언이다. '실패해도 괜찮아 마음 가는 대로 도전해 봐.'라는 실패를 수용하는 선언이다. 도전하자는 선언이다. 함께 실천하고 함께 책을 읽고 이야기 나누며 우리와 우리의 삶을 해석하자는 동지의 선언이다. 그렇게 도전하며 함께 동지가 되어 교육이란 행위가 사람을 향하도록 마음과 실천을 모은다.

광명지심(光名之心)은 중심을 굳건히 하여 자신이 가진 선한 영향력을 세상에 미치는 일이다. 그리하여 신뢰를 돈독히 하는 것이다. 주어진 대로 살아가는 것이 아니라 각자가 세상의 주인으로 살아가는 민주시민의 정치적 의지, 곧 세상을 변화시키는 뜻을 담은 것이다. 이런 의지는 교방초등학교의 교육과정 '5. 빛나는(信): 광명지심(光名之心)'에 다음과 같이 실려있다.

### 5. 빛나는(信): 광명지심(光名之心)

**"공동체를 가꾸어 나가는 시민을 기르자!"**

빛나는 중심이 되어 세상을 밝히는 학교를 우리는 꿈꾼다. 우리는 우리가 또 하나의 우주임을 자각하고 있으며, 우리의 변화가 세상을 더 살기 좋은 곳으로 만드는 과정에 기여할 수 있음을 깨달아가고 있다. 우리의 굳건한 신뢰를 바탕으로 우리가 가보지 못한 그 길들에 도전할 것이다. 이 과정에서 우리가 마주했던 도전의 시간들은 새로운 역사가 되고, 하나의 등불이 되어 우리의 길을 밝혀 줄 것이다. 우리는 다스려져야 할 대상에서, 가르침을 받아야 할 대상에서, 통제받고 지시받는 대상에서, 경쟁의 객체로 분절된 대상에서 이 세상의 주체로, 한 사람 한 사람이 하나의 우주로, 가장 소중한 '나'와 '너'로 다시 서는 것이다. 이 세상의 주인으로 살아가는 것이 사람다운 삶임을 선언하며 우리는 '민주시민'을 기르는 역할을 수행하고자 한다. 민주시민은 궁극적으로 공동체를 가꾸어나가고, 공동체를 기르는 사람이다.

이와 같은 철학의 공유는 교사 자신에 대한 인식에도 영향을 끼친다. '교사, 또 하나의 우주'라는 선언은 '내가 바뀌면 온 세상이 바뀐다.'는 말이다. 교사가 바뀌고 수업을 통해 그 철학을 실천하면 온 세상이 바뀐다는 뜻이다. 그러니 '교사라는 나의 존재가 바뀌는 그 순간 온 우주가 바뀌기 시작한다.'는 교육의 본질을 담은 자긍심이며 변화의 의지이다. 학교혁신의 거점학교인 행복나눔학교를 운영하며 교방초등학교의 철학과 실천을 나누는 것은 교방초등학교의 변화가 세상의 변화에 영향을 미쳐야 한다는 공동체의 뜻이다.

인내천(人乃天)은 공자가 엘리트 교육으로 '백성을 위한 정치, 백성이 주인인 정치'를 실현하려는 의지에 대한 실패 선언이다. 최제우는 엘리트를 통해서가 아니라, 가장 낮은 자들의 교육으로 '백성이 다스리는 나라'를 꿈꾸고 도전한 것이다. 공자의 엘리트 교육은 사람의 한계에 부딪혔고, 민주주의의 정치적 평등을 담보하지 못하여 꿈을 이루지 못하였고, 동학은 시대가 도래하지 않아서 그 큰 열망을 실현하지 못한 것이다. 그러나 지금도 우리는 여전히 공자의 정치적 뜻과 동학의 그 평등한 세상을 열망하고 있다. 인간의 존엄성을 실현하려는 꿈은 여전히 자유를 꿈꾸는 우리 속에 뜨겁게 출렁이고 있다.

성장중심평가는 평가교육과정 '꽃'에 그 철학과 행동의 구체적 방법을 모아내고 있다. 줄 세우는 평가가 아니라 한 명 한 명의 강점을 발견하는 평가이다. 아이들이 성공할 때까지 피드백을 반복하는 지원이며 지지이다. '꽃' 교육과정에는 두 편의 시가 실려있다. 김춘수의 '꽃'과 나태주의 '풀꽃'이다. 김춘수의 시에서는 '나의 이 빛깔과 향기에 어울리는' 이름을 불러주려는 존중의 마음, 나태주의 시에서는 사랑스러울 때까지 오래 보아주려는 그 사랑의 마음을 낸다. 존중과 사랑으로 아이들을 명상하고 성찰하는 것, 그것이 교방초등학교의 평가에 담긴 철학이다. 세상에 어디 소중하지 않은 것이 있으랴, 세상에 어디 소중하지 않은 사람이 있으랴. 그렇게 인내천(人乃天)의 마음이 평가교육과정 '꽃'에 스며있다.

'미래 교육, 사람을 향한다.'라는 말은 트렌드와 수업의 방법론과 기술의 활용에 머무르며 교육의 본질을 놓칠 수 있음에 경각심을 일깨운다. 교육이 단지 이기적인 성공을 위한 도구가 아니라 모두가 행복한 세상을 꿈꾸는, 평화의 세상을 지향하는 공적인 도구라는 교육에 대한 인식의 전환을 가져온다.

교사의 철학을 찾아가는 인터뷰에 참여한 수곡초등학교 서민철 선생님은 30대 중반의 열정적인 선생님이다. 프로젝트 수업에 푹 빠져

다양한 도전을 해오다가 어느 순간 학교생활도 즐겁지 않고 힘이 빠졌음을 느끼고 있는 자신을 발견했다. '매너리즘에 빠졌다'고 생각했다. 그때 그는 나에게 인터뷰를 요청해왔다. 그리고 다시 힘을 회복하고 더 강한 열정을 불러왔다.

> "나의 철학을 만나는 순간, 내가 추구하는 가치와 철학에 대한 확신이 생겼고, 다시 내 마음속에 열정의 불꽃이 일렁이는 게 느껴졌다. 나의 작은 불꽃은 새로운 바람을 타고 수곡초 동료 교사에게 옮겨붙어 우리끼리 교사의 철학 찾기 인터뷰를 진행했다."

철학을 한다는 것은 나를 만나는 것이다. 너를 만나는 것이다. 내가 가진 소중함을 알고 나면, 타자의 다름에도 마찬가지로 소중한 가치가 있음을 인정하게 된다.

교사의 철학은 머릿속을 헤매는 생각의 나열이 아니라 내 행위의 구체적인 방향을 깨닫는 일이다. 그 방향이 사람을 사랑하는 것임을 알아차리는 일이다. 그렇게 사람을 향하는 선한 영향력이라는 내 행위의 지향점을 알 때, 에너지의 쓰임은 소진되는 것이 아니라 새로운 동력으로 생성된다. 그리고 그 에너지는 다시 다름을 연결하여 우리를 만드는 관계의 원천이 된다. '선생님은 그런 가치를 실천하시는군요.' 그렇게 존중의 표현을 주고받는 관계 속에서 사람은 존엄하게 존재한다. 학교에서 살아간다는 것, 교육을 한다는 것은 그렇게 사람의 존엄과 나의 아름다움을 만나는 일이다.

교사의 철학을 찾아가는 공개 인터뷰에 참여한 화제초등학교 김희선 선생님은 학급의 붕괴를 경험하고 상처를 받았지만, 가여운 것을 가엾게 여기는 마음을 놓치지 않은 따뜻한 선생님이다. 연민, 측은지심의 마음을 놓치지 않았고, 아이들이 자신을 소중하게 여기는 자기 사랑의 마음을 놓치지 않게 아침마다 기도처럼 함께 축복하며 하루의 문을 열었다. 서로가 서로를 아끼는 그 관계의 아름다움을 한 시도 놓치지 않고 수업으로 삶으로 풀어냈다. 아이들이 대상이 아니라 존엄한 존재임을 잃지 않도록 했으며, 더불어 지구라는 존재도 자본의 대상이 아니라 공존의 존엄한 대상으로 함께 살아가도록 애썼다.

선생님은 퍼머컬처를 알리고 있다. 퍼머컬처는 땅을 파헤치지 않고 농사를 짓는 방법이다. 작은 미생물 하나에 연민을 느끼고, 한 줌의 이산화탄소 방출에도 가슴 아파하며, 많은 추수보다는 가치 있는 마음을 추수하게 했다. 선생님의 수업은 소중한 나를 넘어 모두가 소중한 질서로 다가간다. 절기 수업으로 우주의 순환, 자연의 순리와 사람의 삶이 함께하는 그 평화로움, 그 사랑함으로 나아간다. 자유롭다는 것은 마음대로 한다는 것이 아니라 자연의 순리와 더불어 존중하며 살아간다는 것이다. 선생님은 50이 넘은 나이에 아름다운 선배 교사로 후배들에게 선한 영향력을 끼치며 열정적으로 살아가고 있다. 교사가 철학한다는 것은 그런 것이다.

나의 하루는 키튼을 열어젖히며 시작된다. 남해의 바람이 얼굴을 쓰다듬고, 백두대간 종점 지리산에서 뻗어 나온 낙남정맥은 마을 뒤

불모산을 거쳐 바다를 향해 치달린다. 불모산에서 서둘러 바다를 향하는 웅산은 남해 바다와 더불어 진해의 수많은 전설을 간직하고 사람이 사람답게 사는 이야기를 전하고 있다.

 해가 뜨기 전, 잔잔한 남해 바다의 바람은 웅산의 등줄기를 넘으며 구름을 일으키고, 검은 그림자와 희끄무레한 구름을 두른 곰메바위와 천자봉 줄기는 남해 바다에 발을 담근다. 백두대간에서 뻗어 나온 산줄기는 그 옛날 하늘에 제사 지내던 곰메바위에 그 영험함을 두르고, 백두산에서 백두대간으로 낙남정맥으로 다시 웅산으로 이어온 장엄한 기상은 산줄기를 타고 흘러, 온 세상을 평화롭게 할 황제를 탄생시킬 천자봉을 딛고 바다를 건넌다. 그리고 나를 보며 묻는다.

> " 선생님, 당신의 뜻은 무엇입니까? "

5장.

# 교사의 철학을 담은 교육과정

교사의
철학을 담은
교육과정

한 시간 반 동안의 대화는 불꽃이 튑니다. 한 뼘이라도 더 깊이 들어가고자 묻고 질문하는 과정은 치열합니다. 그 이후 인터뷰어는 인터뷰이에게 인터뷰 보고서를 보냅니다. 인터뷰이는 그 보고서를 다시 자신의 글로 다듬고 수업의 이야기를 더하여 철학이 있는 자신의 교육과정을 만듭니다. 그리고 그 내용으로 세미나를 엽니다. 여기 그 과정에서 만든 인터뷰어의 보고서 하나와 인터뷰이가 다시 자신의 언어로 풀어낸 교육과정 하나를 실습니다.

# 결과로서의 교육과정

매년 학교가 생산하는 '학교교육과정'은 계획이기도 하고, 결과이기도 하고, 미완성의 서류이기도 하다. 예전에 근무했던 교방초등학교나 지금 근무하고 있는 동면초등학교에서는 그 세 가지를 다 함의하고 있지만, 특히 결과로서의 기록에 방점을 찍고 있다. 우리의 철학과 각자의 철학으로 실천한 교육과정을 해석하고 정리하고 맥락을 만들어 낸 것이다. '앞으로 어떻게 해보자'가 아니라 '지난 시간 이렇게 해왔다'를 기록한 결과에 주목한 교육과정이다.

결과를 기록하는 일은 교사에게 있어서 역사서를 만드는 일이기도 하다. 역사서로서의 교육과정은 교사들이 자발성으로 실천해 온 교육활동 속에서 의미를 발견하고 각각의 실천과 각각의 의미를 연결하는 것이다. 흩어진 구슬을 꿰는 것처럼 분절적으로 지나쳐버릴 수 있는 수많은 낱낱의 장면을 교사의 의도나 가치를 중심으로 연결하고 의미를 부여하는 것이다. 그러한 의미는 교사의 개별적인 실천을 지나가고 없어진 과거가 아니라 지금의 존재 이유가 되게 하고, 미래를 만들어

갈 동력이 되게 한다.

　개별 교사의 성찰을 담은 교육과정을 공유하며 각각의 실천과 철학은 학년과 학교의 교육과정에 반영된다. 또 한 편에선 학교의 철학을 담아 함께 만들었던 학교비전이 개인의 철학과 연결되며 더 실천적인 의미로 다가오게 된다. 비전이 공유되는 것이다. 경험과 철학의 공유는 공동의 실천에 동기를 부여하고, 사상의 연결을 통해 신뢰를 구축하고, 공동체를 굳건하게 한다. 믿음이 기반이 된 공동체는 반복되는 실천과 성찰을 통해 지속적으로 성장하고 공동의 역사를 만들어간다. 공동체가 역사를 함께 한다는 인식은 서로 간의 연결을 더욱 굳건하게 하고, 함께 실천하고 성공한 경험을 개인의 경험이 아니라 공동체의 역사로 인식하며 '우리'라는 의식이 강해진다.

　결과로서의 교육과정은 성찰을 통해 만들어간다. 그 과정은 대체로 '실천-관찰-해석-철학 다듬기-계획-반영'의 단계로 순환한다. '관찰-해석-철학 다듬기'를 '성찰'로 묶어 '실천-성찰-계획-반영'의 단계로 나타낼 수도 있다. 이 교육과정 문서의 핵심은 성찰의 과정이다. 그 성찰을 통하여 무심코 해왔던 실천이 교사의 철학이 되고, 역사가 된다.

　사유는 드물지만 행위는 지속적이다. 직관적이기도 하고 무의식적이기도 하고 자의적이기도 하다. 그러나 그것은 인간이라는 이 실체를 통해 발현되는 것이다. 그 속에는 인간다움이 늘 함께 하고 있는 것이다. 그러니 '교사의 행위 속에서 철학을 세운다'는 핵심적인 의도를 가지고 성찰을 행한다. 가치를 먼저 가지는 것이 아니라 내포된 선한 가치를 발견하는 과정에서 성찰하는 것이다. 인간의 자연적인 선한 품성,

그 보편성을 발견하는 일, 그것이 성찰이며 철학하는 것이라 여긴다.

성찰을 통해 자신의 철학을 세우는 일은 지식 생산의 주체로서 교사를 바라보는 일이기도 하다. 주어진 지식이나 가치를 실천으로 옮기는 '머리-가슴-발'의 수동적인 여정에서, 나의 실천과 삶 속에서 의미를 발견해가는 '발-가슴-머리'로의 주체적인 여정으로 전환하는 시도이다. 교육의 새로운 길, 새로운 학교를 만드는 방법을 관념이 아니라 실천에서 출발하려 한 것이다. 교사의 발끝에서 시작하는 의미를 배움의 씨앗으로 삼고, 서로 사례 공유와 이야기 나눔으로 배움의 줄기를 형성하는 것이다. 주어진 가치를 구현했는가의 관점보다는 일상의 실천에서 어떤 의미를 생성했는가에 초점을 맞춘다.

의미를 찾는 일은 행위의 목적을 분명히 하는 일이다. 목적이 분명하면 과정을 한 방향으로 가지런히 할 수 있고, 그 결과 또한 두드러지게 된다. 그래서 교사의 수업을 짧은 기간에 수행되는 좋은 콘텐츠로 떼어서 바라보기보다는 '교사의 의도(철학)-의도(철학)가 반영된 실천-드러난 교육적 결과'의 순환구조 속에서 총체적으로 파악하려 했다. 교사를 교육과정의 생산자이며, 교육 실천의 전략가로 그 존재 의미를 부여하고, 수동적인 존재에서 벗어나 자발적인 존재로 깨닫는 것이다.

자발성은 나의 가치와 윤리를 나의 적극적이고 주도적인 행위로 드러내는 데서 생긴다. 주어진 가치를 열정적으로 수행하는 적극성을 넘어 스스로 의미와 윤리를 생성하고, 그것이 반영된 실천에서 주도성을 발휘하면 자긍심이 높아진다. 높은 자긍심은 자발성을 다시 강화한다. 이 과정을 성찰하며 교사는 주도적 변화를 만든다. 자발성은 단순한 적극성을 넘어, 인간의 선한 영향력이 세상을 변화시키는 주도성과 만난다.

 교육은 미래를 디자인하는 지금의 실천이다. 그러니 교사는 늘 꿈꾸는 존재이다. 지금 자신을 성장시키는 행위 속에서, 말 속에서, 글 속에서, 책 속에서 미래의 꿈을 실현한다. 철학, 지식, 실천을 공유하며 교사는 함께 세상의 변화를 만들어간다. 다가오는 미래를 단지 만나는 것이 아니라, 우리의 철학으로 미래의 방향을 만들어 가는 것이다. 어떻게 살 것인가? 어떤 세상이어야 하는가? 어떤 교육이어야 하는가? 그 질문에 교육 실천으로 답하는 것이 교사의 철학이며, 그 기록이 교사의 철학이 담긴 결과로서의 교육과정이다.

# 교사의 철학으로 만드는 교사교육과정

　교사의 철학을 찾아가는 인터뷰는 철학이 담긴 교사교육과정을 만드는 데 도움을 주는 한 가지 방법이다. 인터뷰어는 한 뼘이라도 더 깊이 들어가고자 수 없이 묻고, 인터뷰이는 질문에 답하며 행위 이면에 가려져 있던 자신의 욕구를 치열하게 끌어낸다. 교과서의 내용에, 주어진 교육과정에 가려졌던 교사라는 존재를 찾아가는 길이다.

　인터뷰가 끝이 나면 인터뷰어는 대화의 내용을 정리하여 인터뷰이에게 인터뷰 보고서를 보낸다. 인터뷰이는 그 보고서를 다시 자신의 글로 다듬고 수업의 구체적인 이야기를 더하여 철학이 있는 자신의 교육과정을 만든다. 그리고 그 내용으로 세미나를 열어 동료 교사에게 또 찾아온 낯선 교사에게도 자신을 드러낸다. 다음에 그 과정에서 만든 인터뷰어의 보고서 한편과 인터뷰이가 다시 자신의 언어로 풀어낸 교육과정 한편을 실었다.

## 인터뷰어의 보고서

아래 교육과정은 우리 학교 한 선생님과 인터뷰 후 작성된 보고서이다. 한 시간 30분 정도 수업에 반영한 교사의 철학, 수업 속에서 발견한 교사의 철학 등에 대한 이야기를 나누고 그 대화를 정리하여 인터뷰어가 인터뷰이에게 보낸다. 인터뷰이는 그 내용을 조정하거나 수정하고 또 수업의 구체적인 자료를 추가하여, 결과 및 역사서로서의 교육과정을 작성한다. 계획서가 아니라 삶을 정리한 글이 되는 것이다. 이 성찰의 역사 위에서 미래를 계획한다. '성찰(개념, 철학 형성)-계획(예측)-실천(반영)-성찰'로 지속적으로 성장하는 순환구조를 갖는 것이다. 아래의 QR코드에서 인터뷰어의 보고서를 다운받을 수 있다.

인터뷰어의 보고서

부록. 교사의 철학을 담은 교육과정

# 인터뷰이의 교사교육과정

///////////////

　인터뷰이는 인터뷰 내용을 요약한 보고서를 받는다. 보고서는 주로 철학을 중심으로 기술하고, 이야기 속에서 드러난 학생의 변화·교사의 성장·학부모의 변화 등도 포함한다. 인터뷰이는 그것을 바탕으로 수정하고, 구체적인 수업 계획서나 수업의 장면 등을 새롭게 추가하여 설명하거나 의미를 부여한다. 그리고 그 외의 이야기를 덧붙임에 넣어 간단히 기록한다. 보여주기 위해 자세히 기록하는 것이 목적이 아니라 내 역사에 흐르는 많은 이야기들을 내가 좀 더 잘 바라보도록 도와주는 자신을 위한 기록이다.

　교사의 철학을 담은 교사교육과정은 세미나에서 공개한다. 철학을 중심으로 기록한 교사교육과정을 바탕으로 단위 시간의 수업이 아니라 총체적인 수업의 이야기를 공유한다. 수업의 기술이나 콘텐츠의 공유보다는 교사의 철학이나 사상, 그리고 1년을 관통하는 전략이나 가치 등을 공유하는 것을 꾀한다. 수업을 바라보는 시각이나 관점을 교사라는 존재를 통해 접근하고자 했다. 그 존재가 아이들과 만나 서로의 삶이 어떻게 성장하는지 살펴보고자 했다.

　철학을 묻는 일, 철학으로 교사의 삶을 기록하는 일은 교사의 존재를 새롭게 하는 일이었다. 가르침은 교사의 성장을 전제한다. 학생의 배움은 그 성장의 결과이다. 다음 QR코드에서 철학을 중심으로 만든 '교사교육과정' 한 편을 볼 수 있다.

인터뷰이의
교사교육과정

# 에필로그

　학교 현장에 학생중심수업, 전문적학습공동체 등 수많은 혁신 담론이 밀려오지만, 정작 중요한 근본 질문인 '교사란 누구인가?'와 '교사의 뜻은 무엇인가?'는 잊히곤 한다. 그러나 모든 교육 변화는 결국 교사라는 존재를 통해 해석되고 실행되기에, 교사의 철학이 이 모든 변화의 출발점이 된다. 교사의 철학은 잊고 있던 내면의 가치를 소환하여, 분절되었던 수업이나 학급운영 등의 교육활동을 하나의 맥락으로 연결하고 해석하게 한다. 철학이 밝아지면 교사의 실천은 뚜렷한 방향을 가지며, 교사의 의도가 전략으로 반영되어 교육 활동의 중심을 잡아준다.

　"저는 책임을 소중하게 여깁니다. 자신의 실수를 성찰하며 스스로 가다듬지만 다른 사람의 실수에 대해서는 관대한 것입니다. 제 얼굴이 무섭게 생겼지만 아이들은 저에게 다정하고, 서로에게 다정하고, 실패를 두려워하지 않는답니다. 민감하고 까칠하던 한 아이가 관대한 학급 문화 속에서 완전히 바뀌었어요."

　철학이라는 방향이 명확해지고, 모든 활동이 방향성을 가지면 교육의 효과는 두드러진다. 교사는 수업을 자신의 철학이 반영된 삶으로 인식하며 수업에 더 정성을 들이게 되고, 수업에서 성취를 더 자주 경험하게 된다. 교사의 철학이 반영된 수업 성찰은 교사의 성찰이 되기에 교사의 가르침은 곧 교사 자신의 성장으로 이어진다. 교사의 철학은 먼저 교사를 성장시키고 더불어 학생을 성장시키는 지속적인 변화와 성장의 동력이 된다.

이러한 교사의 철학을 탐색하는 과정이 바로 교사의 철학 인터뷰이다. 이는 단순한 수업 관찰이 아니라, 교사의 마음과 총체적인 수업을 연결하는 심층 탐구 과정이다. 인터뷰는 의미 있는 수업과 그 속에 담긴 교사의 의도, 가치를 깊이 탐색하며, 말이 막힐 때까지 문답을 통해 교사의 암묵지를 형식지로 전환한다. 이 과정을 통해 교사는 직관적으로 했던 수업에 반영된 미처 깨닫지 못했던 자기 자신을 발견한다.

수업과 자신의 관계를 알고 나면, 수업 결과를 관찰한다. 교사의 철학이 반영된 교육활동은 아이들과 교사 자신 그리고 학부모 등에게 영향을 끼치는데, 구체적으로 그 결과가 무엇인지 교사의 철학과 관련지어 살펴보는 일이다. 학교에서 일상적으로 해오던 단위시간 수업의 이야기가 아닌 '교사의 철학 → 철학이 반영된 수업 → 나와 학생의 성장'

이라는 총체적인 교육활동 과정을 관찰하고 성찰하는 것이다. 이 과정에서 교사는 자신의 교육활동이 삶을 성장시키는 학습임을 깨닫는다. 그리고 먼저 교사 자신이 성장한다.

'교사의 철학을 담은 교육과정 세미나'는 인터뷰 후 깨달음을 나누는 과정이다. 여기서는 교육과정이나 수업이 중심이 아니라 '교사란 누구인가, 교사의 뜻은 무엇인가?'가 중심이 된다. 수업이라는 콘텐츠를 바라보던 시각을 '교사 존재'를 바라보게 전환한다. 이 과정에서 교사는 먼저 자신의 철학을 담은 교육과정을 작성한다. 계획서가 아니라 실천을 돌아보고 정리한 성찰을 담은 역사의 기록이다. 교육과정의 관점을 미래에서 과거로 시점을 전환하고, 미래는 온전히 교사의 본능적인 창의성이 발휘되도록 여백으로 남겨둔 것이다. 세밀한 계획으로 탁월한 교육과정을 운영하는 것보다는 계획에 얽매이지 않은 교사의 탁월성이 발휘되는 교육과정을 꾀하는 것이다.

교사의 철학은 수업을 향하던 눈길을 아이에게로 전환한다. 교육이 수업이 아니라 사람을 향하는 것이다. 수업 혁신이 목표가 아니라 사람을 아끼는 것이 목표가 된다. 아이들이 수업에 동원되는 것이 아니라 수업이 아이를 위한 수단이 된다. 다음은 늘 수업에서 교사의 철학을 고민하는 K 선생님이 세미나에서 한 말이다.

"저의 수업은 한 아이를 향합니다. 수업도 그 아이를 바라보고, 다른 아이들도 모두 그 아이를 바라보는 수업을 디자인합니다."

수업이 먼저가 아니라 사람이 먼저인 것이다. 길을 잃은 한 아이를 향해 수업과 학급의 모든 아이들이 눈길을 보내는 것이다. 선생님은 천덕꾸러기였던 그 아이가 가진 장점을 발견했고, 프로젝트 수업의 발표는 꼭 동영상을 넣어서 발표하게 했다. 그렇게 되자 수업의 계획에서부터 발표까지 그 아이는 가장 인기 있고 유능한 아이가 되었다. 한 아이를 살리는 수업이었다. 학교에서 선생님들은 K 선생님을 '페스탈로찌'라 부른다. 좋은 선배 교사가 되었고, 본보기가 되었다.

교사가 철학을 밝히면 사람이 소중해진다. 사랑스러워진다. 그 결과 수업이 아름답고 빛나게 된다. 실천 속에서 꽃핀 교사의 철학은 학교의 길이 된다.

{ 저자소개 }

### 김미현

행복나눔학교인 김해봉황초등학교에서 다섯 해를 보내며 '행복'을 찾아가고 있습니다. 철학이 있는 수업, 행복한 학교에 대한 꿈을 꾸게 되었고, 동료 선생님들과 전문적학습공동체 속에서 함께 배우며 성장하고 있습니다. 가르침보다 함께 머무름이 더 큰 힘이 된다는 것을 조용히 배워가며 오늘도 교실이라는 작은 우주를 들여다봅니다.

### 박소연

남해 사는 사람입니다. 남해의 행복학교를 8년째 떠돌고 있습니다. 올해는 해양초등학교에 머물며 아이들과 그림책을 읽고, 그림책을 만듭니다. 아이들의 엉뚱한 질문과 작은 발견이 세상에서 가장 근사하다고 믿습니다. 그 반짝이는 순간을 옆에 나란히 앉아 지켜보는 것이 좋습니다. 매일 남해에서, 남해에서 나는 것으로 잔잔한 배움의 물살을 일으키려 애씁니다.

### 서민철

행복학교인 수곡초등학교에서 7년째 근무 중입니다. 수업에서 희로애락을 느끼며 아이들과 함께 배우고 성장하고 있습니다. 여러 사람들과 따뜻한 관계를 맺으며, 주변에 선한 영향력을 끼치면서 살아가고 싶습니다. 취미생활로 노래, 연극 등 여러 가지 도전을 해나가고 있습니다.

안 현 정

행복나눔학교인 구봉초등학교에서 4년째 근무 중입니다. '자유와 해방'이라는 제 철학을 바탕으로 선생님들과 함께 퍼실리테이션과 토론 교육을 배우고 나누며, 민주적인 학교와 학급 문화를 만들어가고 있습니다. 『수업민주주의, 러닝퍼실리법인 수업 어떻게 할까요?』를 공저했으며, 비영리법인 '사람과 퍼실리테이션' 활동을 통해 교육과 삶의 이음을 실현하고자 합니다.

양 재 욱

교방초등학교(교장)에서는 교사가 주도하는 학교 공동체를 꿈꾸었고, 교사의 철학으로 성장하는 학교의 모델을 함께 만들었습니다. 지금은 동면초등학교(교장)에 근무하며 유·초·중 연계 및 마을과 협력하며 철학이 있는 마을교육공동체의 모델을 성공적으로 만들어가고 있습니다. 교육의 철학, 학교의 철학, 교사의 철학이 미래의 길을 만든다는 생각으로 학교에 옵니다.

윤 희 영

교방초등학교에서 '꿈꾸는 대로' 실천하는 가운데 찾은 민주시민의 철학을, 다시 아이들과 함께 다채롭게 풀어내는 즐거움으로 살아갑니다. 교육이 감동을 주고 세상을 아름답게 바꿔 나갈 수 있다고 믿고 또 대책 없이 긍정하며, 그런 이야기를 나누고 남기려 노력합니다. 오늘도 사람과 마주하며 학교가 어떻게 상상과 연결의 공동체가 될 수 있을지 궁리하고 있습니다.

### 이 정 우

경남의 혁신학교인 행복나눔학교이면서, 하늘과 산과 바다가 어우러진 제황초등학교에서 아이들과 행복을 꿈꾸며 살아가고 있습니다. 사람들이 살아가는 소소한 이야기를 좋아하며 주변 사람들과 함께하는 작은 일상을 소중히 여깁니다. 학생들이 주도적으로 자기 삶을 당당히 꾸려가길 희망하며 가르치고 함께 배우고 있습니다.

### 김 희 선

행복나눔학교인 화제초등학교에서 8년 동안 교사로서의 꿈을 마음껏 펼치며 가장 행복한 시간을 보냈습니다. 발도르프 교육, 절기 교육, 퍼머컬처 생태전환교육을 바탕으로 자연과 함께하는 자연스러운 배움이 이루어지는 교육과정을 실천하고 있습니다. 배움과 관계 형성에 어려움을 겪는 아이들을 돕기 위해 12감각 도움수업을 연구하며 교사로서 배움도 확장하고 있습니다.

### 배 병 기

밀주초등학교에서 행복학교의 철학을 꾸준히 고민하고 있습니다. 아이들 말에 귀 기울이고 아이 같은 마음으로 수업합니다. 생각에 그치지 않고 일단 해보는 경험을 중요게 여깁니다. 아이답게, 아이처럼, 아이스럽게 도전하고 실패해 보면서 가르치고 배우려 합니다. 두려움을 넘어 새로움에 다가갈 수 있는 교육. 그곳에서 모두가 행복을 느끼면서 살길 바랍니다.

저자소개.

# 나는
# 왜
# 가르치는가?

**초판 1쇄 발행** 2025년 12월 1일
**2쇄 발행** 2026년 1월 1일

**지은이** 새로운학교경남네트워크
김미현 김희선 박소연 배병기 서민철 안현정 양재욱 윤희영 이정우

**발행인** 김병주
**편집위원회** 방나희 김춘성
**디자인** 정진주  **마케팅** 진영숙
**에듀니티교육연구소** 이문주 백헌탁

**펴낸 곳** (주)에듀니티교육연구소
**도서문의** 1644-5798
**일원화 구입처** 031-407-6368 (주)태양서적
**출판사 신고번호** 제 2025-000072
**주소** 서울특별시 중구 남대문로 117, 동아빌딩 11층
**출판 관련 문의** book@eduniety.net
**홈페이지** www.eduniety.net
**페이스북** www.facebook.com/eduniety
**인스타그램** www.instagram.com/eduniety

투고안내

**ISBN** 979-11-995055-2-0

값은 뒤표지에 있습니다.

• 이 책은 저작권법에 따라 한국 내에서 보호를 받는 저작물이므로 무단 전재 및 복제를 금합니다.
• 잘못된 책은 구입한 곳에서 바꿔드립니다.